KB087423

THIS IS GRAMMAR 초급 2

지은이 넥서스영어교육연구소
펴낸이 임상진
펴낸곳 (주)넥서스

출판신고 1992년 4월 3일 제311-2002-2호 [2.23]
10880 경기도 파주시 지목로 5
Tel (02)330-5500 Fax (02)330-5555

ISBN 979-11-5752-364-1 54740
      979-11-5752-362-7 (SET)

www.nexusEDU.kr

THIS IS GRAMMAR

For Beginners 초급 **2**

넥서스영어교육연구소 지음

NEXUS Edu

Preface

To Teachers and Students,

This brand new edition of *This Is Grammar* contains a wide range of engaging exercises designed to improve students' English grammar skills in the areas of speaking and writing. In Korea, middle and high school students have traditionally learned English grammar through rote memorization. We believe, however, that grammar learning is more effectively realized when explicit explanation is paired with practice. *This Is Grammar*(Updated version) provides Korean students with opportunities to practice using English while learning more about the world around them.

The exercises in the workbooks have been specially redesigned to give students more practice producing the target structures in a wide range of natural contexts. The teacher's guide includes additional grammar explanations and notes, comments on usage, and classroom presentation tips.

In sum, *This Is Grammar* provides teachers in Korea with a comprehensive set of materials to help them teach their students English grammar more effectively and with greater ease. It will help beginner to advanced level students improve their English skills in the areas of speaking and writing. We trust you will enjoy using *This Is Grammar* as a classroom textbook or by itself as a self-study aid.

- Christopher Douloff

This Is Grammar 최신개정판은 무조건 외우면서 학습하던 과거의 방법과는 달리, 현실에서 많이 쓰이는 진정성 있는 문장들을 토대로 핵심 문법을 체계적으로 설명하고 있다. 또한, 자연스러운 문맥 안에서 영어의 문장 구조가 습득될 수 있도록 단계별 연습문제와 활동들을 제공하고 있어 초급부터 고급까지의 학습자들이 문법 지식을 바탕으로 말하기와 쓰기 등의 영어 실력을 향상시키는 데 큰 도움을 줄 수 있으리라 기대한다. *This Is Grammar*(최신개정판)가 강의용뿐만 아니라 자습서로서도 훌륭히 그 역할을 해 낼 수 있으리라 믿으며, 학습자들의 영어 실력 향상에 큰 다리 역할을 할 수 있기를 기대한다.

- 집필진 Christopher Douloff, McKathy, Rachel S. L., Jenicia H., Jackie Kim

Series of features
시리즈의 특징

초급 1, 2

기초 문법 강화 + 내신 대비

영어의 기본 구조인 형태(form)와 의미(meaning), 용법(usage) 등을 설명하여 기초적인 문법 지식을 강화할 수 있도록 하였습니다. 다양한 유형의 연습문제를 단계별로 구성하였습니다. 또한, 시험에 자주 등장하는 문법 문제를 Review 및 Review Plus에서 다루고 있어 기본 실력을 강화하고 내신에 대비할 수 있도록 구성하였습니다.

중급 1, 2

문법 요약(Key Point) + 체계적인 문법 설명

Key Point 부분에 도식화·도표화하여 한눈에 보기 쉽게 문법을 요약해 놓았습니다. Key Point 에는 문법의 기본적인 내용을, FOCUS에는 문법의 상세한 설명을 수록해 놓았습니다. 이를 통해 기초 문법부터 심화 문법까지 체계적으로 습득할 수 있습니다. 또한, 문법 오류 확인 문제부터 문장 완성하기와 문장 바꿔 쓰기 등의 다양한 유형의 연습문제들로 문법 지식을 확실히 다질 수 있도록 구성하였습니다.

고급 1, 2

핵심 문법 설명 + 각종 수험 대비

중·고급 영어 학습자들을 대상으로 수능, 텝스, 토플, 토익 등 각종 시험을 완벽하게 대비할 수 있도록 핵심적인 문법 포인트를 분석, 정리하였습니다. 다양하고 진정성 있는 지문들을 통해 풍부한 배경지식을 함께 쌓을 수 있도록 하였습니다. 고급 1권으로는 일목요연하게 정리된 문법으로 수험 완벽 대비를 할 수 있도록 하였고, 그리고 고급 2권으로는 문장 쓰기에서 에세이 쓰기까지의 영작 연습을 통해 기본적인 작문 실력을 향상시킬 수 있도록 구성하였습니다.

Workbook

초급 1, 2, 중급 1, 2, 고급 1 총 5권

별책으로 구성된 Workbook은 원어민이 직접 집필하여 생생한 실생활 영어 표현으로 문장을 구성 하였으며, Unit별 2페이지씩 연습문제를 수록하여 학습한 내용을 다시 한 번 점검하고 확실한 본인의 실력을 쌓을 수 있도록 구성 하였습니다.

Composition and Features

구성과 특징

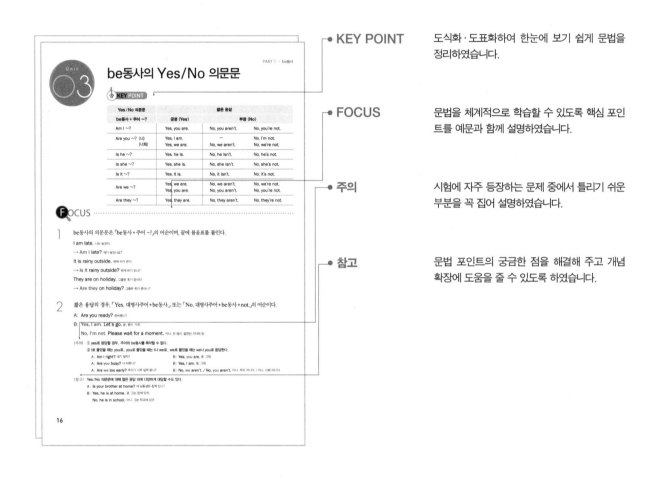

KEY POINT

도식화·도표화하여 한눈에 보기 쉽게 문법을 정리하였습니다.

FOCUS

문법을 체계적으로 학습할 수 있도록 핵심 포인트를 예문과 함께 설명하였습니다.

주의

시험에 자주 등장하는 문제 중에서 틀리기 쉬운 부분을 꼭 집어 설명하였습니다.

참고

문법 포인트의 궁금한 점을 해결해 주고 개념 확장에 도움을 줄 수 있도록 하였습니다.

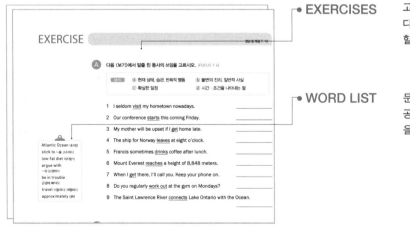

EXERCISES

고르기, 빈칸 채우기, 문장 쓰기, 영작하기 등 다양한 유형의 연습문제들로 체계적인 학습을 할 수 있습니다.

WORD LIST

문제에 나오는 단어들을 뜻과 함께 정리하여 제공함으로써 문법 학습에 집중할 수 있도록 도움을 줍니다.

• REVIEW

문장 완성하기, 문장 고쳐 쓰기, 문장 배열하기 등 PART에서 배운 문법을 통합하여 학습할 수 있습니다.

• REVIEW PLUS

어법상 올바른 문장 고르기, 어색한 대화 찾기, 지문에서 문법 오류 찾아 고치기 등의 활동으로 학습한 문법을 적용하여 응용력을 키울 수 있습니다.

• UNIT EXERCISES

UNIT별로 2페이지에 걸쳐 문장, 대화, 지문 등 다양한 유형의 연습문제를 수록하였습니다. 공부한 내용을 제대로 이해하였는지 Workbook을 통해 확인할 수 있습니다.

Contents 차례

Contents 차례

PART 9

형용사와 부사
Adjectives and Adverbs

Unit
33

형용사의 형태와 쓰임

형용사의 쓰임		
명사 수식	주어 보충 설명	목적어 보충 설명
형용사+명사 dark night	주어+동사+형용사 The book was new.	주어+동사+목적어+형용사 We found the movie interesting.

 OCUS ··

1 형용사(adjectives)는 주로 명사 앞에서 명사를 수식하여 더 자세히 설명해 주는 역할을 한다.

It was a night. 밤이었다.

→ It was a **dark** night. 어두운 밤이었다.

It's a restaurant. 그것은 식당이다.

→ It's a **nice** restaurant. 그것은 좋은 식당이다.

We had a party. 우리는 파티를 했다.

→ We had a **fantastic** party. 우리는 환상적인 파티를 했다.

She moved a box. 그녀는 상자를 옮겼다.

→ She moved a **heavy** box. 그녀는 무거운 상자를 옮겼다.

|주의| 대부분의 형용사는 수식하는 명사 앞에 오지만, 수식받는 명사가 -thing, -one, -body로 끝나면 명사 뒤에 온다.
I want to drink something **cold**. 나는 차가운 것을 마시고 싶다.
I met someone **new** in class. 나는 수업 시간에 새로운 사람을 만났다.
Is there anybody **interested** in classical music? 고전 음악에 관심 있는 사람 있나요?

2 형용사는 be, become, feel, get, look, seem, smell, sound, taste 등의 동사 뒤에서 주어를 보충 설명해 주는 역할을 한다.

I got a **new** book. 나는 새 책을 얻었다.

→ The book was **new**. 그 책은 새것이었다.

This is **good** tea. 이것은 좋은 차(茶)이다.

→ This tea tastes **good**. 이 차(茶)는 맛이 좋다.

She has a **beautiful** voice. 그녀의 목소리는 아름답다.

→ Her voice sounds **beautiful**. 그녀의 목소리는 아름답게 들린다.

He saw a **pretty** girl. 그는 예쁜 소녀를 보았다.

→ The girl looked **pretty**. 그 소녀는 예뻐 보였다.

8

3 형용사는 목적어 뒤에서 목적어를 보충 설명해 주는 역할을 한다.

He always makes <u>me</u> happy. (I am happy.)
그는 항상 나를 행복하게 한다.

You keep <u>your desk</u> clean. (Your desk is clean.)
너는 책상을 깨끗하게 유지한다.

We found <u>the movie</u> interesting. (The movie was interesting.)
우리는 그 영화가 흥미롭다는 것을 알았다.

She left <u>the car door</u> open. (The car door was open.)
그녀는 자동차 문을 열어 놓았다.

4 「the+형용사」는 '~하는 사람들'이라는 복수 명사를 의미한다.

We should care for sick people. 우리는 아픈 사람들을 돌봐야 한다.

→ **We should care for the sick.**

Young people usually like traveling. 젊은이들은 대개 여행하는 것을 좋아한다.

→ **The young usually like traveling.**

These are parking spaces for disabled people. 이곳은 장애인들을 위한 주차 공간입니다.

→ **These are parking spaces for the disabled.**

They took injured people to the hospital. 그들은 부상자들을 병원으로 옮겼다.

→ **They took the injured to the hospital.**

5 「형용사+명사」의 구조에서 두 개 이상의 형용사가 함께 쓰일 경우, 어순은 「지시형용사(this, that, etc.)+숫자(number)+주관적 형용사(opinion)+크기(size), 나이(age), 형태(shape)+색깔(color)+원산지(origin)+재료(material)」 등이다. 하지만 이 순서는 절대적인 것은 아니다.

Grasshoppers are small green insects. (size + color)
메뚜기는 작은 초록색 곤충이다.

We visited two beautiful wooden homes. (number+opinion+material)
우리는 나무로 된 두 채의 아름다운 집을 방문했다.

He lives in that big old red house. (지시형용사+size+age+color)
그는 저 크고 오래된 빨간색 집에 산다.

|참고| 명사를 수식해 주는 지시형용사에는 this, that, these, those가 있다.
　　　This <u>house</u> is made of red bricks. 이 집은 빨간색 벽돌로 지어져 있다.
　　　That <u>car</u> is fast and smooth. 저 차는 빠르고 승차감이 좋다.
　　　These <u>clothes</u> are amazingly cheap. 이 옷들은 정말로 싸다.
　　　Those <u>skirts</u> look too short for you. 저 치마들은 너한테 너무 짧아 보여.

EXERCISES

rent 임대하다
closet 옷장
grassy
풀로 덮인, 풀이 우거진
necklace 목걸이
spicy 매운

 A 문장에서 형용사를 찾아 밑줄을 그으시오.

1 Do you have an English dictionary?

2 I rented a small apartment in Sydney.

3 David found an old box in the closet.

4 My new school has a big grassy soccer field.

5 My boyfriend bought me a beautiful necklace.

6 She asks many difficult questions during the class.

7 I really love hot, spicy Korean food.

8 My mother works in a modern office building downtown.

stew 스튜(요리)
wild 야생의
forest 숲
take off ~을 벗다
expect
~을 예상하다; 기대하다

B 〈보기〉와 같이 밑줄 친 형용사가 수식, 또는 설명하는 말을 찾아 표시하시오.

> 보기   Ms. Park lives in a large, old house on a small, quiet street.

1 I'm getting hungry.

2 You look tired today.

3 That stew smells delicious!

4 The news made her happy.

5 My sister's bedroom is yellow.

6 The two tall boys are my brothers.

7 We saw many wild animals in the forest.

8 Did you buy a new digital camera at that store?

9 I took my heavy jacket off and felt warm sunshine.

10 Heavy rain and strong winds are expected this weekend.

C 〈보기〉에서 가장 알맞은 것을 골라 문장을 완성하시오.

> **보기**   the poor   the hungry   the old   the sick   the unemployed   the homeless

1 Our class donated food for _____.

2 My sister is a nurse. She helps _____.

3 I am going to donate money to help _____.

4 Sarah volunteered to build shelters for _____.

5 Young people should respect _____ and help them.

6 The government promised more jobs for _____.

unemployed
실직한, 실업(자)의
homeless 집 없는
donate ~을 기부하다
volunteer
~을 자진하여 하다, 자발적으로 나서다
shelter
보호 시설, 수용 시설
respect
존경하다, 존중하다
government 정부

D 주어진 단어를 알맞게 배열하여 문장을 완성하시오.

1 (perfume, sweet, smells, this).

→ _____

2 The ghost story made (scared, the children).

→ The ghost story made _____.

3 I'm going to the store to buy (dozen, a, eggs).

→ I'm going to the store to buy _____.

4 Please don't buy (old-fashioned, pants, black, those).

→ Please don't buy _____.

5 I saw (beautiful, white, three, swans) in the pond.

→ I saw _____ in the pond.

6 Jennifer can't carry (those, bags, heavy) all by herself.

→ Jennifer can't carry _____ all by herself.

7 My aunt gave me (brand-new, leather, a, coat) for fall.

→ My aunt gave me _____ for fall.

8 I found (glass, this, small, box) in the drawer.

→ I found _____ in the drawer.

9 You should recycle all of (old, these, cardboard milk cartons).

→ You should recycle all of _____.

10 Our new classroom has (large, five, windows) to look through.

→ Our new classroom has _____ to look through.

perfume 향수
scared 무서운
dozen 12개
old-fashioned
구식의, 낡은
swan 백조
pond 연못
brand-new
아주 새로운, 신품의
leather 가죽
drawer 서랍
recycle ~을 재활용하다
cardboard 판지
carton
(우유 등의) 큰 판지 상자
look through
~을 통하여 보다

Unit
34

부사의 형태와 쓰임

KEY POINT

	형용사＋-ly	형용사＝부사	불규칙
형태	quiet (조용한) → quietly (조용히) slow (느린) → slowly (느리게) quick (빠른) → quickly (빨리)	long (긴) → long (길게) high (높은) → high (높게) fast (빠른) → fast (빠르게)	good (좋은) → well (잘)
부사의 쓰임	동사 수식	Rover, a hunting dog, finds his prey **quickly**. 사냥개인 로버는 먹이를 빨리 찾아낸다.	
	형용사 수식	The trainer is **very** smart. 그 조련사는 매우 현명하다.	
	다른 부사 수식	The twin brothers act **very** differently. 그 쌍둥이 형제는 매우 다르게 행동한다.	
	문장 전체 수식	**Luckily**, they got perfect scores. 운 좋게도, 그들은 만점을 받았다.	

FOCUS

1 부사(adverbs)는 safely, quietly, carefully, sadly, happily처럼 주로 형용사에 -ly를 붙인 형태가 많다.

We were <u>hungry</u>. We ate **hungrily**. 우리는 배가 고팠다. 우리는 걸신들린 듯이 먹었다.

He had a <u>quiet</u> voice. He spoke **quietly**. 그는 조용한 목소리를 지녔다. 그는 조용히 말했다.

The children seemed <u>happy</u>. They played **happily**. 그 아이들은 행복해 보였다. 그들은 즐겁게 놀았다.

2 fast, late, early, high, low, free, hard 등 형용사와 부사의 형태가 같은 경우가 있다.

Sorry, I'm late. **(형용사)** 늦어서 미안해요.

Sorry, I can't stay late. **(부사)** 미안해요. 늦게까지 머무를 수 없어요.

The building is surrounded by a high fence. **(형용사)** 그 건물은 높은 담으로 둘러싸여 있다.

We should try to aim high. **(부사)** 우리는 목표를 높게 잡도록 노력해야 한다.

3 부사는 동사나 형용사를 수식한다.

She is a nice person. 그녀는 좋은 사람이다.

→ She is a **very** nice person. **(형용사 수식)** 그녀는 매우 좋은 사람이다.

The man stared at us. 그 남자가 우리를 응시했다.

→ The man stared **coldly** at us. **(동사 수식)** 그 남자가 우리를 차갑게 응시했다.

4 부사는 다른 부사나 문장 전체를 수식한다.

He runs quickly. 그는 빨리 뛴다.

→ He runs <u>very</u> quickly. (부사 수식) 그는 매우 빨리 뛴다.

She will come soon. 그녀가 곧 올 것이다.

→ She will come <u>very</u> soon. (부사 수식) 그녀는 아주 빨리 올 것이다.

He did not say much. 그는 말을 많이 하지 않았다.

→ <u>Frankly</u>, he did not say much. (문장 전체 수식) 솔직히, 그는 말을 많이 하지 않았다.

5 한 단어가 형용사와 부사로 모두 쓰이기도 하고, 형용사에 -ly가 붙어서 전혀 다른 의미를 갖는 부사로 쓰이기도 한다.

형용사	부사	
hard (어려운; 딱딱한)	hardly (거의 ~않는)	
well (건강한)	well (잘)	
pretty (예쁜)	pretty (꽤, 상당히)	
late (늦은)	late (늦게)	lately (최근에)
high (높은)	high (높게)	highly (아주)
near (가까운)	near (근처에)	nearly (거의)

Our homeroom teacher gave us a test. It was a very hard test. (형용사)
담임선생님이 우리에게 시험을 내주셨다. 아주 어려운 시험이었다.

This crust is too hard. I can't chew it. (형용사)
이 빵 껍질은 너무 딱딱하다. 나는 그것을 씹을 수가 없다.

I hardly ate anything at all today. (부사)
나는 오늘 거의 먹은 것이 없었다.

You don't look well today. (형용사) 너 오늘 몸이 안 좋아 보인다.

Matthew knows modern Korean history well. (부사) 매튜는 한국 현대사를 잘 안다.

Sarah wore a pretty pink dress to the party. (형용사) 사라는 파티에 예쁜 분홍색 드레스를 입고 갔다.

He was badly hurt. I was pretty shocked. (부사) 그가 심하게 다쳤다. 나는 꽤 충격을 받았다.

I'll write you again in the near future. (형용사) 조만간 다시 편지할게.

The dog came near to me. (부사) 그 개가 내 가까이로 왔다.

We're nearly there now. (부사) 이제 거의 다 왔다.

EXERCISES

angrily 화내어
rude 무례한
behavior 행동
careless
부주의한, 조심성 없는
motorbike 오토바이
sidewalk 보도
fluent 유창한

 A ( ) 안에서 가장 알맞은 것을 고르시오.

1 I can do it (easy / easily).
This is an (easy / easily) exercise.

2 David is a (quiet / quietly) boy.
He speaks (quiet / quietly).

3 Angela was (angry / angrily) about his rude behavior.
She looked at him (angry / angrily).

4 Mr. Green is always (kind / kindly) to his neighbors.
He (kind / kindly) helped me repair the roof.

5 I am an (honest / honestly) student.
I answer all of my teacher's questions (honest / honestly).

6 Justin is a (careless / carelessly) motorbike rider.
He rides his motorbike on the sidewalks (careless / carelessly).

7 One day, I'm going to be a (fluent / fluently) English speaker.
I'm going to speak English (fluent / fluently) like my cousins in Vancouver.

fit ~에 맞다, 적합하다
repair ~을 수리하다
microwave oven
전자레인지
fortunately 운 좋게도
anthem 국가(國歌)
proudly 자랑스럽게
informally
형식에 얽매이지 않고; 비공식
적으로

 B 〈보기〉와 같이 밑줄 친 부사가 수식하는 말을 찾아 표시하시오.

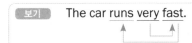

보기   The car runs very fast.

1 The girls dance well.

2 That skirt fits you beautifully.

3 We all really want to see you.

4 My father repaired the computer quickly.

5 Microwave ovens can cook food fast.

6 Fortunately, he quickly solved the problem.

7 The singer sings the anthem very proudly.

8 Our new English teacher, David, dresses very informally.

C 밑줄 친 단어를 알맞게 고쳐 빈칸에 써넣으시오.

1 Jennifer has a <u>happy</u> smile.

→ She smiles _____.

2 David gave me a <u>quick</u> answer.

→ He answered me _____.

3 My little sister reads very <u>slowly</u>.

→ She's a very _____ reader.

4 Sarah dressed <u>beautifully</u> for the dance.

→ She wore a _____ dress.

5 Michael speaks English <u>clearly</u> to us.

→ He gives us _____ examples.

6 The president looked <u>nervous</u>.

→ He spoke to the angry crowd _____.

7 Gary's parents prayed for his <u>safe</u> return.

→ He returned home _____.

D ( ) 안에서 가장 알맞은 것을 고르시오.

1 I am (near / nearly) finished.

The shops are quite (near / nearly).

He will solve the problem in the (near / nearly) future.

2 William can jump (high / highly).

He is a (high / highly) competitive player.

Cathedrals have (high / highly) ceilings.

3 Please don't be (late / lately).

The bus is running ten minutes (late / lately).

(Late / Lately), Carolyn often meets her ex-boyfriend by chance.

4 I was too tired. I could (hard / hardly) walk.

Plastic is very (hard / hardly) and durable.

Many students in the class got low scores. The test was very (hard / hardly).

5 The girls were dressed (pretty / prettily).

Jason is (pretty / prettily) busy right now.

You look very (pretty / prettily) in that dress.

Unit 35 수량 표현 - 기수, 서수, 분수 등

 KEY POINT

기수	서수	분수	소수점
one	first	2/3 two thirds	1.2 one point two
two	second	1/2 a half	0.34 (zero) point three four
three	third	3/4 three fourths (= three quarters)	3.14 three point one four

FOCUS

1 기수는 '하나, 둘, 셋' 등 수를 세는 표현이며, 서수는 '첫째, 둘째, 셋째' 등 순서를 세는 표현이다.

수	기수	서수	수	기수	서수
1	one	first	21	twenty-one	twenty-first
2	two	second	22	twenty-two	twenty-second
3	three	third	23	twenty-three	twenty-third
4	four	fourth	24	twenty-four	twenty-fourth
5	five	fifth	•	•	•
6	six	sixth	•	•	•
7	seven	seventh	•	•	•
8	eight	eighth	30	thirty	thirtieth
9	nine	ninth	40	forty	fortieth
10	ten	tenth	50	fifty	fiftieth
11	eleven	eleventh	60	sixty	sixtieth
12	twelve	twelfth	70	seventy	seventieth
13	thirteen	thirteenth	80	eighty	eightieth
14	fourteen	fourteenth	90	ninety	ninetieth
15	fifteen	fifteenth	100	one hundred	one hundredth
16	sixteen	sixteenth	101	one hundred (and) one	one hundred (and) first
17	seventeen	seventeenth	200	two hundred	two hundredth
18	eighteen	eighteenth	1,000	one thousand	one thousandth
19	nineteen	nineteenth	1,000,000	one million	one millionth
20	twenty	twentieth	1,000,000,000	one billion	one billionth

|주의| hundred나 thousand와 같은 수 단위는 복수를 사용하지 않는다.

two hundred (○) two hundreds (×) two thousand (○) two thousands (×)

|참고| 1. hundreds of 수백의, thousands of 수천의

2. 숫자가 길면 두 자리씩 띄어서 읽는다.

235 = two hundred and thirty five / 235th = two hundred and thirty fifth

3. 연도 읽기

1999 nineteen ninety nine

2009 two thousand nine

2 일반적으로 기수 다음에는 복수 명사가 오고, 서수 다음에는 단수 명사가 온다. 서수 앞에는 주로 정관사 the를 쓴다.

They won <u>the</u> second <u>set</u> easily. 그들은 두 번째 세트를 쉽게 따냈다.

She visits Canada two <u>times</u> a year. 그녀는 일 년에 두 번 캐나다를 방문한다.

March is <u>the</u> third <u>month</u> of the year. 3월은 일 년 중 세 번째 달이다.

I ate three <u>pieces</u> of pizza. 나는 피자 세 조각을 먹었다.

Clare is <u>the</u> fifth <u>child</u> of seven siblings. 클레어는 일곱 남매 중 다섯째이다.

We have five <u>classes</u> today. 우리는 오늘 다섯 개의 수업이 있다.

3 분수는 분자, 분모 순으로 읽으며 분자는 기수로, 분모는 서수로 읽는다. 분자가 2 이상일 때는 분모에 -s를 붙인다.

He drank two thirds of the milk. 그는 우유의 3분의 2를 마셨다.

The bill was only two fifths of the usual. 청구서는 보통 때의 5분의 2밖에 되지 않았다.

I ate one half (= a half) of the apple. 나는 사과의 반을 먹었다.

Emma read one fourth of the book. 엠마는 그 책의 4분의 1을 읽었다.

4 소수점 윗부분은 기수로 읽고, 소수점은 point(포인트)라고 읽으며, 소수점 아랫부분은 기수로 읽되 숫자를 하나하나 따로 읽어 준다.

π(pi) stands for three point one four.
파이는 3.14를 나타낸다.

The radius of any circle is (zero) point five of its diameter.
원의 반지름은 지름의 0.5배이다.

The birth rate dropped to (zero) point zero four.
출산율이 0.04퍼센트로 떨어졌다.

The interest rate is five point four percent.
이자율은 5.4퍼센트이다.

The population of Fire Island increased by twenty three point four one percent last year.
지난해에 파이어 섬의 인구가 23.41퍼센트 증가했다.

|참고| 시간과 날짜 읽는 방법

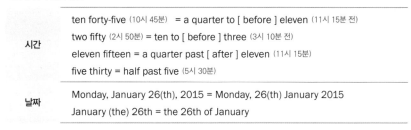

시간	ten forty-five (10시 45분) = a quarter to [before] eleven (11시 15분 전) two fifty (2시 50분) = ten to [before] three (3시 10분 전) eleven fifteen = a quarter past [after] eleven (11시 15분) five thirty = half past five (5시 30분)
날짜	Monday, January 26(th), 2015 = Monday, 26(th) January 2015 January (the) 26th = the 26th of January

EXCERCISES

A 기수는 서수로, 서수는 기수로 바꿔 빈칸에 써넣으시오.

	기수	서수		기수	서수
1	one	_____	**6**	nine	_____
2	fifteen	_____	**7**	twelve	_____
3	_____	twenty-second	**8**	thirty-three	_____
4	_____	fortieth	**9**	eighty	_____
5	_____	two hundredth	**10**	_____	one millionth

visit 방문, 방문하다
solar system 태양계
at least 적어도
competition 대회, 경쟁
more than ~보다 많이
take part in
~에 참가하다
place ~위(位)를 차지하다

B ( ) 안에서 가장 알맞은 것을 고르시오.

1 I have seven (class / classes) a day.
Math is my fifth (class / classes) today.

2 I am (two / the second) child in my family.
I have (four / the fourth) brothers and sisters.

3 I visit China more than (ten / tenth) times a year.
This is my (eight / eighth) visit this year.

4 Earth is (three / the third) planet from the sun.
Earth is (five / the fifth) largest planet in our solar system.

5 You are (five / the fifth) person today to ask me that question!
Every day, at least (five / the fifth) people ask me that question.

6 There were (three / the third) prizes in the sports competition at school.
I won (two / second) prize in the competition.

7 More than five (thousand / thousands) people took part in the New York City Marathon.
My brother placed (four / fourth) in this year's marathon.

C 주어진 숫자 표현을 영어로 바꿔 쓰시오.

1	2/3	_____	**5**	3/5	_____
2	1/2	_____	**6**	2/9	_____
3	12.75	_____	**7**	0.54	_____
4	245	_____	**8**	11.99	_____

18

D 시간을 주어진 단어를 이용하여 영어로 바꿔 쓰시오.

1 12:25 It's _____ _____. (twenty-five)

2 5:45 It's _____ _____ _____ _____. (quarter, to)

3 4:50 It's _____ _____ _____. (to)

4 1:30 It's _____ _____ _____. (half, past)

5 10:55 It's _____ _____ _____. (before)

6 6:30 It's _____ _____. (thirty)

E 날짜와 연도를 영어로 바꿔 쓰시오.

1 9월 2일 _____ _____ _____

2 1월 11일 _____ _____ _____ _____

3 12월 28일 _____ _____ _____

4 6월 31일 _____ _____ _____ _____

5 1996 _____ _____ _____

6 2005 _____ _____ _____

7 1950 _____ _____

8 2012 _____ _____

F 밑줄 친 부분을 영어로 바꿔 문장을 완성하시오.

1 They painted 1/3 of the wall.

→ They painted _____ of the wall.

2 His income increased by 3.6% last year.

→ His income increased by _____ last year.

3 523 people attended the conference.

→ _____ people attended the conference.

4 My grandfather built this house in 1979.

→ My grandfather built this house in _____.

5 I met Miranda and Ross at 2:30 yesterday.

→ I met Miranda and Ross at _____ yesterday.

6 My 1st child was born on the 25th of March.

→ My _____ child was born on the _____ of March.

7 The old man donated 1,000,000 dollars to charity.

→ The old man donated _____ dollars to charity.

income 소득, 수입
attend 참석하다
conference 회의, 학회
donate 기부하다, 기증하다
charity 자선 단체, 자선

Unit 36

부정 수량 형용사

수	few+셀 수 있는 명사 (복수)	거의 없는
	a few+셀 수 있는 명사 (복수)	조금, 약간 있는
	many+셀 수 있는 명사 (복수)	많은
양	little+셀 수 없는 명사	거의 없는
	a little+셀 수 없는 명사	조금, 약간 있는
	much+셀 수 없는 명사	많은
수, 양 모두	some+셀 수 있는 명사 (수) +셀 수 없는 명사 (양)	약간의 (주로 긍정문과 권유·부탁문에서)
	any+셀 수 있는 명사 (수) +셀 수 없는 명사 (양)	약간의 (주로 부정문과 의문문, 조건문에서)
	a lot of, lots of, plenty of	많은

FOCUS

1 부정 수량 형용사란 '많은', '조금', '거의 없는'처럼 정해지지 않은 막연한 수나 양을 나타내는 형용사이다. 이러한 부정형용사에는 many, much, (a) few, (a) little 등이 있다.

She has **many** foreign friends. 그녀는 외국인 친구가 많다.

He doesn't spend **much** money on himself. 그는 자기 자신에게 돈을 많이 쓰지 않는다.

I bought **a few** fresh oranges. 나는 신선한 오렌지 몇 개를 샀다.

They have **little** choice in the matter. 그 문제에 있어서 그들에게 선택권이 거의 없다.

2 (a) few는 셀 수 있는 명사에 사용하며, few는 '거의 없는', a few는 '조금, 약간 있는'이란 뜻이다.
(a) little은 셀 수 없는 명사에 사용하며, little은 '거의 없는', a little은 '조금, 약간 있는'이란 뜻이다.

They have **a few** <u>problems</u>. 그들은 약간의 문제가 있다.

They have **few** <u>problems</u>. 그들은 문제가 거의 없다.

We had **a little** <u>snow</u> today. 오늘 눈이 조금 왔다.

We had **little** <u>snow</u> last winter. 지난겨울에는 눈이 거의 오지 않았다.

3   many와 much는 둘 다 '많은'을 뜻하지만, 「many + 셀 수 있는 명사(복수형)」, 「much + 셀 수 없는 명사(단수형)」라는 점에 주의한다.

Michael has **many** hobbies. 마이클은 취미가 많다.

We don't get **many** visitors here. 여기는 방문객이 많지 않다.

Catherine doesn't drink **much** water. 캐서린은 물을 많이 마시지 않는다.

He doesn't have **much** knowledge about Korean history. 그는 한국 역사에 대해 많이 알지 못한다.

4   a lot of는 '많은'이라는 뜻이며 셀 수 있는 명사, 셀 수 없는 명사를 모두 수식할 수 있다.

a lot of / lots of / plenty of / many + 셀 수 있는 명사(복수형)

a lot of / lots of / plenty of / much + 셀 수 없는 명사(단수형)

A lot of people are walking down the street. 많은 사람들이 길을 따라 걸어가고 있다.

I don't have **a lot of** time to practice the piano. 나는 피아노 연습을 할 시간이 많지 않다.

She has **lots of** creative ideas. 그녀는 창의적인 생각을 많이 가지고 있다.

You have **lots of** time to think about it. 너는 그것에 대해 생각할 시간이 많이 있다.

We have **plenty of** water. 우리는 물을 충분히 가지고 있다.

We took **plenty of** warm clothes with us. 우리는 따뜻한 옷을 충분히 챙겼다.

l참고l 특히 회화체에서 many, a lot of, lots of, plenty of는 모든 종류의 문장에 사용되지만, much는 주로 부정문에 사용된다.
    I don't have **much** money with me. (부정문)
    I don't have **a lot of** money with me. (부정문) / I have **a lot of** money with me. (긍정문)
    I don't have **lots of** money with me. (부정문) / I have **lots of** money with me. (긍정문)
    I don't have **plenty of** money with me. (부정문) / I have **plenty of** money with me. (긍정문)
    나는 많은 돈을 가지고 있지 않다. / 나는 많은 돈을 가지고 있다.

5   '약간의'라는 뜻을 가진 some과 any는 셀 수 있는 명사와 셀 수 없는 명사를 모두 수식할 수 있다. some은 주로 긍정문과 권유(부탁)문에, any는 주로 부정문과 의문문에 사용된다.

She bought **some** plates. (긍정문) 그녀는 접시 몇 개를 샀다.

Some mail came for you this morning. (긍정문) 오늘 아침에 너에게 약간의 우편물이 왔다.

Would you like **some** chocolate cookies? (권유) 초콜릿 쿠키 좀 드실래요?

Can I have **some** water? (부탁) 물 좀 주실래요?

I don't have **any** information on American history. (부정문) 나는 미국 역사에 관한 정보가 전혀 없다.

He doesn't have **any** plans for the weekend. (부정문) 그는 주말에 아무런 계획이 없다.

Do you have **any** sugar? (의문문) 설탕 있어요?

Is there **any** coffee left? (의문문) 커피가 좀 남았나요?

EXERCISES

throughout ~ 내내
pocket money 용돈
succeed 성공하다
free time 여가 시간

A ( ) 안에서 가장 알맞은 것을 고르시오.

1 (A few / A little) days ago, I saw you in a dream.

2 Seattle gets (many / much) rain throughout the year.

3 Megan doesn't have (many / much) friends in Korea.

4 We learned (many / much) new words in class today.

5 She got (a few / a little) pocket money from her parents.

6 I have to buy (a few / a little) things at the supermarket.

7 We will succeed with (a few / a little) help from our teacher.

8 I don't have (many / much) free time to help my mom these days.

hurry 서두르다
painting 작품
exhibition 전시

B ( ) 안에서 어법상 알맞은 것을 <u>모두</u> 고르시오.

1 Do you know (a lot of / lots of / many / much) people at this party?
Do you have (a lot of / lots of / many / much) information about those people?

2 Don't worry. We have (a lot of / lots of / many / much / plenty of) chairs.
I slept all day yesterday. I got (a lot of / lots of / many / plenty of) sleep.

3 Let's hurry. We don't have (a lot of / lots of / many / much) time.
She is smart. She has (a lot of / lots of / many / much / plenty of) ideas.

4 They don't spend (a lot of / lots of / many / much) money on clothes.
I saw (a lot of / lots of / many / much) paintings at the exhibition.

customer 손님, 고객
bank account
은행 계좌
tourist 관광객

C 주어진 단어를 이용하여 문장을 완성하시오.

1 We had a lot of _____ last night. (rain)

2 How many _____ did you buy? (apple)

3 Only a few _____ came in. (customer)

4 Every day, I try to drink a few _____ of green tea. (cup)

5 I have only a little _____ left in my bank account. (money)

6 We don't get many _____ around here anymore. (tourist)

빈칸에 some 또는 any를 넣어 문장을 완성하시오.

post ~을 부치다
without ~ 없이
recipe 요리법
soda 탄산음료

1 Let's watch _____ music videos.

2 Do you have _____ pets at home?

3 Would you lend me _____ money?

4 Could you post _____ letters for me?

5 We won't have _____ fun without you.

6 I need _____ Thai sauce for this recipe.

7 We don't have _____ soda for the party.

8 Emily wants to buy _____ books about Korea.

E ( ) 안에서 가장 알맞은 것을 고르시오.

fluent 유창한
communicate
의사소통하다

1 I have (a little / little) water left. Would you like some of mine?

2 (A few / Few) people visited North Korea. It is hard for them to get visas.

3 They know (a little / little) about Korea. They couldn't find Korea on the map.

4 I learned (a little / little) Korean. I'm not fluent, but I can communicate.

F 우리말과 같은 뜻이 되도록 주어진 단어를 이용하여 문장을 완성하시오.

only 겨우, 단지
refrigerator 냉장고

1 나는 설탕을 많이 먹지 않는다. (sugar)

   → I don't eat _____ _____.

2 파티에는 많은 아이들이 있었다. (child)

   → There were _____ _____ at the party.

3 에밀리는 몇 분 늦었을 뿐이다. (minute)

   → Emily was only _____ _____ _____ late.

4 그녀는 방 안에 아는 사람이 거의 없었다. (person)

   → She knew _____ _____ in the room.

5 나는 요즘 TV를 볼 시간이 거의 없다. (time)

   → I have _____ _____ for TV these days.

6 냉장고에 오렌지 주스가 약간 있다. (orange juice)

   → There is _____ _____ _____ _____ in the
   refrigerator.

REVIEW

정답 및 해설 P. 4

badly 대단히; 나쁘게
immediate
즉각의, 즉시의
immediately 즉시
response 반응, 응답
aggressive 공격적인
experimental 실험의
complete 완전한, 완벽한
incorrect 부정확한
experiment 실험
failure 실패

A ( ) 안에서 가장 알맞은 것을 고르시오.

1 You answered (correct / correctly).
That is the (correct / correctly) answer.

2 She (bad / badly) needs a change.
Smoking is (bad / badly) for your health.

3 I called the police (immediate / immediately).
Their response was (immediate / immediately).

4 The boy smiled (shy / shyly) and said hello to me.
I smiled back at his (shy / shyly) smile.

5 Jihoon plays ice hockey (aggressive / aggressively).
He is a very (aggressive / aggressively) player on the team.

6 Their experimental data were (complete / completely) incorrect.
The experiment was a (complete / completely) failure.

advice 충고
refrigerator 냉장고
tired 피곤한
rest 쉬다
had better
～하는 편이 낫다

B 빈칸에 some 또는 any를 넣어 대화를 완성하시오.

1 A: Let's make _____ spaghetti.
B: OK, but we don't have _____ tomatoes left.

2 A: Do you have _____ plans this weekend?
B: I'm going to meet _____ friends and have dinner.

3 A: I'm not sure what to do. Do you have _____ advice?
B: Yes, I have _____ advice for you.

4 A: Mom, do we have _____ orange juice?
B: No, we don't. But we have _____ strawberry juice. It's in the refrigerator.

5 A: I'm too tired. I don't have _____ time to rest. Can you give me _____ help?
B: Sure. What is it?

6 A: We don't have _____ milk, cereal, or bread left.
B: I'd better go to the market then. We'll need _____ food for breakfast tomorrow.

24

C 〈보기〉에서 알맞은 단어를 골라 문장을 완성하시오. [중복 사용 불가]

> 보기   hard / hardly   late / lately   near / nearly   high / highly   pretty / well

1 (1) I bought a dress for the dance. It's very _____.

   (2) She doesn't write very _____, so she has to practice more.

2 (1) My old elementary school has _____ changed.

   (2) I kicked the ball, and now my foot hurts. The ball was too _____.

3 (1) You have to be careful. She is _____ sensitive about that issue.

   (2) The kid hit the ball _____ into the air.

4 (1) He walked _____ to the tree.

   (2) Don't give up now! We are _____ at the top of the mountain.

5 (1) I woke up _____ this morning. I was surprised because I usually get up early.

   (2) _____, Alex has gone back to his hometown.

sensitive 민감한
issue 주제, 문제
into the air 공중으로
give up 포기하다

D 밑줄 친 부분을 바르게 고쳐 문장을 다시 쓰시오.

1 He jumped <u>highly</u> and spiked a volleyball <u>hardly</u>.

   → _____

2 Where did you get <u>pretty these cotton dresses</u>?

   → _____

3 She doesn't drink <u>many cold water</u>.

   → _____

4 Please speak <u>slow</u>. I can <u>hard</u> understand you.

   → _____

5 Steve had to wait for <u>near</u> an hour for his food.

   → _____

6 I want to ask you <u>a little</u> questions about this course.

   → _____

7 Neil Armstrong was <u>the one man</u> to walk on the moon.

   → _____

8 There are over <u>thirtieth students</u> in this class.

   → _____

spike
(배구) 스파이크하다, 내리치다
volleyball 배구공, 배구
cotton 면
course 강의, 강좌

REVIEW PLUS

정답 및 해설 P. 5

foul 파울의
deliver ～을 배달하다
Girl Scouts 걸스카우트
a bit 조금
shakily 비틀거리며
truly 참으로, 진실로
magnificent 웅장한

 다음 중 어법상 <u>어색한</u> 문장을 고르시오.

① He hit the ball hard, but it went foul.

② He delivers the newspaper daily to her home.

③ Your sister looks funnily in her Girl Scout uniform.

④ My dog is getting old, so he walks a bit shakily.

⑤ The view from the CN Tower was truly magnificent.

settle into
～에 자리 잡다
species 종

 다음 중 어법상 올바른 문장을 고르시오.

① They settled into their new house nice.

② Hannah doesn't have many homework to do today.

③ I have a little fun ideas for the Halloween party.

④ Jonathan did the work very carefully.

⑤ There are more than two hundreds animal species at the zoo.

outgoing 사교적인
warm-hearted 다정한
spare 할애하다, 내주다
flight 비행
president 대통령
follow ～을 따라가다

 다음 중 대화가 자연스럽지 <u>않은</u> 것을 고르시오.

① A: What kind of person is your brother?
   B: He is friendly and outgoing. He is a very warm-hearted person.

② A: Do you have a few time to spare this weekend?
   B: I think so. I'm usually home on Saturdays.

③ A: That was a really scary flight!
   B: It sure was. I'm glad we arrived safely.

④ A: Michael and Sarah were the first to arrive.
   B: I'm not surprised. They usually leave early, too.

⑤ A: Did you listen to the president's speech on the radio?
   B: No. I rarely follow the news these days.

Niagara Falls
나이아가라 폭포
massive 거대한, 육중한
waterfall 폭포
form 형성되다, 형성시키다
border 국경, 경계
not surprisingly
놀랄 것 없이
hugely 엄청나게
tourist 관광객
underneath 아래에

 다음을 읽고, (   ) 안에서 가장 알맞은 것을 고르시오.

Niagara Falls are massive waterfalls. They form a natural border between Canada and the USA. Not surprisingly, they are hugely popular, and (1) (twenty million / twenty millions) tourists visit the falls every year. You can take a (2) (short / shortly) boat cruise underneath them. But the falls are very noisy. So you must speak loudly, or your friends will (3) (hard / hardly) be able to hear you!

26

PART 10

비교급과 최상급의 형태

원급 (~한/~하게)	비교급 (더 ~한/~하게)	최상급 (가장 ~한/~하게)
원래 형태 그대로	• 형용사/부사+-(e)r • more+형용사/부사	• 형용사/부사+-(e)st • most+형용사/부사
young (젊은) beautiful (아름다운) fast (빨리) carefully (조심스럽게)	younger (더 젊은) more beautiful (더 아름다운) faster (더 빨리) more carefully (더 조심스럽게)	youngest (가장 젊은) most beautiful (가장 아름다운) fastest (가장 빨리) most carefully (가장 조심스럽게)

1   형용사와 부사에는 원급 외에 '더 ~한/하게'라는 의미의 비교급과 '가장 ~한/하게'라는 의미의 최상급이 있다.

Jinhee is **tall**. (형용사 원급) 진희는 키가 크다.

Jinhee is **taller** than I am. (형용사 비교급) 진희는 나보다 키가 크다.

Jinhee is the **tallest** girl in my class. (형용사 최상급) 진희는 우리 반에서 가장 큰 소녀이다.

I walked **slowly**. (부사 원급) 나는 천천히 걸었다.

I walked **more slowly** than my friend Brian. (부사 비교급) 나는 내 친구 브라이언보다 천천히 걸었다.

I walked **most slowly** of all. (부사 최상급) 나는 모두 중에서 가장 천천히 걸었다.

2   비교급은 원급에 -(e)r을 붙인 형태, 최상급은 원급에 -(e)st를 붙인 형태가 가장 일반적이다.

1음절 형용사 일부 2음절 형용사/부사	비교급 (원급 + er)	최상급 (원급 + est)
low high ...	low**er** high**er** ...	low**est** high**est** ...
-e로 끝나는 경우	**비교급 (원급 + r)**	**최상급 (원급 + st)**
nice late ...	nice**r** late**r** ...	nice**st** late**st** ...

There are five **young** boys in the room. They are **younger** than me. The boy in the black hat is the **youngest**.
방에 다섯 명의 소년이 있다. 그들은 나보다 어리다. 검은 모자를 쓴 소년이 가장 어리다.

3 「자음+y」, 「단모음+자음」으로 끝나는 형용사, 부사와 3음절 이상의 형용사, 부사에 주의한다.

「자음+y」로 끝나는 경우	비교급 (y → i + -er)	최상급 (y → i + -est)
busy	busier	busiest
easy	easier	easiest
happy	happier	happiest
...	...	...

「단모음+자음」으로 끝나는 경우	비교급 (자음 한 번 더 + -er)	최상급 (자음 한 번 더 + -est)
fat	fatter	fattest
hot	hotter	hottest
big	bigger	biggest
...	...	...

대부분의 2, 3음절 이상의 형용사/부사	비교급 (more + 형용사/부사)	최상급 (most + 형용사/부사)
easily	more easily	most easily
famous	more famous	most famous
interesting	more interesting	most interesting
...	...	...

A: Look here! There are a lot of books. 여기 좀 봐! 책이 많이 있어.

B: This book looks interesting. 이 책 재미있어 보인다.

A: I think this book is more interesting than that book. 내 생각에는 이 책이 저 책보다 재미있을 것 같아.

B: Really? I think this book looks the most interesting. 정말? 나한테는 이 책이 제일 재미있어 보이는데.

|참고| -ly, -ing, -ed, -ful, -less, -ous로 끝나는 단어는 비교급, 최상급에 more, most를 붙인다.

4 불규칙 변화에 주의한다.

불규칙	비교급	최상급
good 좋은 / well 잘: 건강한	better	best
many / much 많은, 많이	more	most
little 적은	less	least
bad 나쁜 / ill 아픈, 나쁜 / badly 나쁘게	worse	worst
late 늦은, 늦게 (시간) (순서)	later latter	latest last
old 늙은 (시간) (순서)	older elder	oldest eldest

A: We prepared a lot of food for dinner. Please have some more.
저녁 식사를 위해 음식을 많이 준비했어요. 더 드세요.

B: Thanks, but I'm full. I can't eat anymore. I think I ate the most.
감사합니다만, 저는 배가 불러요. 더는 못 먹겠어요. 제 생각에 제가 가장 많이 먹은 것 같아요.

EXERCISES

A 주어진 단어의 비교급과 최상급을 쓰시오.

		비교급	최상급			비교급	최상급
1	wise	_____	_____	16	big	_____	_____
2	much	_____	_____	17	slowly	_____	_____
3	cheap	_____	_____	18	good	_____	_____
4	pretty	_____	_____	19	little	_____	_____
5	young	_____	_____	20	heavy	_____	_____
6	well	_____	_____	21	popular	_____	_____
7	hot	_____	_____	22	bad	_____	_____
8	easy	_____	_____	23	weak	_____	_____
9	slow	_____	_____	24	important	_____	_____
10	warm	_____	_____	25	sad	_____	_____
11	early	_____	_____	26	expensive	_____	_____
12	useful	_____	_____	27	long	_____	_____
13	fast	_____	_____	28	difficult	_____	_____
14	large	_____	_____	29	ill	_____	_____
15	hard	_____	_____	30	many	_____	_____

B 다음 중 비교급과 최상급에 more와 most를 이용하지 <u>않는</u> 것을 고르시오.

talkative 말이 많은
ugly 추한, 못생긴
careful 조심스러운
diligent 부지런한
intelligent 똑똑한

1 ① talkative ② ugly ③ bored ④ slowly ⑤ beautiful

2 ① colorful ② easily ③ exciting ④ different ⑤ large

3 ① popular ② strange ③ expensive ④ interesting ⑤ careful

4 ① diligent ② famous ③ intelligent ④ happy ⑤ dangerous

5 ① strong ② surprising ③ handsome ④ comfortable ⑤ fluently

C 다음 중 비교급과 최상급이 <u>잘못된</u> 것을 고르시오.

1 ① free – freer – freest
　② funny – funnier – funniest
　③ short – shortter – shorttest
　④ well – better – best

2 ① big – bigger – biggest
　② hard – harder – hardest
　③ rich – richer – richest
　④ bad – badder – baddest

D 주어진 단어를 비교급으로 바꿔 문장을 완성하시오.

1 I like your hairstyle. You look _____ than usual. (pretty)

2 Janet behaves very well. She is _____ than her sister is. (polite)

3 She solved the second question _____ than the first one. (easily)

4 It rained all day. Today's weather is _____ than yesterday's. (bad)

5 There are many people in LA. It is _____ than Seattle. (crowded)

6 My mother is 50 years old, and my father is 52 years old. My father is _____ than my mother is. (old)

E 주어진 단어를 최상급으로 바꿔 문장을 완성하시오.

1 He is very diligent. He works the _____ on the team. (hard)

2 Yesterday it was 38°C. It was the _____ day of the year. (hot)

3 She is the _____ singer in Korea. Her voice is so beautiful. (good)

4 Steve always eats something. He is the _____ man in town. (fat)

5 Jane is very rich. She has the _____ money of my friends. (much)

6 I had a great time. It was the _____ holiday of my life. (enjoyable)

F 밑줄 친 단어를 바르게 고쳐 문장을 다시 쓰시오.

1 She spoke slowlier for me.

→ _____

2 This is the happyest moment of my life.

→ _____

3 The news was sader than I expected.

→ _____

4 This computer is more cheap than that one.

→ _____

5 He has the littlest interest in politics of all.

→ _____

6 His family is the importantest thing to him.

→ _____

원급 비교

	원급 비교
• as+형용사/부사+as (~만큼 …한)	These shoes are as good as those shoes. 이 신발은 저 신발만큼 좋다.
• not+as/so+형용사/부사+as (~만큼 …하지 않는)	This car doesn't go as fast as that car. 이 차는 저 차만큼 빠르지 않다.

FOCUS

1 두 대상의 성질이나 정도가 같아 '~만큼 …한'이라는 의미를 나타낼 때, 「as+형용사/부사의 원급+as」라는 비교를 사용한다. as와 as 사이에는 반드시 형용사 또는 부사의 원급이 와야 한다.

Jacob is 14 years old. 제이콥은 열네 살이다.

Sarah is 14 years old, too. 사라도 열네 살이다.

Sarah is as old as Jacob. 사라는 제이콥만큼 나이를 먹었다.

I finished my homework in just thirty minutes. 나는 숙제를 삼십 분 만에 끝냈다.

My sister finished her homework in thirty minutes, too. 내 여동생도 삼십 분 만에 숙제를 끝냈다.

My sister finished her homework as fast as I did. 내 여동생은 나만큼 빨리 숙제를 끝냈다.

2 두 대상의 성질이나 정도가 같지 않아 '~만큼 …하지 않은'이라는 의미를 나타낼 때, 「not+as/so+형용사/부사의 원급+as」라는 비교를 사용한다.

Jennifer sleeps seven hours a day. 제니퍼는 하루에 일곱 시간을 잔다.

Emily sleeps ten hours a day. 에밀리는 하루에 열 시간을 잔다.

Jennifer doesn't sleep as much as Emily. 제니퍼는 에밀리만큼 많이 자지는 않는다.

I get up at 8 o'clock. 나는 여덟 시에 일어난다.

My brother gets up at 7 o'clock. 내 동생은 일곱 시에 일어난다.

I don't get up as early as my brother does. 나는 내 동생만큼 일찍 일어나지 않는다.

3 비교 대상은 같은 것이어야 하고, 비교의 격도 비교 대상과 일치시키는 것이 원칙이다. 하지만 일상적인 대화에서 흔히 사람 주어의 경우, 주격 대신 목적격을 사용하기도 하고, as 뒤의 동사는 생략하는 경우가 많다.

Tyler can jump as high as I (can). = Tyler can jump as high as me. 타일러는 나만큼 높이 뛸 수 있다.

My bicycle is as new as hers (is). 내 자전거는 그녀의 자전거만큼 새것이다.

Her new boyfriend isn't as handsome as her ex-boyfriend (is). 그녀의 새 남자 친구는 전 남자 친구만큼 잘생기지 않았다.

EXERCISES

정답 및 해설 P. 7

A ( ) 안에서 어법상 알맞은 것을 <u>모두</u> 고르시오.

> strict 엄한
> sit-up 윗몸 일으키기

1 My parents are as strict as (your / yours).

2 I can do as many sit-ups as (his / him / he).

3 I don't usually sleep as much as (hers / her / she) does.

4 Sam answered the question as well as (him / his / he did).

5 I visit my grandmother as often as (my sister / my sister's / my sister does).

B 주어진 단어와 as ~ as를 이용하여 문장을 완성하시오.

> carefully 주의 깊게
> spend ~을 쓰다

1 Dogs aren't _____ dolphins. (smart)

2 Ice cream is _____ chocolate. (sweet)

3 Jane acts _____ Yujin does. (carefully)

4 Her baby smiles _____ she does. (happily)

5 I spend _____ she does. (much money)

C 〈보기〉와 같이 주어진 단어와 (not) as ~ as 구문을 이용하여 문장을 완성하시오.

> ladybug 무당벌레
> colorful 다채로운
> moth 나방
> plain-looking
> 잘나지 못한, 보통으로 생긴

> | 보기 | Sue got an A on the math test. James also got an A. (do, well)
> → ___ James did as well as Sue did on the math test. ___
> Sue got an A on the math test. I didn't get an A. (do, not, well)
> → ___ I didn't do as well as Sue did on the math test. ___

1 Ladybugs are colorful. Butterflies are also colorful. (be, colorful)

→ _____

Ladybugs are colorful. Moths are plain-looking. (be, not, colorful)

→ _____

2 My computer is new. Andrew's computer is new, too. (be, new)

→ _____

My computer is new. Philip's computer is old. (be, not, new)

→ _____

3 Brandon got here early. Sunmi also got here early. (get, early)

→ _____

Brandon got here early. Seongjin didn't get here early. (get, not, early)

→ _____

PART 10 * UNIT 38_ **33**

Unit

39

비교급

비교급	
• 비교급(more＋원급)＋than • 비교급(-er)＋than	~보다 더 …한, ~보다 더 …하게

Today, I felt **happier than** yesterday. 오늘은 어제보다 행복하다.
Tom drives **more carefully than** Karl. 톰은 칼보다 더 조심스럽게 운전한다.

FOCUS

1 두 대상의 성질이나 정도가 차이가 나서 '~보다 …한[하게]'라는 의미를 나타낼 때, 「비교급+than」이라는 표현을 사용한다.

Nicholas is 160 cm tall. 니콜라스는 키가 160cm이다.

Suho is 165 cm tall. 수호는 키가 165cm이다.

→ Suho is **taller than** Nicholas. 수호는 니콜라스보다 키가 크다.

We arrived at 9 o'clock. 우리는 아홉 시에 도착했다.

Our teacher arrived at 8:30. 우리 선생님은 여덟 시 반에 도착했다.

→ Our teacher arrived **earlier than** we did. 우리 선생님은 우리보다 일찍 도착했다.

2 「A+비교급+than+B」는 「B+not+as 원급 as+A」와 바꿔 쓸 수 있다.

Your bedroom is **bigger than** my bedroom. (비교급) 네 침실은 내 침실보다 크다.

→ My bedroom is **not as big as** your bedroom is. (원급) 내 침실은 네 침실만큼 크지 않다.

My older brother can jump **higher than** I can. (비교급) 우리 형은 나보다 높이 뛸 수 있다.

→ I cannot jump **as high as** my older brother can. (원급) 나는 형만큼 높이 뛸 수 없다.

3 비교 대상은 같은 것이어야 하고, 비교 대상의 격도 일치시키는 것이 원칙이다. 하지만 일상적인 대화에서 사람 주어의 경우, 주격 대신 목적격을 사용하기도 하고, than 뒤의 동사는 생략하는 경우가 많다.

Dolphins are smarter than **dogs (are)**. 돌고래는 개보다 똑똑하다.

His backpack is heavier than **mine (is)**. 그의 배낭은 나의 것보다 무겁다.

I have more music CDs than **he (does)**.

→ I have more music CDs than **him**. 나는 그보다 많은 음악 CD를 갖고 있다.

He studies English harder than **his brother (does)**. 그는 그의 동생보다 영어 공부를 열심히 한다.

|주의| 사물의 경우 반드시 그 비교 대상을 일치시켜야 한다.
His car is newer than <u>my car [mine]</u> is. (○) 그의 차는 내 차보다 새것이다.
His car is newer than <u>I [me]</u>. (×)

EXERCISES

A ( ) 안에서 가장 알맞은 것을 고르시오.

> tidy 단정한
> herbal 약초의; 풀의

1 My room is (tidy / tidier) than my sister's.
My sister's room is not (as tidy / tidier) as mine.

2 Australia is (big / bigger) than New Zealand.
New Zealand is not (as big / bigger / big) as Australia.

3 My brother doesn't work (as hard / harder) as my sister does.
My sister works (more harder / harder) than my brother does.

4 The coffee was not as (fresh / more fresh / fresher) as the herbal tea.
The herbal tea was (fresh / as fresh / fresher) than the coffee.

5 Joshua didn't read as (many novels / more novels) as Emily did.
Emily read (more many novels / more novels) than Joshua did.

B 두 문장의 뜻이 통하도록 주어진 단어를 알맞은 형태로 바꿔 쓰시오.

> school uniform 교복
> Japanese 일본어(의)

1 (good)   This map is _____ than that one.
→ That map isn't as _____ as this one.

2 (old)   My school uniform isn't as _____ as yours.
→ Your school uniform is _____ than mine.

3 (quietly) Michelle spoke _____ than Samantha.
→ Samantha didn't speak as _____ as Michelle.

4 (easy)   My English class is _____ than my Japanese class.
→ My Japanese class isn't as _____ as my English class.

C 〈보기〉에서 알맞은 말을 골라 비교급으로 바꿔 문장을 완성하시오.

> Moscow
> 모스크바(러시아의 수도)
> pine tree 소나무
> oak tree 오크
> (떡갈나무. 참나무 등의 총칭)
> answer 대답하다

| 보기 | much | cold | quickly | tall |

1 Moscow is _____ than Seoul in winter.

2 Jane drank _____ coffee than Adam did.

3 The pine tree is _____ than the oak tree.

4 Nicole answered the question _____ than I did.

Unit

40

최상급

KEY POINT

최상급	
• (the)+최상급(-est) • (the)+최상급(most+원급)	~중에(서) 가장 …한, ~중에(서) 가장 …하게

Mount Everest is the highest mountain in the world. 에베레스트 산은 세계에서 가장 높은 산이다.
She is the most cheerful of my friends. 그녀가 내 친구들 중에서 가장 명랑하다.

FOCUS

1 셋 이상의 비교 대상 중 '가장 ~한[하게]'라는 의미를 나타낼 때, 「(the)+최상급(-est)」이라는 표현을 사용한다.

Joshua is fourteen years old. 조슈아는 열네 살이다.

Sumi is fifteen years old. 수미는 열다섯 살이다.

I am thirteen years old. 나는 열세 살이다.

→ I'm the youngest among us. 우리 중에서 내가 가장 어리다.

The KTX trains run at 300 km/h. 케이티엑스는 시속 300km로 달린다.

The Shinkansen trains run at 280 km/h. 신칸센은 시속 280km로 달린다.

The TGV trains run at 320 km/h. 테제베는 시속 320km로 달린다.

→ The TGV trains run the fastest among them. 테제베가 그들 중에서 가장 빨리 달린다.

2 최상급 뒤에는 「in+단수 명사」, 「of+복수 명사/기간」과 같이 비교 대상을 한정지어 주는 표현이 자주 등장한다.

Seoul is the biggest city in Korea. 서울은 한국에서 가장 큰 도시이다.

Yesterday was the coldest day of the year. 어제가 일 년 중 가장 추운 날이었다.

Today is the happiest day of my life. 오늘은 내 생애에서 가장 행복한 날이다.

Yunmi studies the hardest of my classmates. 윤미는 우리 반 친구들 중에서 가장 열심히 공부한다.

3 원급과 비교급을 이용한 최상급 표현이 있다.

Amanda is the smartest girl in our class. 아만다는 우리 반에서 가장 똑똑한 소녀이다.

→ Amanda is smarter than any other girl in our class. 아만다는 우리 반의 다른 어떤 소녀보다 똑똑하다.

→ No (other) girl in our class is smarter than Amanda. 우리 반에서 아만다보다 똑똑한 소녀는 없다.

→ No (other) girl in our class is as smart as Amanda. 우리 반에서 아만다만큼 똑똑한 소녀는 없다.

EXERCISES

A ( ) 안에서 가장 알맞은 것을 고르시오.

1 This sofa is (soft / softer / softest) than that chair.

→ This sofa is the (soft / softer / softest) place to sit on in the room.

→ That chair isn't as (soft / softer / softest) as this sofa.

2 London is the (big / bigger / biggest) city in England.

→ No other city in England is as (big / bigger / biggest) as London.

→ No other city in England is (big / bigger / biggest) than London.

3 Aram is (stylish / more stylish / most stylish) than Haily and Sue.

→ Aram is the (stylish / more stylish / most stylish) among them.

→ Haily and Sue aren't as (stylish / more stylish / most stylish) as Aram.

> sofa 소파
> sit on ~에 앉다
> stylish 멋진, 세련된

B 〈보기〉에서 알맞은 단어를 골라 최상급으로 바꿔 문장을 완성하시오.

> 보기   old   tall   cold   dirty   large

1 Greenland is really big. It is the _____ island in the world.

2 It was freezing yesterday. It was the _____ day of the year.

3 Beth never cleans her room. It is the _____ room in the dorm.

4 Megan is the _____ girl in the class. She is 175 centimeters tall.

5 Miruk-sa was built in the Baekje Dynasty. It's the _____ temple in Korea.

> freezing
> 혹한의, 너무나 추운
> dorm 기숙사(dormitory)
> dynasty 왕조, 시대
> temple 사원, 절

C 두 문장의 뜻이 통하도록 주어진 표현을 이용하여 문장을 완성하시오.

1 Noon is the hottest part of the day. (비교급)

→ Noon is _____.

2 Tyler is the busiest man in the office. (비교급)

→ _____ other man in the office is _____ Tyler.

3 Amanda is the fastest runner on the team. (원급)

→ _____ other runner on the team is _____ Amanda.

4 The blue whale is the loudest animal on earth. (원급)

→ _____ other animal on earth is _____ the blue whale.

5 Skydiving is the most dangerous sport in the world. (비교급)

→ Skydiving is _____ in the world.

> blue whale 흰수염고래
> loud (소리가) 큰

REVIEW

정답 및 해설 P. 8

backyard 뒤뜰
front yard 앞뜰
weigh 무게가 ~이다
neighbor 이웃
magazine 잡지
dull 지루한
watermelon 수박

A 두 문장의 의미가 통하도록 주어진 단어를 비교급으로 바꿔 문장을 완성하시오.

1 The backyard is big. The front yard is small. (small)

→ The front yard is _____ the backyard.

2 My mother is 40 years old. My father is 43 years old. (old)

→ My father is _____ my mother.

3 My brother has short hair. My sister has long hair. (long)

→ My sister's hair is _____ my brother's hair.

4 My cat weighs 2 kilos. My neighbor's cat weighs 5 kilos. (heavy)

→ My neighbor's cat is _____ mine.

5 This magazine is dull, but that book is interesting. (interesting)

→ That book is _____ this magazine.

6 The watermelons are expensive. The bananas are cheap. (expensive)

→ The watermelons are _____ the bananas.

often 종종, 자주
exciting
흥미진진한, 신나는
slim 날씬한

B 〈보기〉에서 알맞은 말을 골라 as ~ as를 이용하여 문장을 완성하시오.

| 보기 | well | often | strong | long | exciting | slim |

1 Wendy is _____ a fashion model.

2 I love singing. I sing _____ Sarah.

3 Ninth Avenue is _____ Tenth Avenue.

4 Andrew exercises hard. He is _____ his father.

5 We like to visit museums. We visit them _____ you do.

6 I like both baseball and soccer. I think baseball is _____ soccer.

cook 요리사; 요리하다
handwriting 필체

C 〈보기〉에서 알맞은 말을 골라 비교급 또는 최상급으로 바꿔 문장을 완성하시오.

| 보기 | large | young | well | slowly | bad | fresh |

1 These tomatoes look _____ than those oranges.

2 This monitor is really big. It is _____ than that one.

3 The first prize went to the _____ child in the class.

4 My sister is a great cook. She cooks the _____ in my family.

5 Michael finished later than me. He worked _____ than me.

6 Ben has the _____ handwriting in his class. I can't read it.

D 〈보기〉에서 알맞은 말을 골라 원급, 비교급, 최상급으로 바꿔 문장을 완성하시오.

friendly 친절한, 정다운
thigh 넓적다리
bone 뼈

보기   much   friendly   small   strong   old   big

1 The moon is _____ than the earth.

2 I hope she likes it as _____ as I do.

3 Russia is the _____ country in the world.

4 I like dogs. I think dogs are _____ than cats.

5 The thigh bone is the _____ bone in the human body.

6 Becky and Cindy are the same age. Becky is as _____ as Cindy.

E 표를 보고, 주어진 단어를 알맞게 바꿔 문장을 완성하시오.

height 높이
financial 경제의

Rank	Building	Location	Height	Floors	Built
1	Taipei 101	Taipei, Taiwan	509m	101	2004
2	Shanghai World Financial Center (SWFC)	Shanghai, China	492m	101	2008
3	Petronas Tower 1	Kuala Lumpur, Malaysia	452m	88	1998
4	Petronas Tower 2	Kuala Lumpur, Malaysia	452m	88	1998
5	Sears Tower	Chicago, United States	442m	108	1973

There are many tall buildings in the world. These five are among the tallest.

1 SWFC has _____ floors than Sears Tower. (few)

2 SWFC is _____ _____ building of these five. (new)

3 Taipei 101 is _____ _____ building on this list. (tall)

4 No other building on this list is _____ _____ Taipei 101. (tall)

5 Sears Tower is ten meters _____ _____ the Petronas Towers. (short)

6 Petronas Tower 1 has as _____ floors as Petronas Tower 2 does. (many)

7 No other building here is _____ _____ _____ SWFC. (new)

8 Petronas Tower 1 is _____ _____ _____ Petronas Tower 2. (old)

9 No building on this list is _____ _____ _____ Sears Tower in Chicago. (old)

REVIEW PLUS

정답 및 해설 P. 9

 A 다음 중 어법상 <u>어색한</u> 문장을 고르시오.

1 ① My cough is worse than you.

② This room is warmer than that one.

③ Taylor is a better student than Stephanie.

④ Alex Brown is the greatest golfer of all time.

⑤ Captain Cook sailed farther than Columbus did.

cough 기침
sail 항해하다
far 먼

2 ① I am as clever as he is.

② I can eat as more as you can.

③ Trains travel faster than buses.

④ This is the easiest question on the test.

⑤ The Nile is the longest river in the world.

clever 영리한
travel 여행하다, 이동하다

3 ① Her room is neat than mine.

② He moves as slowly as a snail.

③ My cat is fatter than your dog.

④ Monkeys are as curious as little children.

⑤ Your watch is more expensive than mine.

neat 깔끔한, 단정한
snail 달팽이
curious 호기심이 강한

 B 다음 중 어법상 올바른 문장을 고르시오.

1 ① This is the cheaper ticket to France.

② This photograph is clear than that one.

③ Angelina is as famous as Brian.

④ Minah sings beautifullier than her sister does.

⑤ The weather was the best yesterday than it is today.

cheap 값이 싼
clear 선명한

2 ① My towel is softer than you.

② Jennifer acts as best as Jessica.

③ I can swim farther than you does.

④ We have more chili sauce than we need.

⑤ My brother is the younger person in my family.

act 연기하다
chili sauce 칠리소스
(붉은 고치와 토마토를 주원료
로 만든 매운 맛이 나는 소스)

3 ① A cheetah runs fast than a deer.

② This is the later model in the store.

③ Asia is the most big continent in the world.

④ She is more popular than any other singer in Korea.

⑤ No other city in France is more interesting as Paris.

cheetah 치타
deer 사슴
late 최신의, 늦은
continent 대륙
interesting 흥미 있는

40

PART 11

문장의 종류
Types of Sentences

Unit 41

명령문

KEY POINT

긍정명령문	• 동사원형으로 시작	**Close** the window, please. 창문 좀 닫아주세요.
부정명령문	• Don't[Do not]+동사원형 • Never+동사원형 • No+동사의 -ing형	**Don't[Do not] be afraid.** 두려워 마라. **Never mind.** 신경 쓰지 마. **No smoking.** 금연

FOCUS

1 명령문은 '~하라, 하세요'라는 뜻으로 상대방에게 요청, 안내, 경고, 조언 등을 할 때 사용하며, please를 문장 앞이나 뒤에 덧붙이면 좀 더 부드럽고 공손한 표현이 된다.

It's very noisy in here. **Be** quiet, please. **(요청)** 이곳은 너무 시끄럽네요. 조용히 좀 해주세요.

Turn right at the end of the street. You can't miss it. **(안내)** 이 길 끝에서 오른쪽으로 도세요. 쉽게 찾으실 거예요.

Do not touch the exhibits. **(경고)** 전시품에 손대지 마시오.

Exercise more often for better health. **(조언)** 건강을 위해서 운동을 더 자주 하세요.

|참고| 명령문에 대한 대답은 다음과 같다.
　　 긍정의 대답: Okay. / Sure. / Certainly. / No problem. 등
　　 부정의 대답: I'm sorry I can't. / I'm afraid I can't. 등

2 '~하라'는 의미의 긍정명령문은 ① 주어(와 조동사)를 생략하고, ② 동사를 원형으로 바꿔 쓴다.

You should start early. 너는 일찍 출발해야 한다.

→ **Start** early, please. 일찍 출발하세요.

You should be more polite. 너는 더 공손해야 한다.

→ **Be** more polite, please. 더 공손하세요.

You should turn left at the intersection. 너는 교차로에서 좌회전해야 한다.

→ **Turn** left at the intersection. 교차로에서 좌회전해라.

3 '~하지 마라'라는 의미의 부정명령문은 ① 주어(와 조동사)를 생략하고, ② Don't[Do not]이나 Never 뒤에 동사원형을 쓰거나, No 뒤에 -ing형을 쓴다.

You had better not be late for school again. 학교에 다시는 늦지 않는 것이 좋을 거야.

→ **Don't be** late for school again. 다시는 학교에 늦지 마.

You should not talk to me like that. 너는 나에게 그런 식으로 말을 하면 안 된다.

→ **Never talk** to me like that. 절대 나에게 그런 식으로 말하지 마.

You should not swim in the lake. 너는 호수에서 수영을 하면 안 된다.

→ **No swimming** in the lake. 호수에서 수영 금지.

EXERCISES

A 명령문의 목적을 〈보기〉에서 찾아 쓰시오.

> **보기**　(a) 안내　　　(b) 조언　　　(c) 경고, 금지　　　(d) 요청

give up 포기하다
feed 먹이를 주다
straight 곧장, 똑바로
lend ~을 빌려 주다

1 Don't give up. Try again.　　　＿＿＿＿＿＿＿

2 Do not feed the animals.　　　＿＿＿＿＿＿＿

3 Open the window, please.　　　＿＿＿＿＿＿＿

4 Go straight for two blocks.　　　＿＿＿＿＿＿＿

5 Please lend me 5,000 won.　　　＿＿＿＿＿＿＿

B 주어진 문장을 긍정명령문으로 바꿔 쓰시오.

fasten a seat belt
안전벨트를 매다
polite 예의 바른
turn on ~을 켜다
cross ~을 건너다

1 You fasten your seat belt.

→ ＿＿＿＿＿＿＿＿＿＿＿＿＿＿＿＿＿＿＿

2 You are polite to others.

→ ＿＿＿＿＿＿＿＿＿＿＿＿＿＿＿＿＿＿＿

3 You turn on the air conditioner.

→ ＿＿＿＿＿＿＿＿＿＿＿＿＿＿＿＿＿＿＿

4 You look both ways before crossing the street.

→ ＿＿＿＿＿＿＿＿＿＿＿＿＿＿＿＿＿＿＿

C 주어진 문장을 주어진 표현으로 시작하는 부정명령문으로 바꿔 쓰시오.

worry about
~에 대해 걱정하다
loudly 큰 소리로
walk around
돌아다니다, 산책하다

1 You worry about that. (Don't)

→ ＿＿＿＿＿＿＿＿＿＿＿＿＿＿＿＿＿＿＿

2 You talk loudly in the library. (No)

→ ＿＿＿＿＿＿＿＿＿＿＿＿＿＿＿＿＿＿＿

3 You turn on your cell phone. (Don't)

→ ＿＿＿＿＿＿＿＿＿＿＿＿＿＿＿＿＿＿＿

4 You speak to me like that again. (Never)

→ ＿＿＿＿＿＿＿＿＿＿＿＿＿＿＿＿＿＿＿

5 You walk around alone at night. (Never)

→ ＿＿＿＿＿＿＿＿＿＿＿＿＿＿＿＿＿＿＿

Unit
42

감탄문

KEY POINT

what 감탄문	• What(+a/an)+형용사+명사(+주어+동사)! She is a very tall *girl*. 그녀는 정말 키가 크다. → **What** a tall *girl* she is! 정말 키가 큰 소녀구나!	명사 강조
how 감탄문	• How+형용사/부사(+주어+동사)! The kitten is very *cute*. 그 고양이는 아주 귀엽다. → **How** cute the kitten is! 정말 귀여운 고양이구나!	형용사, 부사 강조

OCUS ···

1 감탄문은 '참 ~하구나!'라는 의미로 말하는 사람의 감탄을 표현하는 문장이다. What이나 How로 시작하여 느낌표(!)로 끝난다.

What a nice car it is! 그것은 참 좋은 차구나!

How foolish I was! 내가 참 어리석었구나!

2 What 감탄문은 명사를 사용하여 감탄을 표현하는 방법으로, 「What(+a/an)+형용사+명사+주어+동사!」의 형태를 갖는다. 이때 명사가 단수이면 형용사 앞에 반드시 a나 an을 붙여야 하며, 복수나 셀 수 없는 명사인 경우 a나 an을 붙이지 않는다.

She is a very cute **baby**. 그녀는 정말 귀여운 아기이다.

→ **What** a cute **baby** she is! 그녀는 참 귀여운 아기구나!

You have really great **ideas**. 너는 정말 대단한 생각을 가지고 있다.

→ **What** great **ideas** you have! 너는 참 대단한 생각을 가졌구나!

It is very cold **water**. 이것은 정말 차가운 물이다.

→ **What** cold **water** it is! 이것은 참 차가운 물이구나!

3 How 감탄문은 형용사와 부사를 사용하여 감탄을 표현하는 방법으로, 「How+형용사/부사+주어+동사!」의 형태를 갖는다.

The food is really **delicious**. 그 음식은 정말 맛있다.

→ **How** delicious the food is! 그 음식은 참 맛있구나!

These boxes are really **heavy**. 이 상자들은 정말 무겁다.

→ **How** heavy these boxes are! 이 상자들은 참 무겁구나!

4 What 감탄문과 How 감탄문 모두 주어와 동사는 종종 생략된다.

What a great song (it is)! 참 훌륭한 노래구나!

How fast (it is)! 참 빠르구나!

EXERCISES

 A ( ) 안에서 가장 알맞은 것을 고르시오.

> fantastic 환상적인
> unusual 별난, 보기 드문
> strange-looking
> 이상하게 보이는

1 (What / How) tall the building is!

2 What (funny man / a funny man) he is!

3 How (honest / an honest man) you are!

4 (What / How) fantastic stories they are!

5 (What / How) an unusual hairstyle she has!

6 What (a strange-looking animal / strange-looking) it is!

B 주어진 문장에서 생략 가능한 부분을 ( )로 표시하시오.

> foolish 어리석은
> annoying 성가신, 귀찮은

1 How foolish he was!

2 What a great idea it is!

3 How annoying you are!

4 What big feet you have!

C 주어진 문장을 what과 how로 시작하는 감탄문으로 바꿔 쓰시오.

> field trip 현장 학습
> smelly 냄새 나는

1 It is a very clean beach.
→ What _____ !
→ How _____ !

2 It was a really fantastic field trip.
→ What _____ !
→ How _____ !

3 They are very smelly animals.
→ What _____ !
→ How _____ !

4 It was a very interesting website.
→ What _____ !
→ How _____ !

5 These are very expensive sunglasses!
→ What _____ !
→ How _____ !

Unit

43

제안문

KEY POINT

제안문	let's 제안문	제안문
형태	• Let's+동사원형 ～. (우리 ~하자) • Let's not+동사원형 ～. (우리 ~하지 말자)	• Shall we+동사원형 ～? (~해 볼까요?) • What about -ing? (~하는 게 어때?) • How about -ing? (~하는 게 어때?) • Why don't we+동사원형 ～? (~하는 게 어때?)
예문	Let's dance. 우리 춤추자. Let's not run. 우리 뛰지 말자.	Shall we start? 시작해 볼까요? What about going to see a movie? 영화 보러 가는 게 어때? How about meeting next week? 다음 주에 만나는 게 어때? Why don't we rest for a moment? 잠깐 쉬는 게 어때?

FOCUS

1 제안이나 권유를 할 때 쓰는 '우리 ~하자.'라는 표현은 「Let's+동사원형 ～.」을 사용하여 나타낸다. 이때, Let's는 Let us를 줄인 말이다.

I'm hungry. **Let's eat** something. 나 배고파. 뭘 좀 먹자.

You look bored. **Let's try** something fun. 너 지루해 보여. 뭔가 재미있는 것을 해보자.

It is going to rain all day. **Let's stay** home today. 하루 종일 비가 올 거야. 오늘은 집에 있자.

I need to buy a pair of shoes. **Let's go** shopping. 나는 신발 한 켤레를 사야 해. 쇼핑 가자.

Let's go to the movies tonight. I want to see a horror movie. 오늘 밤에 영화 보러 가자. 나는 공포 영화가 보고 싶어.

2 '우리 ~하지 말자.'라는 표현은 「Let's not+동사원형 ～.」을 사용하여 나타낸다.

It's very cold outside. **Let's not go** out tonight.
밖이 아주 추워. 오늘 밤은 외출하지 말자.

We don't have much time. **Let's not waste** time.
우리는 시간이 많지 않아. 시간을 낭비하지 말자.

The kids are sleeping. **Let's not make** any noise.
아이들이 잠을 자고 있어. 시끄럽게 하지 말자.

We've already spent a lot of money this month. **Let's not go** shopping.
이번 달에 이미 많은 돈을 썼어. 쇼핑하러 가지 말자.

She will be shocked at the news. **Let's not tell** her about it.
그녀가 그 소식을 들으면 충격을 받을 거야. 그녀에게 그것에 대해 말하지 말자.

3 제안이나 권유를 할 때 쓰는 말 중 '~하는 게 어때?'라는 표현은 「Why don't we+동사원형 ~?」,
「How[What] about+-ing ~?」를 사용하여 나타낸다.

Why don't we go to the National Museum? 우리 국립 박물관에 가는 게 어때?

Why don't we order some pizza? 우리 피자를 시키는 게 어때?

How about eating out tonight? 오늘 밤에 외식하는 게 어때?

How about playing tennis after school? 방과 후에 테니스를 치는 게 어때?

What about joining us for a game? 우리와 같이 게임을 하는 게 어때?

What about asking the teacher questions? 선생님께 질문을 해보는 게 어때?

|참고| 1. 「shall+I/we+동사원형」은 '~할까요?'라는 의미로 주로 제안, 제의를 나타낸다.

Shall we dance? 우리 춤출까요?

Shall I open the window? 내가 창문을 열까요?

2. 「Why don't you+동사원형 ~?」은 '너 ~하는 게 어때?'라는 표현으로 상대방에게 제안이나 권유를 하는 것으로 제안을 하는 자신은 포함되지
않는다.

Why don't you go home and take a rest? 너는 집에 가서 쉬는 게 어때?

4 제안문에 대한 응답으로는 '그렇게 하자.'라는 찬성의 표현과 '그렇게 할 수 없어.'라는 거절의 표현이 있다.

찬성의 표현 (그렇게 하자)	거절의 표현 (그렇게 할 수 없어)
Yes, let's. Sure. Okay. Great. Why not? That sounds good. That's a good idea.	No, let's not. I'm sorry, but I can't.

A: Let's have a barbecue party. 바비큐 파티하자.

B: **That's a good idea.** 그거 좋은 생각인데.

A: It's very hot. How about going for a swim? 정말 덥다. 수영하러 가는 게 어때?

B: **That sounds good.** 좋아.

A: Why don't we go to see a movie tonight? 오늘 밤에 영화 보러 가는 게 어때?

B: **I'm sorry, but I can't.** I have something to do. 미안, 그럴 수 없어. 나 할 일이 좀 있어.

A: What about going hiking this weekend? 이번 주말에 하이킹을 가는 게 어때?

B: **I'm sorry, but I can't.** I have an important appointment. 미안해, 그럴 수 없어. 중요한 약속이 있어.

EXERCISES

bored 지루한
starve 굶주리다
noodle 국수
bother 괴롭히다
air conditioner 에어컨
medicine 약

A 빈칸에 Let's 또는 Let's not을 쓰시오.

1 I'm bored. _____ play a video game.

2 I'm starving! _____ make some noodles.

3 Mom looks tired. _____ bother her right now.

4 The baby is sleeping. _____ make any noise.

5 It's so hot in here. _____ turn on the air conditioner.

6 Emily is not feeling very well. _____ get her some medicine.

try out
시험해 보다, 시도해 보다
stretching 스트레칭
jogging 조깅

B ( ) 안에서 가장 알맞은 것을 고르시오.

1 Let's (try / trying) out that new restaurant.
What about (try / trying) out that new restaurant?

2 Let's (sing / singing) a song all together now.
Shall we (sing / singing) a song all together now?
How about (sing / singing) a song all together now?

3 What about (do / does / doing) our homework later?
Let's (do / does / doing) our homework later.

4 Let's (do / does / doing) some stretching before jogging.
How about (do / does / doing) some stretching before jogging?
Why don't we (do / does / doing) some stretching before jogging?

a pair of 한 쌍의
boots 부츠

C 두 문장의 의미가 통하도록 주어진 표현을 이용하여 문장을 바꿔 쓰시오.

1 How about buying her a pair of boots? (let's)
→ _____

2 Shall we watch the baseball game on TV? (let's)
→ _____

3 Let's do something fun this weekend. (what about)
→ _____

4 Why don't we tell Julie the good news? (shall we)
→ _____

5 What about meeting after school? (why don't we)
→ _____

〈보기〉에서 단어를 고르고, 주어진 표현을 이용하여 대화를 완성하시오.

| 보기 | cook | take | go out | jump | throw | play |

a bit 약간
anniversary 기념일
take a walk 산책하다
throw a party
파티를 열다

1 A: _____ into the water! (let's)

B: No, let's not. It looks dangerous.

2 A: _____ a computer game right now? (shall)

B: I'm sorry, but I can't. I'm a bit busy.

3 A: _____ breakfast for Mom and Dad's anniversary. (let's)

B: What a great idea! What shall we cook?

4 A: _____ and playing soccer? (how about)

B: I don't think that's a good idea. It's going to rain soon.

5 A: How beautiful the weather is! _____ a walk? (why don't we)

B: That sounds good.

6 A: Jim's birthday is coming. _____ a party for him? (what about)

B: That's a great idea! Jim will be happy.

E 다음 중 빈칸에 들어갈 응답이 자연스럽지 <u>않은</u> 것을 고르시오.

I'd rather(=I would rather) 나는 ~하고 싶다
suggestion 제안

1 A: Why don't we go to the swimming pool?

B: _____

① Because I like swimming.   ② Let's not. I'm tired.

③ That's fine with me.   ④ Sounds good.

2 A: Let's invite Tracy to join us tonight.

B: _____

① Great idea.   ② Why not?

③ I'm sorry to hear that.   ④ I'd rather not.

3 A: Shall we do our homework later and watch a movie instead?

B: _____

① Okay.   ② Yes, we do.

③ That's not a good idea.   ④ Great suggestion!

4 A: How about visiting your cousins in New Zealand next winter vacation?

B: _____

① Fantastic!   ② What a wonderful idea!

③ Wow! That sounds great.   ④ They're too busy to help.

의문사가 있는 의문문

 **KEY POINT**

의문사의 종류	의문문
what (무엇/무슨/어떤) which (어떤 것/어떤) who (누구) whose (누구의) how (어떻게) where (어디에) when (언제) why (왜)	• 의문사(+명사)+do[does, did]+주어+동사원형 ~? • 의문사(+명사)+조동사+주어+동사원형 ~? • 의문사(+명사)+be동사+주어 ~?

FOCUS ···

1 주요 의문사에는 what(무엇/무슨/어떤), which(어떤 것/어떤), who(누구), whose(누구의), how(어떻게), where(어디에), when(언제), why(왜) 등이 있다.

A: **What** did you say? 뭐라고 했어요?

B: I didn't say anything. 아무 말도 안 했어요.

A: **Which** way is quicker? 어떤 길이 더 빨라요?

B: This way is a shortcut. 이 길이 지름길이에요.

A: **Who** is that? 저 사람은 누구예요?

B: She is my teacher. 그녀는 우리 선생님이에요.

|참고| 의문사가 주어로 쓰이면 단수 취급한다.
　　　A: Who <u>has</u> a pen? 누가 펜을 가지고 있니?
　　　B: David does. 데이비드가 가지고 있어.

A: **Whose** bag is this? 이것은 누구 가방이에요?

B: It's mine. 제 것이에요.

A: **How** are you feeling now? 지금은 기분이 어때요?

B: I'm feeling better. 점점 나아지고 있어요.

A: **Where** does he live? 그는 어디에 살아요?

B: He lives in Paris. 그는 파리에 살아요.

A: **When** can you come? 언제 올 수 있어요?

B: I can come next week. 다음 주에 올 수 있어요.

A: **Why** were you late? 왜 늦었어요?

B: I slept in. 늦잠 잤어요.

|참고| 「how+형용사/부사」는 '얼마나 ~한[하게]'의 의미이다.
　　　How old are you? 너는 몇 살이니?
　　　How long did you stay in London? 너는 런던에 얼마 동안 머물렀니?
　　　How many children do you have? 자녀가 몇 명이세요? [how many+셀 수 있는 명사의 복수형]

How much homework do you have? 숙제가 얼마나 많니? [how much + 셀 수 없는 명사]

How much is this red skirt? 이 빨간 치마는 얼마인가요? [가격을 물을 때]

How often do you exercise? 얼마나 자주 운동을 하니?

2 그밖에 의문사를 이용한 표현을 요약하면 다음과 같다.

• **What is A?** (사물에 대해 묻는 표현)

A: **What is it?** 그것은 무엇인가요?

B: It's a small beetle. 그것은 작은 딱정벌레예요.

• **Who is A?** (사람에 대해 묻는 표현)

A: **Who is he?** 그는 누구인가요?

B: He's my father. 그는 우리 아버지예요.

• **What ~ like? (= How ~?)** (날씨/사람/사물의 상태를 묻는 표현)

A: **What's the weather like** today? = **How's** the weather today? 오늘 날씨가 어때요?

B: It's foggy today. 오늘은 안개가 끼었어요.

• **What do you think of ~?** (의견을 묻는 표현)

A: **What do you think of** my new hairstyle? 내 새 헤어스타일 어때요?

B: I like that. 맘에 들어요.

• **How do you like ~?** (의견을 묻는 표현)

A: **How did you like** the movie? 영화는 어땠어?

B: It was very interesting. 정말 재미있었어.

|참고| **What is he like?** 그는 어때? (사람의 성격을 묻는 표현)

What does he look like? 그는 어떻게 생겼니? (사람의 외모를 묻는 표현)

What does he like? 그는 무엇을 좋아하니? (사람의 취향을 묻는 표현)

3 의문사 의문문에는 다양하게 응답할 수 있지만 응답의 시제는 대개 질문의 시제와 일치시킨다.

A: What **are** you **doing** now? 지금 뭐해요?

B: **I'm studying** English grammar. 영어 문법 공부해요.

A: Where **did** you **go** last weekend? 너 지난 주말에 어디에 갔었니?

B: **I went** to my friend's birthday party. 나는 친구 생일 파티에 갔었어.

A: What **would** you **like to** eat? 뭘 먹을래요?

B: **I'd like to** eat something spicy. 매운 것이 먹고 싶어요.

|주의| 의문사 의문문에는 Yes 또는 No로 대답할 수 없다.

A: What are you doing now? 지금 뭐해요?

B: ~~Yes~~, I'm doing my homework. (×) 네, 숙제해요.

A: What would you like to eat? 뭘 먹을래요?

B: ~~No~~, I'm not hungry. (×) 아니요, 배 안 고파요.

EXERCISES

climb onto
~ 위로 올라가다
roof 지붕
up close 바로 가까이에서
spell 철자를 말하다[쓰다]
last name 성
cf. first name 이름
post office 우체국

 A ( ) 안에서 가장 알맞은 것을 고르시오.

1 A: (Who / Whose) boots are these?

B: They're mine.

2 A: (Who / What) was that girl at the party?

B: She was my best friend from elementary school.

3 A: (What / Where) is your favorite sport?

B: It's swimming.

4 A: (How / Why) did you climb onto the roof?

B: I wanted to see the stars up close.

5 A: (What / How) do you spell your last name?

B: K-I-M.

6 A: (Where / When) does the post office open?

B: It opens at 9 o'clock.

appointment 약속
entrance 입구
laugh 웃다

B 〈보기〉에서 알맞은 의문사를 골라 빈칸에 써넣으시오.

보기	who	what	when	where	which	why	how

1 A: _____ did you study last night?

B: I studied English and art history.

2 A: _____ bike is yours?

B: It's the silver mountain bike over there.

3 A: _____ is your next doctor's appointment?

B: It's on Thursday at 3 o'clock.

4 A: _____ is the entrance to the subway station?

B: It's right over there.

5 A: _____ was the weather in London last week?

B: It rained a lot.

6 A: _____ was your favorite teacher at the English camp?

B: Mr. Tyler was my favorite. He always made us laugh.

7 A: _____ did you go to the supermarket so late last night?

B: I was hungry, so I went to buy some snacks.

〈보기〉와 같이 밑줄 친 부분을 묻는 의문문을 완성하시오.

favorite 가장 좋아하는
paint 페인트칠하다
textbook 교과서

> 보기   A: _____ What did you do _____ last night?
>   B: I did my homework last night.

1 A: _____ your favorite color?

B: My favorite color is <u>blue</u>.

2 A: _____ the roof?

B: <u>My father</u> painted the roof.

3 A: _____ your car?

B: I bought my car <u>last year</u>.

4 A: _____ is this?

B: The textbook is <u>Sue's</u>.

5 A: _____ like more, red or blue?

B: I like <u>red</u> more.

6 A: _____ having a party?

B: They are having a party <u>at Helen's apartment</u>.

우리말과 같은 뜻이 되도록 주어진 단어를 이용하여 문장을 완성하시오.

vacation 방학, 휴가
star 주연을 맡다
be absent from
결석하다

1 너는 언제 다리를 다쳤니? (hurt)

→ _____ _____ _____ _____ your leg?

2 너는 점심으로 무엇을 먹었니? (eat)

→ _____ _____ _____ _____ for lunch?

3 그들은 휴가 때 어디에 갔었니? (go)

→ _____ _____ _____ _____ for a vacation?

4 너는 그 문제를 어떻게 풀었니? (solve)

→ _____ _____ _____ _____ the problem?

5 그 영화에서 누가 주인공으로 출연하니? (star)

→ _____ _____ in the movie?

6 너는 어제 왜 수업에 결석했니? (be absent from)

→ _____ _____ _____ _____

class yesterday?

7 너는 여름과 겨울 중 어떤 것을 더 좋아하니? (like, better)

→ _____ _____ _____ _____ _____,

summer or winter?

부가 · 부정 · 선택의문문

Unit 45

KEY POINT

부가의문문	긍정문	Jack is doing well, **isn't he?** 잭은 잘 하고 있지, 그렇지 않니? You baked those cookies, **didn't you?** 네가 그 쿠키를 구웠지, 그렇지 않니?
	부정문	I'm not late, **am I?** 나 안 늦었지, 그렇지? Hyunju didn't do anything wrong, **did she?** 현주가 잘못한 것은 없어, 그렇지?
	명령문	Don't stay out too late, **will you?** 너무 늦게까지 돌아다니지 마라, 응?
	제안문	Let's go for a walk, **shall we?** 산책 가자, 응?
부정의문문	be동사	**Aren't** you tired? 너 피곤하지 않니? **Wasn't** she at home? 그녀는 집에 없었지?
	일반동사	**Don't** you like carrots? 당근 안 좋아하지? **Didn't** they hurt themselves? 그들은 다치지 않았지?
	조동사	**Can't** we go out and play? 우리 나가서 놀면 안 되니? **Won't** he attend the meeting? 그는 회의에 참석하지 않을 거니?
선택의문문		Did you go there by bus **or** by subway? 너 거기 버스로 갔니 아니면 지하철로 갔니? Which do you like better, mountains **or** beaches? 너는 산과 해변 중 어떤 것을 더 좋아하니?

FOCUS

1 부가의문문(tag questions)이란 '그렇지?' 또는 '그렇지 않니?'라는 의미로 상대방의 의사를 확인하거나 동의를 구하기 위해 문장 뒤에 덧붙이는 간단한 의문문이다.

Jaeil is a student, **isn't he?** 재일이는 학생이지, 그렇지 않니?

Sua can speak French, **can't she?** 수아는 불어를 할 수 있지, 그렇지 않니?

You didn't make this cake, **did you?** 네가 이 케이크를 만든 건 아니지, 그렇지?

2 부가의문문을 만드는 방법

① 긍정은 부정으로, 부정은 긍정으로 바꾼다.

② be동사와 조동사는 그대로 사용하고, 일반동사는 시제나 수에 맞춰 do/does/did를 사용한다.

③ 주어는 대명사로 받는다.

You are sleepy.

→ You are sleepy, **aren't you?** 너 졸리지, 그렇지 않니?

Ms. Johnson will call you later.

→ Ms. Johnson will call you later, **won't she?** 존슨 부인이 나중에 너에게 전화할 거지, 그렇지 않니?

Yuri doesn't eat meat.

→ Yuri doesn't eat meat, **does she?** 유리는 고기를 먹지 않지, 그렇지?

3 명령문의 부가의문문은 의지를 나타내는 조동사 will을 사용하고, 제안문의 부가의문문은 제안을 나타내는 조동사 shall을 사용한다.

Be nice to your sister, **will you**? 동생에게 잘해줘, 응?

Don't do that again, **will you**? 다시는 그러지마, 응?

Let's go to the beach, **shall we**? 해변에 가자, 응?

4 부정의문문(negative questions)이란 '~하지 않니?'라는 의미로 동사의 부정형으로 시작하는 의문문이다. 부정의문문은 모두 축약형으로 시작한다.

Isn't he your math teacher? 그는 너의 수학 선생님이 아니니?

Weren't you surprised at the news? 너는 그 소식을 듣고 놀라지 않았니?

Doesn't she live alone? 그녀는 혼자 살지 않니?

Can't you play the piano? 너는 피아노를 못 치지?

5 부정의문문은 질문에 상관없이 대답이 긍정이면 Yes, 부정이면 No로 답한다.

A: Isn't it hot here? 여기 덥지 않니?

B: **Yes, it is.** I will open the window. 아니, 더워. 내가 창문을 열게.

A: Don't you want a drink? 마실 것은 필요 없니?

B: **No, I don't.** 응, 필요 없어.

A: **Didn't** he go to the dentist today? 그는 오늘 치과에 가지 않았니?

B: **Yes, he did.** 아니, 갔었어.

6 선택의문문(alternative questions)은 or를 써서 정해진 대상 중 선택을 요구하는 의문문이다.

Do you want tea **or** coffee? 너는 차를 원하니 아니면 커피를 원하니?

Will you meet Jenny **or** Jean? 너는 제니를 만날 거니 아니면 진을 만날 거니?

Is he your brother **or** your boyfriend? 그는 네 오빠니 아니면 남자 친구니?

Which do you like better, math **or** English? 너는 수학과 영어 중 어느 것을 더 좋아하니?

7 선택의문문은 질문에 제시된 것 중 하나를 선택하여 답해야 하며 Yes / No로 대답할 수 없다.

A: Is he from Australia **or** England? 그는 호주에서 왔니 아니면 영국에서 왔니?

B: He is **from Australia**. 그는 호주 출신이야.

A: Will you go there with your father **or** with your mother? 너 그곳에 아버지와 같이 갈 거니 아니면 어머니와 같이 갈 거니?

B: I will go there **with my mother**. 나는 어머니와 같이 갈 거야.

A: Which do you like better, soccer **or** baseball? 너는 축구와 야구 중 어느 것이 더 좋니?

B: I like **soccer** better. 나는 축구가 더 좋아.

EXERCISES

have a barbecue
바비큐를 하다

A ( ) 안에서 가장 알맞은 것을 고르시오.

1 We are correct, aren't (they / we)?

2 Today isn't Tuesday, is (today / it)?

3 Don't miss the train, will (you / we)?

4 It's very cold outside, isn't (it / that)?

5 I can use this computer, can't (I / you)?

6 Jane is already here, isn't (she / Jane)?

7 Let's have a barbecue, shall (you / we)?

sit in a circle
둥글게 둘러앉다

B 빈칸에 알맞은 동사를 써넣어 부가의문문을 만드시오.

1 It's not important, _____ it?

2 Don't be late, _____ you?

3 Let's sit in a circle, _____ we?

4 The weather is terrible, _____ it?

5 You really love her, _____ you?

6 It does not take an hour, _____ it?

7 She can't play golf, _____ she?

win first prize
일등상을 타다
public place 공공장소

C 빈칸에 알맞은 부가의문문을 쓰시오.

1 It is Wednesday, _____?

2 You won first prize, _____?

3 Be friendly to others, _____?

4 He comes from Canada, _____?

5 Don't run around in public places, _____?

6 You will help me do the cleaning, _____?

7 You can speak English and Japanese, _____?

8 Jacob didn't know the correct answer, _____?

D 〈보기〉와 같이 주어진 문장을 부정의문문으로 바꿔 쓰시오.

> 보기   You understand it.
>
> → _____ Don't you understand it? _____

1 Sarah can drive a car.

→ _____

2 You remember me.

→ _____

3 James went on the field trip.

→ _____

4 You are the youngest child in your family.

→ _____

E 부정의문문에 대한 짧은 응답을 써넣어 대화를 완성하시오.

1 A: Isn't it sunny outside?

B: _____ , _____ _____ . You should bring a hat.

2 A: Don't you like Chinese food?

B: _____ , _____ _____ . I would rather eat pizza.

3 A: Won't you join our book club?

B: _____ , _____ _____ . I don't like reading books.

4 A: Didn't you watch the basketball game?

B: _____ , _____ _____ . I enjoyed it very much.

F 우리말과 같은 뜻이 되도록 주어진 단어를 배열하시오.

1 그것은 네 것이니 아니면 너의 언니의 것이니? (yours, your sister's, it, is, or)

→ _____

2 육류와 생선 중 어느 것을 더 좋아하니? (do, prefer, which, you, fish, meat, or)

→ _____

3 너는 청바지를 살 거니 아니면 치마를 살 거니? (jeans, a skirt, buy, will, or, you)

→ _____

4 너는 대중음악과 고전 음악 중에 어떤 것이 더 좋니?
(pop music, classical music, which, like, do, or, better, you)

→ _____

Unit 46

There is[are] ~ ~(들)이 있다

	There is/are + 명사
형태	• There is+단수 명사: ~개[이] 있다 • There are+복수 명사: ~들이 있다
예문	There is <u>a beautiful lake</u> near the city. 도시 근처에 아름다운 호수가 있다. There are <u>many fish</u> in the river. 강에 많은 물고기가 있다.

FOCUS

1 「There is/are ~」 구문의 주어는 there가 아니라 be동사 뒤에 있는 명사이다. 그러므로 there를 '거기'라고 해석하지 않고, '~이 있다'라고 해석한다. There is/was 다음에는 단수 명사가, There are/were 다음에는 복수 명사가 온다.

There is <u>a post office</u> next to the police station. 경찰서 옆에 우체국이 있다.

There are <u>a lot of students</u> in this school. 이 학교에는 많은 학생이 있다.

There is <u>some milk</u> in the refrigerator. 냉장고에 약간의 우유가 있다.

There were <u>lots of flowers</u> in his garden. 그의 정원에는 꽃이 많이 있었다.

2 「There is/are ~」 구문의 의문문은 「Is/Are there ~?」 또는 「How many/much+명사+is/are+there ~?」 등으로 쓸 수 있다.

Are there <u>any cookies</u> in the basket? 바구니에 과자가 있나요?

Is there <u>a bus stop</u> near here? 이 근처에 버스 정류장이 있나요?

<u>How many books</u> are there in your backpack? 배낭에 책이 몇 권 있나요?

<u>How much furniture</u> is there in your room? 당신의 방에 얼마나 많은 가구가 있나요?

3 「Is/Are there ~?」에 대한 응답은 Yes, there is/are. No, there isn't/aren't.로 한다.

A: Is there a red pen in your pencil case? 당신의 필통에 빨간 펜이 있나요?

B: Yes, there is. 네, 있어요.

A: Are there any stamps in the drawer? 서랍에 우표가 있나요?

B: No, there aren't. 아니요, 없어요.

|참고| 「How many/much+is/are there ~?」는 「There is/are+수량」으로 답한다. 단 much 뒤에는 셀 수 없는 명사가 오는 것에 주의한다.

　　　A: How many students are there in the classroom? 교실에 학생이 몇 명 있나요?

　　　B: There are <u>ten</u> students. 열 명의 학생이 있어요.

　　　A: How much money is there in your pocket? 너는 주머니에 돈이 얼마나 있니?

　　　B: There is <u>$20</u> in my pocket. 주머니에 20달러가 있어.

EXERCISES

정답 및 해설 P. 13

A ( ) 안에서 가장 알맞은 것을 고르시오.

> garage 차고
> beverage 음료

1 (Is / Are) there a telephone here?

2 There (is / are) a car in the garage.

3 There (is / are) a woman on the bench.

4 (Is / Are) there any interesting things to do here?

5 There (is / are) many wonderful parks in Vancouver.

6 There (was / were) a lot of snacks and beverages at the party.

B 빈칸에 There is 또는 There are를 써서 문장을 완성하시오.

> recovery 회복
> parking lot 주차장
> calendar 달력

1 _____ no hope of her recovery.

2 _____ twelve people in the room.

3 _____ a history museum near here.

4 _____ only two cars in the parking lot.

5 _____ a calendar on the wall in the kitchen.

C 주어진 문장을 Yes/No 의문문으로 만들고, 긍정 또는 부정의 짧은 응답을 쓰시오.

> department store
> 백화점
> aquarium 수족관

1 There is a supermarket near your house.
   Q: _____
   A: _____ It is right next to my house.

2 There are new magazines to read in the library.
   Q: _____
   A: _____ The magazine section is here.

3 There is a movie theater inside the department store.
   Q: _____
   A: _____ You can't see a movie in the department store.

4 There are many strange-looking fish to see at the Sydney Aquarium.
   Q: _____
   A: _____ You can see a lot of interesting fish there.

REVIEW

정답 및 해설 P. 13

clever 영리한
postcard 엽서

A ( ) 안에서 가장 알맞은 것을 고르시오.

1 (Are / Be / Do) quiet in class.

2 (How / What) a clever idea that is!

3 Robert is speaking too fast, (is / isn't) he?

4 (How / What) small and cute your puppy is!

5 (Send / Sent / Sending) me a postcard from Paris.

6 (Doesn't / Don't / Didn't) give him too much work.

7 How about (have / having) Michael's birthday party here?

8 What about (visit / visiting) Caribbean Park with us on Sunday?

9 Which do you like better, rock music (or / and) classical music?

Hamlet 햄릿
play
상연하다; 놀이를 하다; 연극
the National
Theater 국립 극장
look up ~을 찾아보다
information desk
안내데스크

B 〈보기〉에서 알맞은 것을 골라 대화를 완성하시오.

> 보기   how   when   where   why don't we

A: What do you want to do this evening?

B: (1) _____ see *Hamlet*?

A: OK. (2) _____ is it playing?

B: At the National Theater.

A: Really? (3) _____ do you know?

B: I looked it up on the Internet yesterday.

A: Great. (4) _____ shall we meet?

B: Let's meet at the information desk at 6:30.

vacation 방학, 휴가
get back 돌아오다

C 〈보기〉에서 알맞은 것을 골라 대화를 완성하시오.

> 보기   who   what   when   where   how

A: Hi, Daniel. (1) _____ are you?

B: I feel great, thanks.

A: I haven't seen you for a long time. (2) _____ have you been?

B: I went to Hawaii for vacation.

A: (3) _____ did you get back?

B: Yesterday. How about you? (4) _____ did you do over vacation?

A: I went home and stayed there for almost a month. I took Yoona with me.

B: Great! But (5) _____ is Yoona?

A: She's my cousin. We both had a great time.

밑줄 친 부분을 바르게 고쳐 문장을 다시 쓰시오.

clean up 청소하다
grass 잔디
bike ride 자전거 타기

1 <u>Do clean up</u> your room.

→ _____

2 Don't <u>walking</u> on the grass.

→ _____

3 <u>What</u> handsome the man is!

→ _____

4 You're Jason Brown, <u>don't</u> you?

→ _____

5 There <u>is</u> a lot of people here.

→ _____

6 Let's <u>don't</u> go out for a bike ride tonight.

→ _____

7 How about <u>learn</u> jazz dancing together?

→ _____

E 우리말과 같은 뜻이 되도록 주어진 단어를 이용하여 문장을 완성하시오.

quit 그만두다

1 이것은 누구의 목도리니? (scarf)

→ _____ _____ is this?

2 너는 내 선물이 마음에 안 드니? (like)

→ _____ _____ _____ my present?

3 너 멜버른에서 어디 묵을 거니? (will, stay)

→ _____ _____ _____ _____ in Melbourne?

4 그것은 참 쉬운 문제구나! (easy, question)

→ _____ _____ _____ it is!

5 저녁을 먹기 전에 너의 숙제를 해라. (homework)

→ _____ _____ _____ before you eat dinner.

6 시내에 호텔이 하나 있어. (a hotel)

→ _____ _____ _____ _____ downtown.

7 그녀는 지난주에 일을 그만 두었지, 그렇지 않니? (quit one's job)

→ She _____ _____ _____ last week, _____ _____?

REVIEW PLUS

정답 및 해설 P. 15

neighborhood 근처
ATM(Automated Teller Machine) 현금 자동 인출기
nearby 근처에

 1 다음 중 어법상 어색한 문장을 고르시오.

① You won't tell my dad, won't you?

② What are you doing this afternoon?

③ Are there any cafes in this neighborhood?

④ Don't wait for me. I'll be home late tonight.

⑤ Is there an ATM nearby? I need some money.

get out of ~에서 나가다
pollute ~을 오염시키다
environment 환경

 2 다음 중 어법상 올바른 문장을 고르시오.

① Get out of my room, Jacob!

② How old are your new boyfriend?

③ Let's watching a movie this weekend.

④ There is many tall trees near my house.

⑤ Cars also pollute the environment, do they?

Italian
이탈리아어; 이탈리아인의
giant 거대한
clean up ~을 청소하다
spill ~을 엎지르다

 3 다음 중 대화가 자연스럽지 않은 것을 고르시오.

① A: Is there a good Italian restaurant in this area?

　B: No, there isn't. What about going downtown?

② A: What does David have in his hand?

　B: It's a giant snowball. Everybody, run!

③ A: Tyler, the kitchen is too dirty. How about help me clean up?

　B: There's a good movie on TV. You can do it yourself, can't you?

④ A: Justin! You're spilling soup everywhere. Why don't you use a bigger bowl?

　B: Okay, Mom. Where is a big bowl?

⑤ A: Good morning, class. Please sit down and open your books to page 135.

　B: Mr. Johnson, let's play a game!

order ~을 주문하다
deliver
배달하다, ~을 운반하다
charge 요금
pick up
~을 도중에 태우다[싣다]
about 약

 4 (　　) 안에서 가장 알맞은 것을 고르시오.

A: Hello? Is this Milano's Pizza?

B: Yes, it is. How can I help you?

A: I'd like to order three pizzas. You deliver, (1) (aren't you / don't you)?

B: Yes, we do. But (2) (there are / there is) an extra $10 charge on all deliveries.

A: $10! (3) (Isn't / Doesn't) that too expensive?

B: Well, (4) (why don't you / what about) pick it up yourself?

A: That's a better idea. (5) (Where / When) will they be ready?

B: Come in about 45 minutes. They'll be ready then.

PART 12

to부정사
To-Infinitives

to부정사의 형태와 쓰임

Unit 47

to부정사		
형태	• to+동사원형 • not+to+동사원형	to go, to come not to go, not to come
쓰임	명사적 쓰임	• 주어 (~하는 것은) • 목적어 (~하는 것을) • 보어 역할 (~하는 것, ~하기 등)
	형용사적 쓰임	• 명사를 수식하는 역할 (~할)
	부사적 쓰임	• 목적 (~하기 위해서) • 판단의 근거 (~하다니) • 감정 (~하게 되어 ~하다) • 결과 (~해서 그 결과로 …하다) • 형용사를 수식하는 역할 (~하기에 등)

1 to부정사(to-infinitives)는 「to+동사원형」의 형태이며, 부정형은 「not+to+동사원형」이다.

I **run** along the riverside. (동사) 나는 강변을 따라 달린다.

I love **to learn** new languages. (to부정사) 나는 새로운 언어를 배우는 것을 좋아한다.

They like **to talk** about music. (to부정사) 그들은 음악에 대해 이야기하는 것을 좋아한다.

I decided **not to meet** him. (to부정사의 부정형) 나는 그를 만나지 않기로 결심했다.

She promised **not to tell** anyone my secret. (to부정사의 부정형) 그녀는 아무한테도 내 비밀을 말하지 않겠다고 약속했다.

2 to부정사는 「to+동사원형」의 형태이다. to부정사의 to와 「to+(동)명사」 형태의 전치사 to를 혼동하지 않도록 주의한다.

I went <u>to the bookstore</u> <u>to buy</u> some books. 나는 책을 몇 권 사기 위해 서점에 갔다.
       (to+명사: 전치사)   (to부정사)

Jacob ran <u>to the station</u> <u>to meet</u> his friends. 제이콥은 친구들을 만나기 위해 역으로 달려갔다.
       (to+명사: 전치사)   (to부정사)

I'm looking forward <u>to meeting</u> you again. 당신을 다시 만나기를 기대합니다.
        (to+동명사: 전치사)

3 to부정사는 '품사가 정해지지 않았다'는 의미에서 '부정사(不定詞)'라고 불린다. 문장 속에서 명사, 형용사, 부사 등으로 쓰인다.

I want **to ride** a roller coaster. (목적어: 명사적 쓰임) 나는 롤러코스터 타기를 원한다.

She has a <u>ticket</u> **to ride** a roller coaster. (명사 수식: 형용사적 쓰임) 그녀는 롤러코스터를 탈 수 있는 티켓을 가지고 있다.

We came here **to ride** a roller coaster. (목적: 부사적 쓰임) 우리는 롤러코스터를 타기 위해 여기에 왔다.

EXERCISES

A 밑줄 친 to가 to부정사의 to이면 '부'를, 전치사의 to이면 '전'을 차례대로 쓰시오.

1 He always tells funny stories <u>to</u> me. _____

2 I called my brother <u>to</u> ask him a favor. _____

3 Kelly asked Emily <u>to</u> come <u>to</u> her party. _____

4 I went <u>to</u> the park <u>to</u> play with my friends. _____

5 My mother asked <u>to</u> speak <u>to</u> the store manager. _____

6 Ryan's dad promised <u>to</u> go <u>to</u> the zoo with him this Saturday. _____

ask A a favor
A에게 부탁하다
store manager
상점 지배인

B 밑줄 친 부분을 바르게 고쳐 쓰시오.

1 He warned me <u>to not be</u> late again. _____

2 His dream is <u>to being</u> a famous singer. _____

3 His aim is <u>to becomes</u> the next president. _____

4 I can't wait <u>to seeing</u> the Rocky Mountains. _____

5 The kid used a knife carefully <u>not to getting</u> hurt. _____

6 She decided <u>to changed</u> her hairstyle this weekend. _____

warn ~에게 경고하다
aim 목표
can't wait
매우 ~하고 싶다
offer ~을 제공하다
knife 칼
carefully
주의 깊게, 조심스럽게
get hurt 다치다

C 밑줄 친 부분을 부정하는 문장으로 바꿔 쓰시오.

1 (a) Mr. Kim <u>told</u> me to stand up.

→ _____

(b) Mr. Kim told me <u>to stand up</u>.

→ _____

2 (a) I <u>want</u> to remember that night.

→ _____

(b) I want <u>to remember</u> that night.

→ _____

3 (a) We <u>planned</u> to watch the movie tonight.

→ _____

(b) We planned <u>to watch</u> the movie tonight.

→ _____

stand up 일어서다
plan ~을 계획하다

Unit
48

명사적 쓰임

KEY POINT

명사적 쓰임	
주어 (~하는 것은)	**To exercise** every day is good for you. 매일 운동을 하는 것은 너의 건강에 좋다.
목적어 (~하는 것을)	I hope **to see** you soon. 나는 곧 당신을 만나기를 희망합니다.
보어 (~하는 것이다)	**To see** is **to believe**. 보는 것이 믿는 것이다.

FOCUS

1   to부정사는 문장에서 명사처럼 주어(~이/가) 역할을 한다.

To ride bicycles is fun. 자전거를 타는 것은 재미있다.

To collect coins is my hobby. 동전을 모으는 것은 나의 취미이다.

To be an artist is Daniel's dream. 예술가가 되는 것이 대니얼의 꿈이다.

2   to부정사가 주어로 쓰여 주어가 길어질 경우, to부정사 주어를 가주어 it으로 바꾸고, to부정사는 문장의 뒤로 보낸다.

To read *Harry Potter* is exciting. 「해리 포터」를 읽는 것은 재미있다.

→ <u>It</u> is exciting <u>to read *Harry Potter*</u>.
  가주어   진주어

To listen to classical music is boring. 고전 음악을 듣는 것은 지루하다.

→ <u>It</u> is boring <u>to listen to classical music</u>.
  가주어   진주어

3   to부정사는 문장에서 주어나 목적어를 보충 설명해 주는 보어 역할을 한다. 주격 보어의 경우 주어와 동일한 것을 나타내고, 목적격 보어의 경우 목적어의 행동을 나타내어 목적어와 주어, 동사의 관계가 성립된다.

<u>The greatest thing</u> is **to help** the poor. (the greatest thing = to help the poor) 가장 좋은 것은 가난한 사람을 돕는 것이다.

<u>My goal</u> is **to get** an A⁺ in biology. (my goal = to get an A⁺ in biology) 내 목표는 생물학에서 A⁺를 받는 것이다.

I want <u>you</u> **to study** much harder. (you study much harder) 나는 네가 훨씬 더 열심히 공부하기를 원한다.

The doctor advised <u>me</u> **to drink** a lot of water. (I drink a lot of water) 의사는 나에게 물을 많이 마시라고 권했다.

4   to부정사는 문장에서 목적어(~을/를) 역할을 한다.

I promised **to be** home by 10. 나는 열 시까지 집에 오기로 약속했다.

I want **to join** the Reading Club. 나는 독서 클럽에 참여하기를 원한다.

I hope **to see** you again. 나는 너를 다시 보기를 바란다.

EXERCISES

정답 및 해설 P. 16

A 주어진 문장 성분에 해당하는 부분에 밑줄을 그으시오.

1 주어   Physical fitness is my goal.

To exercise regularly is important.

2 목적어   I like spaghetti.

I want to eat Italian food.

3 목적어   Matthew bought a new car.

His girlfriend wants to drive to the sea.

4 보어   Jaehoon is a talented soccer player.

Jaehoon's dream is to play soccer for Manchester United.

> physical 신체의
> fitness 건강함
> goal 목표
> regularly 규칙적으로
> talented 재능 있는

B 밑줄 친 부분이 문장에서 주어, 목적어, 보어 중 어떤 역할을 하는지 고르시오.

1 Ms. Choi asked to see me.   [주어 / 목적어 / 보어]

2 Her hope is to win first prize.   [주어 / 목적어 / 보어]

3 To bully a classmate is wrong.   [주어 / 목적어 / 보어]

4 To visit new places is exciting.   [주어 / 목적어 / 보어]

5 Ryan promised not to leave me alone.   [주어 / 목적어 / 보어]

> win first prize
> 1등을 하다
> bully ~을 괴롭히다

C 주어진 문장을 가주어 it으로 시작하는 문장으로 바꿔 쓰시오.

1 To spend money is easy.

→ _____

2 To watch baseball games is fun.

→ _____

3 To have close friends is important.

→ _____

4 To drink soda is bad for your teeth.

→ _____

5 To pronounce foreign words is difficult.

→ _____

6 To walk alone late at night is dangerous.

→ _____

> pronounce
> ~을 발음하다
> foreign 외국의
> late at night 밤늦게

Unit 49 형용사적 쓰임

 **KEY POINT**

	형용사적 쓰임
바로 앞에 나오는 명사나 대명사를 수식 (~할)	I have an interesting book. 나는 재미있는 책을 가지고 있다. I have an interesting book to read. 나는 재미있는 읽을 책을 가지고 있다. (읽을 책)
	She bought some milk. 그녀는 약간의 우유를 샀다. She bought some milk to drink. 그녀는 약간의 마실 우유를 샀다. (마실 우유)

FOCUS

1 to부정사는 '~하는/할'이라는 의미로 형용사처럼 명사나 대명사를 수식한다.

It's time to go to bed. 잠잘 시간이다.

Did you bring some food to eat? 너는 먹을 음식을 좀 가져왔니?

We have a test to take tomorrow. 우리는 내일 봐야 할 시험이 있다.

I have some money to buy new shoes. 나는 새 신발을 살 약간의 돈이 있다.

There is nothing to eat in the fridge. 냉장고에 먹을 것이 하나도 없다.

|참고| −thing, −one, −body로 끝나는 대명사는 형용사가 뒤에서 대명사를 수식하기 때문에 형용사와 to부정사가 함께 대명사를 수식할 경우 「−thing/−one/−body+형용사+to부정사」의 형태가 된다.

Give me something warm. 따뜻한 것을 주세요.

Give me warm water to drink. 마실 따뜻한 물을 주세요.

Give me something warm to drink. 따뜻한 마실 것을 주세요.

2 형용사적 쓰임으로 쓰인 to부정사는 바로 앞에 나오는 명사를 수식하므로 「명사+to부정사」의 형태를 갖는다.

It's time. 시간이다.

→ It's time to go. Hurry! 갈 시간이야. 서둘러!

I have something. 나는 무언가가 있다.

→ I have something to do. 나는 할 일이 있다.

We have two people. 우리는 두 명의 사람들이 있다.

→ We have two people to invite. 우리는 초대할 두 사람이 있다.

She needs a house. 그녀는 집이 필요하다.

→ She needs a house to live in. 그녀는 살 집이 필요하다.

|참고| to부정사의 형용사적 쓰임에서는 전치사의 유무에 주의한다.

I need a pen to write with. (write with a pen) 나는 쓸 펜이 필요하다.

I need paper to write on. (write on paper) 나는 쓸 종이가 필요하다.

I need a chair to sit on. (sit on a chair) 나는 앉을 의자가 필요하다.

EXERCISES

A 밑줄 친 명사를 수식하는 말을 찾아 밑줄을 그으시오.

joke 농담
magazine 잡지

1 I have a joke to tell.

2 We have something to say.

3 I made us some tea to drink.

4 She bought some fresh fruit to eat.

5 I found an interesting magazine to read.

B 밑줄 친 부분에 유의하여 〈보기〉처럼 해석을 완성하시오.

store 보관하다, 저장하다
teens 10대, 10대의
book 예약하다

> **보기** He bought some water to drink.
> → 그는 약간의 _____ 마실 물 _____ 을 샀다.

1 I need a box to store my books.
→ 나는 내 책들을 _____ 가 필요하다.

2 I have lots of things to do today.
→ 나는 오늘 _____ 이 많이 있다.

3 Everyone needs a friend to talk to.
→ 모든 사람은 _____ 가 필요하다.

4 Babies and teens need time to sleep.
→ 아기들과 십 대는 _____ 이 필요하다.

5 They booked a hotel to stay at for vacation.
→ 그들은 휴가 동안 _____ 을 예약했다.

C 주어진 to부정사를 적절한 곳에 넣어 밑줄 친 명사를 수식하도록 문장을 바꿔 쓰시오.

attractive 매력적인
visit 방문하다

1 She needs a new dress. (to wear)
→ _____

2 The kids want something. (to drink)
→ _____

3 I don't have any money. (to lend you)
→ _____

4 There are many attractive places in Korea. (to visit)
→ _____

Unit 50

부사적 쓰임

KEY POINT

부사적 쓰임	
목적 (~하기 위해서)	Our class went to the park **to practice** sketching. 우리 반은 스케치 연습을 하기 위해서 공원에 갔다.
판단의 근거 (~하다니)	He is kind **to help** her. 그녀를 돕다니 그는 친절하구나.
감정의 원인 (~하게 되어 …하다)	I'm happy **to hear** the news. 나는 그 소식을 들어서 행복하다.
결과 (~해서 그 결과로 …하다)	She grew up **to be** a journalist. 그녀는 자라서 언론인이 되었다.
형용사 수식	The question is easy **to solve**. 그 문제는 풀기 쉽다.

OCUS ···

1 to부정사의 부사적 쓰임 중 〈목적〉은 '~하기 위해서'라는 의미이다.

My mom went to the grocery store **to buy** some vegetables. 우리 엄마는 약간의 채소를 사기 위해 식료품점에 갔다.

She exercises **to stay** healthy. 그녀는 건강을 유지하려고 운동을 한다.

We all came here **to say** goodbye. 우리 모두 작별 인사를 하기 위해 여기에 왔다.

2 to부정사의 부사적 쓰임 중 〈판단의 근거〉는 '~하다니/하는 것을 보니'라는 의미이다.

She's <u>silly</u> **to believe** it. 그것을 믿다니 그녀는 어리석구나.

He was <u>rude</u> **to say** such a thing. 그런 말을 하다니 그는 무례했어.

Suna is <u>kind</u> **to help** her neighbor's kids. 이웃의 아이들을 돕다니 선아는 친절하구나.

3 to부정사의 부사적 쓰임 중 〈감정의 원인〉은 '~하게 되어'라는 의미이다.

I'm <u>glad</u> **to meet** you. 당신을 만나게 되어 기쁘다.

I was <u>surprised</u> **to see** him. 나는 그를 보게 되어 놀랐다.

I was <u>happy</u> **to hear** from you. 나는 너에게 소식을 듣게 되어 기뻤어.

4 to부정사의 부사적 쓰임 중 〈결과〉는 '~해서 (그 결과로) …하다'라는 의미이다.

The boy grew up **to be** a professional athlete. 그 소년은 자라서 운동선수가 되었다.

She opened the box **to find** it empty. 그녀가 상자를 열었는데 속이 비어 있었다.

My grandfather lived **to be** ninety-five years old. 우리 할아버지는 95세까지 사셨다.

5 to부정사의 부사적 쓰임 중에는 단순하게 바로 앞에 오는 형용사를 수식하는 것도 있다.

This article is <u>difficult</u> **to read**. 이 기사는 읽기에 어렵다.

The groceries were <u>heavy</u> **to lift**. 식료품들은 들기에 무거웠다.

These questions are <u>easy</u> **to answer**. 이 문제들은 답하기 쉽다.

EXERCISES

A 밑줄 친 부분에 유의하여 〈보기〉처럼 해석을 완성하시오.

> 보기   I'm happy to see you.
> → 나는 _____ 너를 보게 되어 _____ 기쁘다.

> luggage
> 짐, 수하물, 여행용 가방
> lift 들다

1 His luggage wasn't that heavy to lift.

→ 그의 짐은 _____ 그렇게 무겁지 않았다.

2 I'm really happy to meet your teacher.

→ 나는 너의 선생님을 _____ 정말 기쁘다.

3 Yuna is kind to help her grandmother.

→ 할머니를 _____ 유나는 착하구나.

4 She bought some flour to make a cake.

→ 그녀는 케이크를 _____ 밀가루를 약간 샀다.

B 밑줄 친 부분이 부사적 쓰임 중 어떤 것인지 고르시오.

1 My name is a little difficult to pronounce. [단순 형용사 수식 / 결과]

2 Julia grew up to be a popular singer. [결과 / 감정의 원인]

3 They were lucky to win the tournament. [목적 / 판단의 근거]

4 She went shopping to buy a new outfit. [단순 형용사 수식 / 목적]

5 I'm sorry to give you so much extra work. [감정의 원인 / 목적]

> pronounce 발음하다
> grow up 자라다
> tournament
> 결승 진출전
> outfit 옷
> extra 추가의, 여분의

C 〈보기〉처럼 두 문장을 한 문장으로 만드시오.

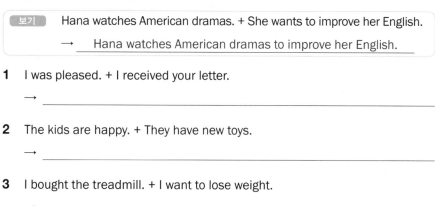

> 보기   Hana watches American dramas. + She wants to improve her English.
> → Hana watches American dramas to improve her English.

> improve 향상시키다
> pleased 기쁜
> receive 받다
> treadmill 러닝머신
> lose weight 체중이 줄다

1 I was pleased. + I received your letter.

→ _____

2 The kids are happy. + They have new toys.

→ _____

3 I bought the treadmill. + I want to lose weight.

→ _____

4 I went to the store. + I want to buy some snacks.

→ _____

Unit
51

부정사 관용표현

부정사의 관용 표현

- 「in order to+동사원형」 ~하기 위해서
- 「too+형용사+to+동사원형」 너무 ~해서 …할 수 없다
- 「형용사+enough+to+동사원형」 ~할 만큼 충분히 …하다
- 「enough+명사+to+동사원형」 ~할 만큼 충분한 …

FOCUS

1 「in order to+동사원형」은 '~하기 위해서'라는 뜻으로 목적이나 의도를 나타내는 말이다.

We came here **in order to** help you. 우리는 당신을 돕기 위해 여기에 왔다.

Some students go abroad **in order to** learn English. 몇몇 학생들은 영어를 배우기 위해 외국에 간다.

I 참고 I in order to의 in order는 흔히 생략된다.
We hurried (in order) **to arrive** on time. 우리는 제 시간에 도착하기 위해서 서둘렀다.

2 「too+형용사/부사+to+동사원형」은 '너무 ~해서 …할 수 없다'라는 의미로, 「so+형용사/부사+that+주어+can't+동사원형」으로 바꿔 쓸 수 있다.

Taylor is **too** shy **to** speak in class. 테일러는 너무 수줍어서 수업 시간에 말을 할 수 없다.

→ Taylor is **so** shy **that** she **can't** speak in class.

My brother is **too** young **to** go to school. 나의 남동생은 너무 어려서 학교에 갈 수 없다.

→ My brother is **so** young **that** he **can't** go to school.

3 「형용사/부사+enough+to+동사원형」은 '~할 만큼 충분히 …하다, 충분히 ~해서 …할 수 있다'라는 의미로, 「so+형용사/부사+that+주어+can+동사원형」으로 바꿔 쓸 수 있다.

Justin is strong **enough to** carry that bag. 저스틴은 저 가방을 운반할 만큼 충분히 힘이 세다.

→ Justin is **so** strong **that** he **can** carry that bag.

She was smart **enough to** be a member of Mensa. 그녀는 멘사 회원이 될 만큼 충분히 똑똑했다.

→ She was **so** smart **that** she **could** be a member of Mensa.

4 「enough+명사+to+동사원형」은 '~할 만큼 충분한 ~'이라는 의미이다.

We have **enough** time **to** study for the midterm exam. 우리는 중간고사를 위해 공부할 시간이 충분하다.

I have **enough** money **to** buy a luxurious sports car. 나는 고급 스포츠카를 살 만큼 충분한 돈을 가지고 있다.

EXERCISES

A ( ) 안에서 가장 알맞은 말을 고르시오.

1 She is too young (watch / to watch) the movie.

2 It's warm enough (wear / to wear) shorts today.

3 This place is (so / too) noisy to talk on the phone.

4 David often stays up late at night in order (study / to study).

5 Jason swam (fast enough / enough fast) to win the swimming championship.

> shorts 반바지
> noisy 시끄러운
> talk on the phone
> 전화 통화하다
> stay up late
> 늦게까지 자지 않고 있다

B 두 문장의 의미가 통하도록 문장을 완성하시오.

1 I am so rich that I can afford a new car.
→ I am _____.

2 Alex was so brave that he could bungee jump.
→ Alex was _____.

3 My classmates are so loud that they can't hear the announcement.
→ My classmates are _____.

4 He was so tired that he couldn't get up this morning.
→ He was _____.

5 Sarah is tall enough to join the volleyball team.
→ Sarah is _____.

6 He was too busy to play with his children.
→ He was _____.

> afford ~할 여유가 있다;
> ~을 제공하다
> brave 용감한
> bungee jump
> 번지점프를 하다
> loud 소리가 큰
> announcement
> 공지, 알림
> volleyball 배구

C 우리말과 같은 뜻이 되도록 주어진 단어를 이용하여 문장을 완성하시오.

1 나는 숙제를 끝낼 시간이 충분하다. (time, finish)
→ I have _____ _____ _____ _____ my homework.

2 짐은 새 운동화 한 켤레를 사려고 그 가게에 갔다. (buy)
→ Jim went to the store _____ _____ _____ _____
a new pair of sneakers.

3 그들은 그들의 꿈꾸는 집을 살 만큼 충분한 돈을 가지고 있지 않다. (money, buy)
→ They don't have _____ _____ _____ _____ their
dream house.

REVIEW

정답 및 해설 P. 17

motorcycle 오토바이
celebrate ~을 축하하다
prepare for ~을 준비하다
interview 면접
expect
~을 기대하다, 예상하다
a bunch of ~한 다발의

forget ~을 잊다
agree ~을 동의하다
hairdresser 헤어스타일
리스트, 헤어 디자이너

plant 식물
rude 무례한
take care of
~을 돌보다
injured 다침, 부상당한

A ( ) 안에서 가장 알맞은 것을 고르시오.

1 Linda is (too / so) young to drive a motorcycle.

2 I took a taxi (to not be / not to be) late for the meeting.

3 We had a special dinner (celebrate / to celebrate) my birthday.

4 I don't have (time enough / enough time) to prepare for the interview.

5 She expected (to get / to gets) a bunch of roses on her graduation day.

B 〈보기〉에서 알맞은 동사를 골라 to부정사로 바꿔 문장을 완성하시오.

| 보기 | wash | meet | become | close | help | finish |

1 I forgot _____ the door.

2 I agreed _____ my father's car.

3 She is too busy _____ me tonight.

4 He came _____ me with my homework.

5 We have a report _____ by next week.

6 My brother decided _____ a hairdresser.

C 두 문장의 뜻이 통하도록 주어진 표현을 이용하여 문장을 다시 쓰시오.

1 To grow plants at home is not easy. (it ~ to)

→ _____

2 To leave without saying goodbye is rude. (it ~ to)

→ _____

3 I traveled to LA to meet my aunt's family. (in order to)

→ _____

4 I am so old that I can take care of my sister. (enough ~ to)

→ _____

5 I was so tired that I couldn't go to the mall this evening. (too ~ to)

→ _____

6 Jennifer went to the hospital to visit her injured friend. (in order to)

→ _____

D 밑줄 친 부분을 바르게 고쳐 문장을 다시 쓰시오.

lift 들어올리다
arrive 도착하다

1 It's time go to bed.

→ _____

2 This sofa is too heavy lift.

→ _____

3 English is interesting to learned.

→ _____

4 I'm enough hungry to eat a horse!

→ _____

5 He arrived early in order get a good seat.

→ _____

6 We don't have enough time wait for him.

→ _____

E 우리말과 같은 뜻이 되도록 주어진 단어를 이용하여 문장을 완성하시오.

1 그의 소설은 이해하기 어렵다. (difficult, understand)

→ His novel is _____ _____ _____.

2 나는 너와 같은 친구가 있어서 매우 기쁘다. (so, happy, have, a friend)

→ I'm _____ _____ _____ _____

_____ like you.

3 나는 내 새끼 고양이를 돌봐줄 사람이 필요해요. (need, someone, look after)

→ I _____ _____ _____ _____ _____

my kitten.

4 강가를 따라 달리는 것은 상쾌하다. (refreshing, jog, along the riverside)

→ It's _____ _____ _____ _____

_____.

5 팀은 자신의 부모님을 감동시키기 위해 저녁을 만들었다. (cook, impress, parents)

→ Tim _____ _____ _____ _____

_____.

6 너는 겨울에 따뜻하게 유지하기 위해 스카프를 매야 한다. (scarves, keep, warm)

→ You should wear _____ _____ _____ _____

in winter.

REVIEW PLUS

정답 및 해설 P. 18

seem ~인 것 같다
generous 관대한

A 다음 중 어법상 바르지 <u>않은</u> 문장을 고르시오.

① Do you want to come with me?

② Don't forget to take your lunch.

③ They plan to going abroad next year.

④ She seems to be really kind and generous.

⑤ You have to study hard to get a better score.

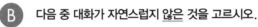

hand in 제출하다
on time 제시간에
education 교육
outdoors
야외에서, 야외로
doorway 현관
narrow 폭이 좁은, 좁다란
fit in
~와 들어맞다, 적합하다
remove ~을 제거하다
bike ride 자전거 타기
relax 긴장을 풀다, 늦추다

B 다음 중 대화가 자연스럽지 <u>않은</u> 것을 고르시오.

① A: Did you hand in your science report on time?
   B: No, I didn't. I was too tired to finish it last night.

② A: It is important for study hard and get a good education.
   B: I agree, but children have to play outdoors, too.

③ A: The doorway is too narrow for the TV to fit in.
   B: Can we remove the door? Maybe it will fit then.

④ A: What kind of exercise do you usually do?
   B: I take long bike rides on the weekends.

⑤ A: Hey! Don't push me, Nicole!
   B: Come on, guys. There are enough seats to sit on.

mean ~을 의도하다
refuse 거절하다
pretend ~인 체하다

C 〈보기〉에서 알맞은 동사를 골라 to부정사로 바꿔 문장을 완성하시오.

보기	make	be	go	read	help

1 I hope _____ to Cambridge University one day.

2 We're sorry. We didn't mean _____ you so angry.

3 Stephanie learned _____ when she was three years old.

4 I offered _____ her carry her suitcases, but she refused.

5 Don't worry about Jacob. He's just pretending _____ sick.

prepare ~을 준비하다
tend to
~하는 경향이 있다
solution 해결책
contain ~을 포함하다
wisely 현명하게
try to ~하려고 노력하다
handful
한 움큼, 한 손 가득, 한 줌

D 다음을 읽고, (   ) 안에서 가장 알맞은 것을 고르시오.

What can you do to live a healthier life? Because we are (1) (too / enough) busy to prepare healthy meals, we tend to buy fast food (2) (save / to save) time. This is not a healthy solution because fast food contains too much salt. (3) (Live / To live) a healthy life, you have to choose your food wisely. Try to eat eight to ten handfuls of fruit and vegetables each day and find (4) (too / enough) time to exercise.

PART 13

동명사
Gerunds

동명사의 형태와 쓰임

Unit 52

동명사		
형태	• 동사원형+ing • not+동사원형+ing	going, walking not going, not walking
명사적 쓰임	주어 (~하는 것은/하는 것이) 보어 (~하는 것이다) 목적어 (~하는 것을)	

OCUS ···

1 동명사(gerunds)는 「동사원형+ing」의 형태이며, 부정형은 「not+동사원형+ing」이다.

She **eats** Chinese food. (동사) 그녀는 중국 음식을 먹는다.

She loves **eating** Chinese food. (동명사) 그녀는 중국 음식 먹는 것을 좋아한다.

I love **meeting** new people. (동명사) 나는 새로운 사람을 만나는 것을 좋아한다.

She said sorry for **not coming** on time. (동명사의 부정형) 그녀는 제시간에 오지 못해서 미안하다고 말했다.

He apologized for **not keeping** the promise. (동명사의 부정형) 그는 약속을 지키지 못한 것에 대해 사과했다.

2 동명사는 문장 속에서 명사처럼 주어(~이/가), 목적어(~을/를), 보어(~하는 것/하기), 전치사의 목적어 역할을 한다.

Writing is difficult. (주어) 글쓰기는 어렵다.

Riding a bicycle is fun. (주어) 자전거를 타는 것은 재미있다.

He finished **writing** his essay. (목적어) 그는 수필 쓰는 것을 끝마쳤다.

I enjoy **visiting** art galleries. (목적어) 나는 미술관에 방문하는 것을 즐긴다.

His job is **editing** articles for a newspaper. (보어) 그의 직업은 신문 기사를 편집하는 것이다.

My hobby is **making** accessories with beads. (보어) 내 취미는 구슬로 액세서리를 만드는 것이다.

Thank you for **coming**. (전치사의 목적어) 와주셔서 고마워요.

Linda is good at **using** computers. (전치사의 목적어) 린다는 컴퓨터를 잘 다룬다.

3 '~하는 것/~하기'라는 의미의 동명사와 '~하고 있는'이라는 의미의 현재분사를 혼동하지 않도록 한다.

Michael enjoys **dancing**. (동명사) 마이클은 춤추는 것을 즐긴다.

He's **dancing** on the stage. (현재분사) 그는 무대에서 춤을 추고 있다.

My mom doesn't like **cooking**. (동명사) 우리 어머니는 요리하는 것을 좋아하지 않는다.

I'm **cooking** dinner for my family. (현재분사) 나는 가족을 위해 저녁을 만들고 있다.

78

EXERCISES

A 문장을 읽고, 동명사를 찾아 밑줄을 그으시오.

1 Let's keep on playing a bit longer.

2 Sleeping well is good for your health.

3 One of his favorite hobbies is baking.

4 Don't put off doing your homework for too long.

5 It finally stopped snowing at 10 o'clock last night.

> keep on ~ing
> 계속 ~하다
> a bit 약간
> be good for ~에 좋다
> bake 빵을 굽다
> put off 미루다

B 〈보기〉에서 알맞은 것을 골라 동명사로 바꿔 문장을 완성하시오.

| 보기 | build | move | go | not/win | study |

1 Tim likes _____ for a drive.

2 She gave up _____ abroad.

3 I'm afraid of _____ the game.

4 The kids enjoyed _____ sandcastles.

5 We talked about _____ to another city.

> be afraid of
> ~을 무서워하다
> sandcastle 모래성
> talk about
> ~에 대해 이야기하다
> another 또 다른

C 〈보기〉와 같이 밑줄 친 부분을 해석하고 현재분사인지, 동명사인지 밝히시오.

| 보기 | (a) His job is teaching English in Korea. | 가르치는 것 (동명사) |
| | (b) He is teaching English. | 가르치고 있는 (현재분사) |

1 (a) I like talking with my friends. _____

(b) My neighbor has a talking parrot! _____

2 (a) I am going to the supermarket. _____

(b) The children like going to the zoo. _____

3 (a) My hobby is reading English novels. _____

(b) My father is reading the newspaper. _____

4 (a) Look! It's a dancing bear. _____

(b) Dancing around the campfire is so romantic. _____

5 (a) They are cleaning up the house now. _____

(b) Cleaning up after my puppy is a chore. _____

> parrot 앵무새
> novel 소설
> campfire
> 캠프파이어, 모닥불
> romantic 낭만적인
> chore 하기 싫은 일, 가사,
> 자질구레한 일

주어, 보어, 목적어로 쓰이는 동명사

Unit 53

 **KEY POINT**

	주어 역할 (~하는 것은)	**Learning** English is very important. 영어를 배우는 것은 매우 중요하다.
동명사	목적어 역할 (~하는 것을)	I enjoy **baking** cookies. 나는 쿠키 굽는 것을 좋아한다.
	보어 역할 (~하는 것이다)	My plan is **traveling** all around the world. 내 계획은 세계 곳곳을 여행하는 것이다.

FOCUS

1 동명사는 문장에서 주어(~은/는/이/가) 역할을 한다.

Smiling is a nice way to greet people. 웃는 것은 사람들과 인사하는 좋은 방법이다.

Reading Chinese was impossible for me. 중국어를 읽는 것은 나에게는 불가능한 일이었다.

Traveling in another country is exciting. 다른 나라를 여행하는 것은 신나는 일이다.

Speaking Japanese is easier than writing it. 일어를 말하는 것이 쓰는 것보다 쉽다.

|주의| 동사원형은 주어가 될 수 없다.
~~Speak~~ Japanese is easier than writing it. (×)

2 동명사는 문장에서 주어를 보충 설명해 주는 보어 역할을 한다. 이때 주어와 보어는 동일한 것이다.

<u>Her hobby</u> is **making** clothes. 그녀의 취미는 옷을 만드는 것이다.

<u>His habit</u> is **sleeping** on the couch. 그의 버릇은 소파 위에서 자는 것이다.

<u>My favorite activity</u> is **swimming** in the ocean. 내가 가장 좋아하는 활동은 바다에서 수영하는 것이다.

<u>Justin's biggest mistake</u> was **forgetting** her birthday. 저스틴의 가장 큰 실수는 그녀의 생일을 잊은 것이었다.

3 동명사는 문장에서 목적어(~을/를) 역할을 한다.

I love **chatting** with my friends. 나는 친구들과 수다 떠는 것을 좋아한다.

My father quit **smoking** last year. 우리 아버지는 작년에 담배를 끊었다.

Will you please stop **bothering** me? 제발 나를 좀 그만 괴롭힐래?

He enjoys **walking** much more than running. 그는 뛰는 것보다 걷는 것을 훨씬 더 많이 좋아한다.

4 동명사는 문장에서 전치사 뒤에 쓰여 전치사의 목적어 역할을 한다.

I'm sorry <u>for</u> **making** you wait. 기다리게 해서 미안해.

My friend is good <u>at</u> **playing** squash. 내 친구는 스쿼시를 잘 친다.

How <u>about</u> **going** for a walk after dinner? 저녁 식사 후에 산책 가는 게 어때요?

She is thinking <u>about</u> **changing** her major. 그녀는 전공을 바꾸려고 생각 중이다.

EXERCISES

 A 주어진 문장 성분에 해당하는 부분에 밑줄을 그으시오.

1 주어   (a) James is a restaurant chef.

                 (b) Cooking rice is not easy.

2 목적어   (a) May I have fish and chips?

                 (b) They finished eating lunch.

3 보어   (a) He became a famous photographer.

                 (b) Sarah's hobby is riding horses.

4 전치사의 목적어   (a) Are you interested in rock music?

                 (b) I am looking forward to meeting you.

chef 요리사, 주방장
fish and chips
피쉬앤칩스(영국에서 비롯된
생선과 감자를 튀긴 음식)
photographer
사진작가
look forward
to + -ing
~을 고대하다, 기대하다

 B 밑줄 친 부분이 문장에서 주어, 목적어, 보어 중 어떤 역할을 하는지 고르시오.

1 My favorite sport is <u>sailing</u>.   [주어 / 목적어 / 보어]

2 Tony enjoys <u>reading</u> mystery novels.   [주어 / 목적어 / 보어]

3 Everybody hates <u>waiting</u> in long queues.   [주어 / 목적어 / 보어]

4 Some students put off <u>doing</u> their homework.   [주어 / 목적어 / 보어]

5 <u>Having</u> a good memory is important for students.   [주어 / 목적어 / 보어]

6 <u>Climbing</u> Mount Fuji was the highlight of the trip.   [주어 / 목적어 / 보어]

sail 요트를 조정하다
in a queue 줄을 서서
put off
~을 연기하다, 미루다
memory 기억력
highlight
중요 부분, 볼거리

 C 밑줄 친 부분을 동명사로 바꿔 문장을 다시 쓰시오.

1 We love <u>to spend</u> time in nature.

    → _____

2 It started <u>to snow</u> early last night.

    → _____

3 My hobby is <u>to collect</u> pictures of movie stars.

    → _____

4 David and Jessica like <u>to play</u> chess together.

    → _____

5 My grandfather's dream is <u>to publish</u> his autobiography.

    → _____

nature 자연
common 보통의, 평범한
publish 출판하다
autobiography 자서전

to부정사와 동명사

동사	형태	예문
ask, decide, expect, hope, need, plan, pretend, promise, refuse, want, wish ...	+to부정사	We want <u>to eat</u> out this weekend. 우리는 이번 주말에 외식하기를 원한다. I need <u>to get</u> an A on the next test. 나는 다음 시험에서 A를 받아야 한다.
avoid, delay, deny, dislike, enjoy, feel like, finish, give up, keep, mind, quit, suggest ...	+동명사	I enjoy <u>listening</u> to classical music. 나는 고전 음악 듣는 것을 좋아한다. He finished <u>reading</u> the newspaper. 그는 신문 읽는 것을 마쳤다.
begin, start, continue, like, love, hate, prefer ...	+to부정사 +동명사	It started <u>to rain</u> an hour ago. 한 시간 전에 비가 오기 시작했다. It started <u>raining</u> an hour ago. 한 시간 전에 비가 오기 시작했다.

1   to부정사만을 목적어로 취하는 동사에는 ask, decide, expect, hope, need, plan, pretend, promise, refuse, want, wish 등이 있다.

Joe is hoping <u>to study</u> law at Harvard. 조는 하버드에서 법학 공부하기를 바라고 있다.

Nicole plans <u>to attend</u> law school next year. 니콜은 내년에 법학 대학원에 다닐 계획이다.

He decided <u>to join</u> his school's book club. 그는 학교 북클럽에 참여하기로 결심했다.

2   동명사만을 목적어로 취하는 동사에는 avoid, delay, deny, dislike, enjoy, feel like, finish, give up, keep, mind, quit, suggest 등이 있다.

She enjoys <u>learning</u> foreign languages. 그녀는 외국어 배우기를 즐긴다.

I gave up <u>going</u> hiking this weekend. 나는 이번 주말에 하이킹 가려던 것을 포기했다.

He kept <u>smiling</u> at me in class. 그는 수업 시간에 계속해서 나에게 미소를 지었다.

3   to부정사와 동명사 둘 다를 목적어로 취하는 동사에는 love, like, hate, begin, start, continue, prefer 등이 있다.

I love <u>skiing</u> in winter. = I love <u>to ski</u> in winter. 나는 겨울에 스키 타는 것을 좋아한다.

He began <u>learning</u> English. = He began <u>to learn</u> English. 그는 영어를 배우기 시작했다.

She hates <u>having</u> injections. = She hates <u>to have</u> injections. 그녀는 주사 맞는 것을 싫어한다.

EXERCISES

A 〈보기〉의 동사들을 알맞게 분류하시오.

보기	ⓐ avoid	ⓑ begin	ⓒ continue	ⓓ decide
	ⓔ delay	ⓕ deny	ⓖ enjoy	ⓗ expect
	ⓘ finish	ⓙ give up	ⓚ hope	ⓛ like
	ⓜ love	ⓝ mind	ⓞ need	ⓟ plan
	ⓠ quit	ⓡ start	ⓢ want	ⓣ wish

> avoid ~을 피하다
> delay ~을 미루다
> deny ~을 부인하다
> expect ~을 기대하다
> give up ~을 포기하다
> mind ~을 싫어하다
> quit ~을 그만두다

1 to부정사만을 목적어로 취하는 동사　＿＿＿＿＿＿＿＿＿＿＿＿

2 동명사만을 목적어로 취하는 동사　＿＿＿＿＿＿＿＿＿＿＿＿

3 to부정사와 동명사 둘 다를 목적어로 취하는 동사　＿＿＿＿＿＿＿＿＿＿＿＿

B (　) 안에서 어법상 알맞은 것을 <u>모두</u> 고르시오.

> refuse ~을 거절하다
> accept 받아들이다
> proposal 제안, 청혼
> share
> ~을 나누다, 함께 쓰다
> snowboard 스노보드

1 She decided (going / to go) to university.

2 He avoids (talking / to talk) about his family.

3 She refused (accepting / to accept) his proposal.

4 Emily and Britney gave up (eating / to eat) meat.

5 I love (watching / to watch) romantic comedy movies.

6 They like (swimming / to swim) in the sea in Busan.

7 I don't mind (sharing / to share) a bedroom with my sister.

8 My parents didn't want (buying / to buy) me a snowboard.

C 〈보기〉에서 알맞은 단어를 골라 to부정사 또는 동명사로 바꿔 문장을 완성하시오.

보기	play	check	be	speak out	hear	bark

> speak out
> 거리낌 없이 말하다
> bark 짖다
> pretend ~인 척하다
> asleep 잠이 든
> dentist 치과 의사
> badminton 배드민턴

1 I want ＿＿＿＿＿＿＿＿ that song again.

2 The dog started ＿＿＿＿＿＿＿＿ at night.

3 The kids pretended ＿＿＿＿＿＿＿＿ asleep.

4 The dentist finished ＿＿＿＿＿＿＿＿ her teeth.

5 He continued ＿＿＿＿＿＿＿＿ on that issue.

6 Andrew enjoys ＿＿＿＿＿＿＿＿ badminton with his father.

REVIEW

정답 및 해설 P. 20

knit 뜨개질하다
parking spot 주차 공간
downtown 시내
be famous for
~로 유명하다
community
지역 사회, 공동체
keep on 계속 ~하다
disturb ~을 방해하다

A ( ) 안에서 어법상 알맞은 것을 모두 고르시오.

1 Rachel doesn't like (eat / eating / to eat) alone.

2 Do you want (listen / listening / to listen) to the radio?

3 My grandmother gave up (knit / knitting / to knit) last year.

4 Are you interested in (cook / cooking / to cook) Japanese food?

5 (Find / Finding / To find) a parking spot downtown will be difficult.

6 He is famous for (help / helping / to help) poor people in the community.

7 James decided (move / moving / to move) to the countryside.

8 Don't keep on (shout / to shout / shouting). You'll disturb your father.

delay ~을 미루다
refuse ~을 거절하다
fight 싸움
pretend ~인척하다
get a discount
할인을 받다
suggest 제안하다
complete
완료하다, 끝마치다, 완성하다
practice
연습하다, 실행하다
late into the night
밤늦도록

B 주어진 동사를 to부정사나 동명사로 바꿔 문장을 완성하시오.

1 She delayed _____ (do) her homework.

2 I promised _____ (be) home by 10 o'clock.

3 I enjoy _____ (write) postcards when I travel.

4 He refused _____ (speak) to me after our fight.

5 She pretended _____ (be) a student to get a discount.

6 My friend suggested _____ (see) a movie after school.

7 My father wants _____ (complete) a full marathon.

8 The kids don't mind _____ (practice) late into the night.

emigrate
이민 가다, 이주하다
rarely 좀처럼 ~ 하지 않는
scholarship 장학금

C 〈보기〉에서 알맞은 동사를 골라 to부정사나 동명사로 바꿔 문장을 완성하시오.

| 보기 | study | emigrate | go | spend | have | open |

1 I rarely eat breakfast before _____ to school.

2 Do you enjoy _____ time with your brother?

3 Would you mind _____ the door for me, please?

4 Jiyoung's family finally decided _____ to Canada.

5 I need _____ harder this year. I want to get a scholarship.

6 I'm excited about _____ a chance to meet my favorite player.

climb ~을 오르다
dawn 새벽

1 James quit to play computer games.

→ _____

2 Minji plans visiting the Grand Canyon next year.

→ _____

3 My older sister decided buy a laptop computer.

→ _____

4 I don't mind to wait for you. We've got a lot of time.

→ _____ We've got a lot of time.

5 We finished to climb the mountain just before dawn.

→ _____

6 Michelle enjoys to meet her new friends on Saturdays.

→ _____

7 I love to going to baseball games with my friends in summer.

→ _____

E 우리말과 같은 뜻이 되도록 주어진 단어를 이용하여 문장을 완성하시오.

1 내 친구들은 공상 과학 영화 보는 것을 좋아한다. (love, watch, sci-fi movies)

→ My friends _____ _____ _____ _____.

2 나의 취미는 꽃 사진을 찍는 것이다. (take, pictures of flowers)

→ My hobby is _____ _____ _____ _____.

3 그는 진실을 말하는 것을 미루고 있다. (delay, tell, the truth)

→ He _____ _____ _____ _____ _____.

4 그녀는 항상 우주로의 여행을 꿈꾼다. (dream about, travel into space)

→ She always _____ _____ _____ _____

_____.

5 우리는 새로운 것 배우기를 절대 포기하지 않아야 한다. (give up, learn, new things)

→ We should never _____ _____ _____ _____

_____.

6 아침에 일찍 일어나는 것은 좋은 습관이다. (get up, early, in the morning, be)

→ _____ _____ _____ _____ _____

_____ _____ a good habit.

REVIEW PLUS

정답 및 해설 P. 21

dream of ~을 꿈꾸다
be good at ~을 잘하다
ballad
발라드, 감상적인 유행가
agree ~에 동의하다

1 다음 중 어법상 <u>어색한</u> 문장을 고르시오.

① Laura dreams of living in Australia.
② The questions were easy to answer.
③ My friend is good at singing ballads.
④ She said sorry for don't coming on time.
⑤ My dad agreed to teach me how to drive.

rent 임대하다, 빌리다
vegetable 야채, 채소

2 다음 중 어법상 올바른 문장을 고르시오.

① I love going there by bike.
② He'd like to flying an airplane one day.
③ They decided renting a bus for the weekend.
④ Eat fruit and vegetables is good for your health.
⑤ Mark finished to clean his room in only an hour.

take a nap 낮잠 자다
difficult 까다로운, 어려운
disagree 동의하지 않다
prefer ~을 더 좋아하다
dorm 기숙사

3 다음 중 대화가 자연스럽지 <u>않은</u> 것을 고르시오.

① A: Shhh. Your mother is taking a nap, guys.
   B: Sorry. We'll go and play outside then.
② A: Why did Julia refuse to help us?
   B: I don't know. Sometimes she can be difficult.
③ A: Traveling to new places is fun.
   B: Sure. But sometimes it's tiring, too.
④ A: I think giving gifts is better than receiving them.
   B: I disagree. I prefer to receive gifts.
⑤ A: Did you finish painting your new dorm room?
   B: No. I plan finishing it this afternoon.

rock climbing 암벽 등반
wake up 일어나다
local 지역의
beat ~을 이기다
silently 조용히
challenge 도전하다
struggle ~하려고 애쓰다
cliff 벼랑
tiring 피곤한
require ~을 요구하다
concentration 집중
world-class
세계적 수준의
continent 대륙

4 다음을 읽고, 주어진 단어를 to부정사 또는 동명사로 바꿔 글을 완성하시오.

Rock climbing is Amy's favorite hobby. She loves (1) _____
(wake) up early in the morning and drive to the local climbing area with
her brothers. They drive quickly to beat the other climbers to the best
spots. Silently, Amy prepares (2) _____ (challenge) herself
again today. Struggling up the cliffs is tiring, and it will require all her
concentration. One day, Amy hopes (3) _____ (be) a world-
class climber. Her dream is (4) _____ (climb) the highest
cliffs on each of the world's continents.

86

PART 14

Unit 55

과거분사의 형태

현재형	We love his music. 우리는 그의 음악을 사랑한다.
과거분사형	His music is loved by us. 그의 음악은 우리에게 사랑받는다.
과거형	She made this cheesecake last night. 그녀가 어젯밤에 이 치즈 케이크를 만들었다.
과거분사형	This cheesecake was made by her last night. 이 치즈 케이크는 어젯밤에 그녀에 의해서 만들어졌다.

1
동사의 과거분사형(past participles)은 일반적으로 과거형과 마찬가지로 동사원형에 -(e)d를 붙인다.

walk – walked – walked   ask – asked – asked

change – changed – changed   smile – smiled – smiled

The plan was changed without warning.
그 계획은 예고 없이 변경되었다.

The students were asked for their opinions about the new school uniform.
학생들은 새 교복에 대한 의견을 요청받았다.

2
「자음+y」로 끝나는 동사는 y를 i로 바꾸고 -ed를 붙인다.

study – studied – studied   dry – dried – dried

try – tried – tried   cry – cried – cried

Hay is dried by the sun.
건초는 태양에 의해서 말려진다.

Climate change is studied widely.
기후 변화는 널리 연구된다.

3
「모음+y」는 그냥 -ed를 붙인다.

play – played – played   enjoy – enjoyed – enjoyed

destroy – destroyed – destroyed   stay – stayed – stayed

My model car was destroyed by my little brother.
내 모형 자동차가 남동생에 의해서 망가졌다.

Soccer is played by many people all over the world.
축구는 전 세계적으로 많은 사람들이 하는 것이다.

4 1음절어로 「단모음+자음」이거나 2음절어로 뒤에 강세가 있으면 「끝자음+-ed」를 붙인다.

stop – stopped – stopped   drop – dropped – dropped

prefer – preferred – preferred   plan – planned – planned

She was dropped from the team. 그녀는 팀에서 제외되었다.

The meeting is planned for next week. 그 회의가 다음 주로 계획되었다.

5 불규칙 동사의 동사 변화는 따로 외워두어야 한다.

불규칙 변화 패턴	원형 → 과거 → 과거분사	
A – A – A형	cast – cast – cast cost – cost – cost cut – cut – cut fit – fit(ted) – fit(ted) hit – hit – hit hurt – hurt – hurt	let – let – let put – put – put set – set – set shut – shut – shut *read[riːd] – read[red] – read[red]
A – B – A형	become – became – become come – came – come	run – ran – run
A – B – B형	buy – bought – bought bring – brought – brought catch – caught – caught feed – fed – fed feel – felt – felt fight – fought – fought hold – held – held keep – kept – kept lead – led – led leave – left – left lend – lent – lent	meet – met – met sell – sold – sold send – sent – sent sit – sat – sat sleep – slept – slept spend – spent – spent teach – taught – taught tell – told – told think – thought – thought win – won – won
A – B – C형	be – was/were – been begin – began – begun blow – blew – blown break – broke – broken choose – chose – chosen do – did – done draw – drew – drawn drink – drank – drunk drive – drove – driven fall – fell – fallen forget – forgot – forgotten get – got – got(ten) give – gave – given	go – went – gone grow – grew – grown know – knew – known see – saw – seen steal – stole – stolen speak – spoke – spoken sing – sang – sung swim – swam – swum ride – rode – ridden ring – rang – rung throw – threw – thrown wake – woke – woken write – wrote – written

EXERCISES

A 주어진 동사의 과거형과 과거분사형을 쓰시오.

	과거 - 과거분사		과거 - 과거분사
1 have	- _____ - _____	**11** grow	- _____ - _____
2 fly	- _____ - _____	**12** wear	- _____ - _____
3 fit	- _____ - _____	**13** cut	- _____ - _____
4 cost	- _____ - _____	**14** hit	- _____ - _____
5 let	- _____ - _____	**15** shut	- _____ - _____
6 hurt	- _____ - _____	**16** lead	- _____ - _____
7 speak	- _____ - _____	**17** drink	- _____ - _____
8 win	- _____ - _____	**18** ride	- _____ - _____
9 blow	- _____ - _____	**19** give	- _____ - _____
10 steal	- _____ - _____	**20** leave	- _____ - _____

hurt ~을 다치게 하다
shut 닫다
trash can 쓰레기통
especially 특별히
blow out ~을 불어 끄다
all over the world
전 세계에서

B 주어진 단어를 과거분사형으로 바꿔 문장을 완성하시오.

1 This will be _____ soon. (forget)

2 I was _____ by your words. (hurt)

3 The door was _____ by him. (shut)

4 Spanish is _____ in Mexico. (speak)

5 Math is _____ by the students. (study)

6 The magazine is _____ everywhere. (read)

7 The cat was _____ in the trash can. (find)

8 His novel is _____ by many people. (enjoy)

9 Ice cream is _____ especially by kids. (like)

10 I was _____ by the police for speeding. (stop)

11 My house was _____ from an old couple. (buy)

12 The candles were _____ out by the wind. (blow)

13 His phone number was _____ last week. (change)

14 His name is _____ to everybody in my school. (know)

15 Blue jeans are _____ by people all over the world. (wear)

90

C 〈보기〉와 같이 과거분사와 그 의미를 쓰시오.

> **보기** use : 사용하다 → ___used___ : ___사용되는___

1 cut : 베다 → _____ : _____

2 know : 알다 → _____ : _____

3 buy : 구매하다 → _____ : _____

4 sell : 팔다 → _____ : _____

5 see : 보다 → _____ : _____

6 find : 발견하다 → _____ : _____

7 hear : 듣다 → _____ : _____

8 love : 사랑하다 → _____ : _____

9 make : 만들다 → _____ : _____

10 eat : 먹다 → _____ : _____

11 read : 읽다 → _____ : _____

12 break: 깨뜨리다 → _____ : _____

D 밑줄 친 우리말에 유의하여 주어진 단어를 알맞게 바꿔 문장을 완성하시오.

> worldwide 전 세계적인
> poem 시
> ancient 고대의
> tomb 무덤
> discover 발견하다
> slightly 조금, 약간
> vineyard
> 포도밭, 포도 농장

1 어제 그녀의 지갑이 도난당했다.

→ Her purse was _____ (steal) yesterday.

2 그 노래는 전 세계적으로 사랑받는다.

→ The song is _____ (love) worldwide.

3 이 컴퓨터는 더는 사용되지 않는다.

→ This computer is not _____ (use) anymore.

4 그 시는 100년 전에 쓰였다.

→ The poem was _____ (write) 100 years ago.

5 고대 무덤이 로마에서 발견되었다.

→ An ancient tomb was _____ (discover) in Rome.

6 그의 손가락이 살짝 베였다.

→ His finger was _____ (cut) slightly.

7 저 포도 농원에서 포도가 재배된다.

→ Grapes are _____ (grow) in that vineyard.

8 저 공장에서 자동차가 만들어진다.

→ Cars are _____ (make) in that factory.

수동태의 형태와 의미

태 (Voice)	
능동태	• 주어가 동작을 하는 주체이자 화제의 초점 Bell **invented** the telephone. 벨이 전화를 발명했다.
수동태	• 주어가 동작을 받는 대상이자 화제의 초점 The telephone **was invented** by Bell. 전화가 벨에 의해서 발명되었다.

1. 문장에서 주어가 동작이나 행위의 주체인 경우 '능동태(active voice)'라고 하고, 주어가 동작이나 행위의 대상인 경우 '수동태(passive voice)'라고 한다.

The police stopped me on my way home. (능동태: 주어가 행위의 주체)
집으로 가는 길에 경찰이 나를 멈춰 세웠다.

→ I was stopped by the police on my way home. (수동태: 주어가 행위의 대상)
집으로 가는 길에 나는 경찰에 의해 멈춰 세워졌다.

A lot of teenagers love the boy band. (능동태: 주어가 행위의 주체)
많은 10대가 그 소년 밴드를 사랑한다.

→ The boy band is loved by a lot of teenagers. (수동태: 주어가 행위의 대상)
그 소년 밴드는 많은 10대에 의해 사랑받는다.

2. 수동태를 만드는 방법: ① 능동태의 목적어를 주어로 가져온다. ② 능동태의 동사를 「be+과거분사형」으로 만든다. ③ 능동태의 주어를 「by+목적격」으로 가져온다.

A dog bit a boy last night. 어젯밤에 개가 한 소년을 물었다.
　③　②　①

→ A boy (① 능동태의 목적어를 주어로 가져온다.)

→ A boy was bitten (② 능동태의 동사를 「be+과거분사형」으로 만든다.)

→ A boy was bitten by a dog last night. (③ 능동태의 주어를 「by+목적격」으로 가져온다.) 어젯밤에 한 소년이 개에게 물렸다.

3. 수동태에서 「by+목적격」을 생략하는 경우는 행위자가 일반인이거나, 미루어 짐작이 가능한 경우, 행위자를 알 수 없는 경우 등이다.

French and English are spoken in Canada. (행위자가 일반인인 경우: 사람들)
캐나다에서는 프랑스와 영어가 사용된다.

The pizza will be delivered to you at 6:30. (행위자가 짐작 가능한 경우: 피자 배달원)
피자가 6시 30분에 당신에게 배달될 것입니다.

All my money was stolen. (행위자를 알 수 없는 경우: 범인)
내 돈 전부를 도둑맞았다.

EXERCISES

정답 및 해설 P. 22

A 밑줄 친 주어가 행위의 주체이면 '능동', 어떤 행위의 대상이면 '수동'이라고 빈칸에 쓰시오.

1 <u>Mr. Kim</u> is teaching us chemistry.   _____

2 <u>A peninsula</u> is surrounded by water on three sides.   _____

3 <u>Ms. Choi's explanation</u> confused the new student.   _____

4 <u>The guests</u> were served many kinds of exotic food.   _____

> chemistry 화학
> peninsula 반도
> surround 둘러싸다
> explanation 설명
> confuse
> ~을 혼란시키다; 혼동하다
> serve ~을 제공하다
> exotic 이국적인, 색다른, 별난

B ( ) 안에서 가장 알맞은 것을 고르시오.

1 James (painted / was painted) the roof red.

The roof (painted / was painted) red by James.

2 A lot of people (visit / are visited) this beach.

This beach (visit / is visited) by a lot of people.

3 My classmate (invited / was invited) us to the party.

We (invited / were invited) to the party by my classmate.

4 People in Switzerland (speak / are spoken) French and German.

French and German (speak / are spoken) by people in Switzerland.

> Switzerland 스위스
> French 프랑스어(의)
> German 독일어(의)

C 주어진 능동태 문장을 수동태 문장으로 바꿔 문장을 완성하시오.

1 My younger brother broke the window.

→ The window _____.

2 Bright colored toys fascinate young babies.

→ Young babies _____.

3 Frank Lloyd Wright designed the house in 1939.

→ The house _____ in 1939.

4 Drunken drivers cause many terrible accidents.

→ Many terrible accidents _____.

5 The maid cleaned our room before we returned.

→ Our room _____ before we returned.

6 My mistake in English class yesterday embarrassed me.

→ I _____ in English class yesterday.

> fascinate
> ~의 주의를 끌다
> drunken
> 술이 취한(명사 앞에만 사용)
> cause 일으키다
> maid 가정부
> embarrass
> ~을 난처하게 하다

REVIEW

정답 및 해설 P. 23

limousine 리무진
blind date 소개팅
cancel 취소하다
CEO(Chief Executive Officer) 최고 경영자
aboard ~을 타고
private 개인의, 사적인
Mandarin 만다린, 중국의 표준어

purpose 목적, 용도
arrest ~을 체포하다
heat 뜨겁게 하다, 데우다
principal 교장 선생님
empty 빈
squirrel 청설모
underneath ~의 아래에
bush 덤불

A 주어진 동사를 과거분사형으로 바꿔 문장을 완성하시오.

1 We were _____ (drive) to the airport in a limousine.

2 My blind date was _____ (cancel) at the last minute.

3 Anne was _____ (choose) as the best actress of the year.

4 Mandarin is _____ (speak) by a large number of people.

5 The kitchen floor was _____ (clean) by my mother yesterday.

B ( ) 안에서 가장 알맞은 것을 고르시오.

1 Email (uses / is used) for many purposes.

2 He (arrested / was arrested) by the police.

3 All of our rooms (heats / are heated) by gas.

4 This song (made / was made) by Eric Clapton.

5 A medal (gave / was given) to them by the principal.

6 The empty seat (took / was taken) by a very tall woman.

7 Sarah (sang / was sung) a beautiful song at the wedding.

8 The squirrel (ate / was eaten) the nut underneath the bush.

9 The Boston Red Sox (won / was won) the World Series in 2004.

10 The teacher (spoke / was spoken) to the students about their grades.

best-known 가장 잘 알려진
landmark 역사적 건축물, 경계, 지표
communication 통신
platform 플랫폼; 승강장
free-standing 독립되어 서 있는
structure 구조
hold ~을 갖고 있다
declare ~을 선언하다, 공표하다
modern 현대의

C 주어진 동사를 능동태 또는 수동태로 바꿔 글을 완성하시오.

The CN Tower in Toronto is one of Canada's best-known landmarks. It (1) _____ (build) by the Canadian National Railway. It stands over 550 meters tall, and it (2) _____ (design) to be a TV and radio communication platform. Until 2007, it was the tallest free-standing structure on land, and it (3) _____ (hold) that record for over 30 years. In 1995, the CN Tower (4) _____ (declare) one of the modern Seven Wonders of the World by the American Society of Civil Engineers.

94

D 밑줄 친 부분을 바르게 고쳐 문장을 다시 쓰시오.

check out ~을 대출하다
broken 부서진
pipe 파이프, 관
repair 수리하다
physics 물리학
article 기사
reporter 기자
apartment complex
아파트 단지

1 The book <u>checked</u> out yesterday.

→ _____

2 Some cookies <u>made</u> for my kids.

→ _____

3 The broken pipe <u>repaired</u> by my father.

→ _____

4 Mr. Crosby <u>is taught</u> physics to high school students.

→ _____

5 That article was <u>wrote</u> by a *Korean Times* reporter.

→ _____

6 This apartment complex <u>built</u> by High Rise in 2014.

→ _____

7 This Christmas card was sent to my family <u>with</u> my cousin.

→ _____

E 주어진 능동태 문장을 수동태 문장으로 전환하시오.

riddle 수수께끼
mail (우편으로) 보내다
package
소포; 세트, 패키지
medicine 약
out of reach
손이 닿지 않는 곳에

1 A baseball hit me yesterday.

→ _____

2 Sandra solved the difficult riddle.

→ _____

3 Somebody stole my car last night.

→ _____

4 My mother mailed the package to me.

→ _____

5 Many people watched the baseball game.

→ _____

6 They keep medicine out of children's reach.

→ _____

REVIEW PLUS

정답 및 해설 P. 24

technician 기술자
repair 수리하다
match 시합, 경기
poem 시
rescue worker
구조 대원
save 구하다

 1 다음 중 어법상 어색한 문장을 고르시오.

① A technician repaired the washing machine.
② The match was won by the blue team.
③ Sumin was learned the poem.
④ The rescue worker saved the three cats.
⑤ Twelve apples were bought for the picnic.

commonly 일반적으로
text message
문자 메시지
by accident 우연히

 2 다음 중 어법상 바른 문장을 고르시오.

① English is not commonly spoken.
② Text messages sent around the world.
③ The photo of the hero took by accident.
④ Grandmother was told us interesting stories.
⑤ Ryan and Hannah were eaten five hamburgers.

steal 훔치다
purse 지갑, 핸드백
belongings 재산; 소지품
flood 홍수
furniture 가구
destroy ~을 파괴하다
invent 발명하다
printing press 인쇄술
hurt 다치게 하다
badly 심하게
accident 사고
check-up 검사
deliver ~을 배달하다

 3 다음 중 대화가 자연스럽지 않은 것을 고르시오.

① A: When was your purse stolen?
  B: Three days ago.
② A: Did you lose many belongings in the flood?
  B: Yes. All of our new furniture was destroyed.
③ A: Who invented the printing press?
  B: Johannes Gutenberg was invented it in the 15th century.
④ A: Was your sister hurt badly in the accident?
  B: No, but she was taken to the hospital for a check-up.
⑤ A: Has the mail arrived yet, Dad?
  B: The mail was delivered this morning. Sorry, but nothing came for you.

island 섬
raise ~을 기르다
accept
~을 입학시키다, 받아들이다
elect
~을 선출하다; 선택하다

 4 다음을 읽고, ( ) 안에서 가장 알맞은 것을 고르시오.

Barack Obama (1) (born / was born) on August 4, 1961, on the island of Hawaii. At the age of five, he and his family moved to Indonesia, and he lived there until he was ten. But he moved back to Hawaii and (2) (raised / was raised) by his grandparents until he finished high school. Harvard Law School (3) (accepted / was accepted) him in 1988. On November 4, 2008, Barack Obama (4) (elected /was elected) President of the United States.

PART 15

현재완료의 형태

기본 형태	have/has+과거분사(p.p.)
부정문	have/has+not+과거분사(p.p.)
「have/has+not」의 축약형	haven't[have not], hasn't[has not]
의문문	Have/Has+주어+과거분사(p.p.) ~?

1 현재완료(present perfect)의 기본 형태는 「have/has+과거분사(p.p.)」이다.

I **have** just **finished** reading that book. 나는 그 책 읽는 것을 막 끝마쳤다.

She **has been** to Hawaii three times. 그녀는 하와이에 세 번 가본 적이 있다.

We **have** only **seen** him once since last year. 우리는 지난해 이후로 그를 겨우 한 번 보았다.

They **have known** each other for ten years. 그들은 서로를 10년 동안 알고 지냈다.

|참고| I have=I've, she has=she's, we have=we've 등으로 줄여 쓸 수 있다.

2 현재완료 부정문은 have나 has 뒤에 not을 붙인 「주어+have/has+not+과거분사(p.p.)」의 형태이다. not 대신 never를 사용하기도 한다.

I have finished my homework. You **have not finished** your homework. 나는 숙제를 끝마쳤다. 너는 숙제를 끝마치지 않았다.

Sarah has cleaned the kitchen. She **has not cleaned** her room. 사라는 주방을 청소했다. 그녀는 자기 방을 청소하지 않았다.

We've been to Australia. We**'ve never been** to New Zealand. 우리는 호주에 가본 적이 있다. 우리는 뉴질랜드에 한 번도 가본 적이 없다.

He has eaten Mexican food many times. He **has never eaten** Brazilian food.
그는 멕시코 음식을 여러 번 먹어 봤다. 그는 브라질 음식을 먹어본 적이 없다.

|참고| have not은 haven't로, has not은 hasn't로 줄여 쓸 수 있다.

3 현재완료 의문문은 have나 has를 주어 앞으로 가져간 형태인 「Have/Has+주어+과거분사(p.p.) ~?」이다.

A: **Has it rained** a lot? 비가 많이 왔니?

B: Yes, it has. / No, it hasn't. 응, 그래. / 아니, 그렇지 않아.

A: **Have you been** here before? 전에 여기 와 본 적 있니?

B: Yes, I have. / No, I haven't. 응, 그래. / 아니, 그렇지 않아.

A: **Has David read** the book several times? 데이비드가 그 책을 여러 번 읽었니?

B: Yes, he has. / No, he hasn't. 응, 그래. / 아니, 그렇지 않아.

A: **Have you done** your homework? 너 숙제 다 했니?

B: Yes, I have. / No, I haven't. 응, 그래. / 아니, 그렇지 않아.

EXERCISES

A ( ) 안에서 알맞은 것을 고르고, 주어진 동사를 변형하여 문장을 완성하시오.

1 Mike (have / has) _____ (go) to New York.

2 You (have / has) _____ (receive) a package.

3 I (have / has) _____ (meet) my teacher's husband.

4 We (have / has) _____ (finish) reading chapter five.

5 She (have / has) _____ (turn) on the air conditioner.

6 He (have / has) _____ (learn) English for three years.

7 They (have / has) already _____ (leave) for the airport.

8 My American friend (have / has) _____ (move) to Korea.

9 You (have / has) _____ (eat) at that restaurant several times.

10 Paul and Will (have / has) _____ (be) friends since last summer.

> receive ~을 받다
> package 소포
> chapter 장
> turn on ~을 켜다
> air conditioner 에어컨
> several 몇 개의

B 주어진 동사를 현재완료형으로 바꿔 문장을 완성하시오. [축약형으로 쓸 것]

1 _____ he _____ (finish) the report?

2 _____ you _____ (wash) your hands?

3 _____ you _____ (be) to Hawaii before?

4 Finally, we _____ (achieve) our goal.

5 She _____ (eat, not) anything all day.

6 He _____ (wear) the same training shoes for years.

7 He _____ (practice) playing the piano for the concert.

8 They _____ (meet, not) each other for ten years.

9 You _____ (do, not) anything since this morning.

10 They _____ (see) my brother's paintings several times.

11 I _____ (read, not) *Romance of the Three Kingdoms*.

12 _____ William _____ (complain) about the service to the manager?

> achieve ~을 성취하다
> goal 목표
> training shoes 훈련용 신발
> each other 서로
> several 몇 개의
> *Romance of the Three Kingdoms* 삼국지
> complain 불평하다

call 전화하다
wash the dishes
설거지하다

C 주어진 문장을 〈보기〉와 같이 부정문으로 바꿔 쓰시오.

> | 보기 | (a) It rained a lot.
> → _____ It didn't rain a lot. _____
> (b) It has rained a lot.
> → _____ It hasn't rained a lot. _____

1 (a) I met them this morning.

→ _____

(b) I have met them before.

→ _____

2 (a) She read that book yesterday.

→ _____

(b) She has read that book lately.

→ _____

3 (a) You called me last night.

→ _____

(b) You have called me once.

→ _____

4 (a) We saw the movie last weekend.

→ _____

(b) We have seen the movie.

→ _____

5 (a) Sarah washes the dishes every day.

→ _____

(b) Sarah has washed the dishes.

→ _____

6 (a) His parents got the letter last week.

→ _____

(b) His parents have got the letter.

→ _____

7 (a) I talked to Professor Kim about my grade yesterday.

→ _____

(b) I have talked to Professor Kim about my grade.

→ _____

D 주어진 문장을 〈보기〉와 같이 의문문으로 바꿔 쓰시오.

Madrid
마드리드(스페인의 수도)
lock 잠그다
water
(식물 등에) 물을 주다
plant 식물

> **보기**　(a) You ate breakfast this morning.
>
> → ＿＿＿＿＿ Did you eat breakfast this morning? ＿＿＿＿＿
>
> (b) You have eaten breakfast today.
>
> → ＿＿＿＿＿ Have you eaten breakfast today? ＿＿＿＿＿

1 (a) You went to Madrid last summer.

→ ＿＿＿＿＿＿＿＿＿＿＿＿＿＿＿＿＿＿＿＿＿＿＿＿＿＿

(b) You have been to Madrid.

→ ＿＿＿＿＿＿＿＿＿＿＿＿＿＿＿＿＿＿＿＿＿＿＿＿＿＿

2 (a) Your sister locked the windows.

→ ＿＿＿＿＿＿＿＿＿＿＿＿＿＿＿＿＿＿＿＿＿＿＿＿＿＿

(b) Your sister has locked the windows.

→ ＿＿＿＿＿＿＿＿＿＿＿＿＿＿＿＿＿＿＿＿＿＿＿＿＿＿

3 (a) Lauren studied French at school.

→ ＿＿＿＿＿＿＿＿＿＿＿＿＿＿＿＿＿＿＿＿＿＿＿＿＿＿

(b) Lauren has studied French for five years.

→ ＿＿＿＿＿＿＿＿＿＿＿＿＿＿＿＿＿＿＿＿＿＿＿＿＿＿

4 (a) Brandon and Kayla cleaned the house.

→ ＿＿＿＿＿＿＿＿＿＿＿＿＿＿＿＿＿＿＿＿＿＿＿＿＿＿

(b) Brandon and Kayla have cleaned the house.

→ ＿＿＿＿＿＿＿＿＿＿＿＿＿＿＿＿＿＿＿＿＿＿＿＿＿＿

5 (a) Rachel waters the plants twice a week.

→ ＿＿＿＿＿＿＿＿＿＿＿＿＿＿＿＿＿＿＿＿＿＿＿＿＿＿

(b) Rachel has watered the plants.

→ ＿＿＿＿＿＿＿＿＿＿＿＿＿＿＿＿＿＿＿＿＿＿＿＿＿＿

6 (a) You answered all of the questions.

→ ＿＿＿＿＿＿＿＿＿＿＿＿＿＿＿＿＿＿＿＿＿＿＿＿＿＿

(b) You have answered all of the questions.

→ ＿＿＿＿＿＿＿＿＿＿＿＿＿＿＿＿＿＿＿＿＿＿＿＿＿＿

7 (a) He lived in Hong Kong last year.

→ ＿＿＿＿＿＿＿＿＿＿＿＿＿＿＿＿＿＿＿＿＿＿＿＿＿＿

(b) He has lived in Hong Kong for three years.

→ ＿＿＿＿＿＿＿＿＿＿＿＿＿＿＿＿＿＿＿＿＿＿＿＿＿＿

현재완료의 의미

Present Perfect

Past	Present	Future
I lived in Toronto.	I have lived in Toronto.	I'm going to live in Toronto. I will live in Toronto.

FOCUS

1 현재완료는 시간적으로 과거의 어떤 시점부터 현재에 이르는 때를 의미하며, 과거 어느 시점에서 일어난 동작이나 상태가 현재에도 영향을 미친다는 것을 나타낸다.

I drank three cups of water. (과거: 단순히 과거에 물을 세 잔 마셨다는 것을 의미)
나는 물을 세 잔 마셨다.

I have drunk eight cups of water already. (현재완료: 과거에 물을 여덟 잔 마신 것이 현재에도 영향을 주고 있다는 의미, 즉, 물을 여덟 잔이나 마셨으나는 이미 물을 여덟 잔이나 마셨다. 므로 더는 마실 필요가 없다든가, 목이 마르지 않다든가 등의 의미를 내포함)

2 현재완료(완료)는 정해지지 않은 막연한 시간에 동작이나 상태가 완료된 경우를 가리키며, 동작이 일어난 정확한 시간은 중요하지 않다.

I ate lunch one hour ago. (한 시간 전에 점심을 먹었음을 의미) 나는 한 시간 전에 점심을 먹었다.

I've eaten lunch already. (점심을 먹은 특정한 시간은 중요하지 않으며 이미 점심을 먹었음이 중요) 나는 이미 점심을 먹었다.

3 과거 시제는 과거의 행위만을 나타내는 데 반해, 현재완료(계속)는 과거에 시작된 행위가 현재까지 계속되는 경우를 나타낸다.

They lived in Canada for three years. (과거: 지금은 캐나다에 사는지 안 사는지 알 수 없다.)
그들은 3년간 캐나다에서 살았다.

They have lived in Canada for three years. (현재완료: 지금도 캐나다에 살고 있다.)
그들은 3년 동안 캐나다에 살고 있다.

She worked at the middle school last year. (과거: 지금은 중학교에서 근무를 하는지 안 하는지 알 수 없다.)
그녀는 작년에 그 중학교에서 근무했다.

She's worked at the middle school since 2002. (현재완료: 지금도 중학교에서 근무하고 있다.)
그녀는 2002년 이래로 그 중학교에서 근무하고 있다.

|참고| 현재완료의 네 가지 용법 (학교 문법에서는 현재완료를 다음과 같은 네 가지 용법으로 나누어 가르치고 있다.)

경험 I have been to Paris. 나는 파리에 가본 적이 있다. (나는 과거에 파리에 갔다가 왔다. 지금은 파리에 있지 않다.)

계속 I have lived in Paris for two years. 나는 파리에서 2년 동안 살고 있다.

결과 She has gone to Paris. 그녀는 파리에 갔다. (그녀는 파리에 가고 지금 여기 없다.)

완료 She has just finished her homework. 그녀는 숙제를 막 끝마쳤다.

EXERCISES

정답 및 해설 P. 26

A 밑줄 친 부분에 유의하여 가장 알맞은 설명과 연결하시오.

lose ~을 잃어버리다
purse 지갑, 핸드백
break
~을 깨뜨리다, 부수다
mug 머그컵

1 (a) Nicole has lost her purse. •
   (b) Nicole lost her purse. •

   • ㉠ 여전히 지갑을 찾지 못했음
   • ㉡ 현재 어떤지 알 수 없음

2 (a) I washed the car. •
   (b) I've washed the car. •

   • ㉠ 현재 차가 깨끗함
   • ㉡ 현재 어떤지 알 수 없음

3 (a) John broke his mug. •
   (b) John has broken his mug. •

   • ㉠ 현재 머그컵이 깨진 상태임
   • ㉡ 현재 어떤지 알 수 없음

4 (a) They've gone to the shop. •
   (b) They went to the shop. •

   • ㉠ 현재 가게에 가고 여기에 없음
   • ㉡ 현재 어떤지 알 수 없음

B 주어진 문장과 의미가 통하도록 가장 알맞은 시제로 문장을 완성하시오.

wallet 지갑
have A in a cast
A에 깁스를 하다
headache 두통
biological
engineering 생명 공학

1 I lost my wallet. I don't have it now.
   → I _____ my wallet.

2 I was in London last month. I am not in London now.
   → I _____ to London.

3 Patrick broke his arm. He has his arm in a cast.
   → Patrick _____ his arm.

4 I had a headache this morning. I still have a headache.
   → I _____ a headache since this morning.

5 Usher started to study music last year. He still studies music.
   → Usher _____ music for a year.

6 Emily started living in Korea two years ago. She still lives in Korea.
   → Emily _____ in Korea for two years.

7 He left his cell phone at home this morning. He still doesn't have it now.
   → He _____ his cell phone at home.

8 She taught English in high school two years ago. She still teaches it there.
   → She _____ English in high school for two years.

9 Jihun went to England to study biological engineering. He's still there.
   → Jihun _____ to England to study biological
   engineering.

Unit
59

현재완료와 단순과거

 **KEY POINT**

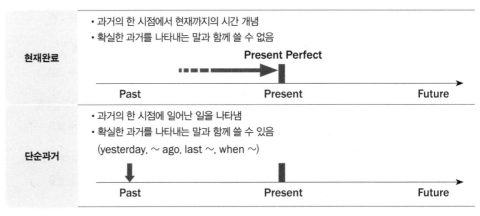

| 현재완료 | • 과거의 한 시점에서 현재까지의 시간 개념
• 확실한 과거를 나타내는 말과 함께 쓸 수 없음 |
| 단순과거 | • 과거의 한 시점에 일어난 일을 나타냄
• 확실한 과거를 나타내는 말과 함께 쓸 수 있음
(yesterday, ~ ago, last ~, when ~) |

FOCUS

1　현재완료는 과거의 한 시점에서 현재까지의 시간을 뜻하므로, 과거를 나타내는 말인 yesterday, ~ ago, last ~, when ~ 등과 함께 쓸 수 없다.

Tyler **went** to Africa **in 2014**. (○) 타일러는 2014년에 아프리카로 갔다.
He **has gone** to Africa ~~in 2014~~. (×)

We **met** Linda on our way home **last night**. (○) 우리는 지난밤 집에 가는 길에 린다를 만났다.
We've **met** Linda on our way home ~~last night~~. (×)

I **saw** the film **two hours ago**. (○) 나는 두 시간 전에 그 영화를 봤다.
I've **seen** the film ~~two hours ago~~. (×)

My family **traveled** to Hawaii **two years ago**. (○) 우리 가족은 2년 전에 하와이를 여행했다.
My family **has traveled** to Hawaii ~~two years ago~~. (×)

2　확실한 과거를 나타내는 부사 앞에 since가 오면 그 시점으로부터 현재까지의 시간을 뜻하므로 현재완료와 함께 쓴다.

I saw Joshua two days ago. I **have seen** Joshua three times <u>since last week</u>.
나는 이틀 전에 조슈아를 보았다. 나는 지난주 이후로 조슈아를 세 번 보았다.

Samantha didn't attend class yesterday. She **hasn't attended** class <u>since last month</u>.
사만다는 어제 수업에 출석하지 않았다. 그녀는 지난달 이후로 수업에 출석하지 않았다.

Emily met Megan when she was six. They **have known** each other <u>since then</u>.
에밀리는 메건을 여섯 살 때 만났다. 그들은 그때 이후로 서로 알고 지내왔다.

Jacob studied German one year ago. He **has studied** German <u>since last year</u>.
제이콥은 일 년 전에 독일어를 공부했다. 그는 작년 이후로 독일어를 공부하고 있다.

|참고| since는 '~이후로, 이래로'라는 뜻으로 since 절에는 주로 과거형을, 주절에는 현재완료형을 쓴다.
　　I **haven't played** basketball <u>since</u> I **left** college. 나는 대학을 떠난 이후로 농구를 하지 않았다.

EXERCISES

정답 및 해설 P. 26

 A ( ) 안에서 가장 알맞은 것을 고르시오.

Lord of the Rings
반지의 제왕
hurt ~을 다치게 하다
beginning 초
term 기간; 학기

1 Elizabeth (was / has been) in Daejeon last week.

Elizabeth (was / has been) to Daejeon three times.

2 I (saw / have seen) *Lord of the Rings* in 2014.

My friend (saw / has seen) *Lord of the Rings* several times.

3 She (hurt / has hurt) herself twice since last year.

Our British English teacher (hurt / has hurt) his leg last weekend.

4 Justin (called / has called) his friend Michael twice in the last few days.

Justin (called / has called) his friend Michael last Sunday afternoon.

5 I (wrote / have written) another long English essay yesterday.

We (wrote / have written) three essays since the beginning of this term.

6 I (watch / have watched) Jennifer's live concert on TV several times.

Amy (watched / has watched) Jennifer's live concert on TV two days ago.

7 They (played / have played) ice hockey last Sunday.

They (played / have played) ice hockey many times since last year.

B 주어진 동사를 각각 과거와 현재완료로 바꿔 문장을 완성하시오.

the day before
yesterday 그저께
whole 전체의
each other 서로

1 (live) Edward _____ in Seoul since 2014.

He _____ in Seoul two years ago.

2 (lose) Carol _____ her house key yesterday.

She _____ her house key several times.

3 (be) Susan _____ sick the day before yesterday.

She _____ sick for two days.

4 (call) I _____ Suho two minutes ago.

I _____ Suho every five minutes for an hour now.

5 (visit) He and his family _____ Australia twice.

They _____ Australia last summer.

6 (see) We _____ each other last month.

We _____ each other only once since last month.

REVIEW

정답 및 해설 P. 27

play 연극
headache 두통
break ~을 부러뜨리다
ankle 발목
semester 학기

A ( ) 안에서 가장 적절한 것을 고르시오.

1 My father (saw / has seen) my play twice.

My father (saw / has seen) my play last week.

2 He (had / has had) a headache in the morning.

He (had / has had) a headache since this morning.

3 Sarah (broke / has broken) her ankle twice since last year.

Sarah (broke / has broken) her ankle a month ago.

4 John (took / has taken) the subway to school at 8 a.m.

John (took / has taken) the subway to school for two years.

5 I (talked / have talked) to your teacher yesterday.

We (talked / have talked) to each other three times since the beginning of the semester.

episode 에피소드
on ... occasion
(~한) 때, 경우

B 〈보기〉에서 알맞은 동사를 골라 현재완료로 바꿔 문장을 완성하시오.

> 보기   eat   climb   be   see   finish   work

1 She _____ the mountain twice.

2 He _____ to Italy, France, and Spain.

3 I _____ this episode of *CSI* many times.

4 My sister _____ for a bank for five years.

5 We _____ Korean food on many occasions.

6 Chris and I _____ cleaning the classroom.

hear 듣다
accident 사고

C 주어진 동사를 과거 또는 현재완료로 바꿔 문장을 완성하시오.

1 I _____ (go) to Hong Kong last winter.

2 He _____ (make) a chocolate cake for you yesterday.

3 We _____ (be) to that family restaurant three times now.

4 They _____ (hear) the news of his accident two hours ago.

5 They _____ (live) here for ten years. They don't want to move.

6 She _____ (buy) her mom a birthday gift every year since 2005.

밑줄 친 부분을 바르게 고쳐 문장을 다시 쓰시오.

1 I have won the lottery yesterday!

→ _____

2 Have you finish the book?

→ _____

3 Do you ever baked cookies before?

→ _____

4 I learn English since last year.

→ _____

5 Emily has not visited me last week.

→ _____

6 Jiho live in the Philippines since 2004.

→ _____

7 James has found your ring in the garden yesterday.

→ _____

8 Minji has already saw the movie. She won't see it again.

→ _____ She won't see it again.

win the lottery
복권에 당첨되다
the Philippines 필리핀
already 이미, 벌써

E 주어진 동사를 과거 또는 현재완료로 바꿔 대화를 완성하시오.

A: Have you ever eaten galbi?

B: Yes, I (1) _____ (eat) galbi at least three times now.

A: Oh, really? When (2) _____ you _____ (eat) it for the first time?

B: I first (3) _____ (try) it last month. My co-worker (4) _____ (invite) me out to a traditional Korean restaurant.

A: Did you like it?

B: Absolutely! In fact, it (5) _____ (be) very good. I (6) _____ (be) back to the same restaurant at least three times now. And I plan to take my girlfriend there when she visits me here next month.

at least 적어도
for the first time
처음으로
try 먹어보다, 시도하다
co-worker 동료
traditional
전통의, 전통적인
Absolutely!
완전히, 정말 그래!
in fact 사실은
take A to+장소
~을 데리고 가다

REVIEW PLUS

정답 및 해설 P. 28

feel sick 토할 것 같다
Buddhism 불교

1 다음 중 어법상 <u>어색한</u> 것을 고르시오.

① Have you been to the market yet?

② I felt sick soon after finishing dinner.

③ I've finished all of my Christmas shopping.

④ Eva has studied Buddhism for five years now.

⑤ I didn't have spoken to your brother since this morning.

improve 향상되다
clothes 옷
for the first time
처음으로

2 다음 중 어법상 올바른 문장을 고르시오.

① When has she arrive at the train station?

② Amy went to Europe in 2005 with her father.

③ My English improves a lot since three years ago.

④ Tom has sit on this bench every day for the last twenty years.

⑤ She has washed her own clothes for the first time last Saturday.

think of
~라고 생각하다, 평가하다
dentist 치과의사
do for a living
~로 생계를 유지하다

3 다음 중 대화가 자연스러운 것을 고르시오.

① A: Have you met my friend Joe yet?

   B: No, I didn't. What's he like?

② A: What did you think of the new James Bond movie?

   B: I didn't seen it yet.

③ A: When did you go to the dentist?

   B: I've gone about four months ago.

④ A: What does she do for a living?

   B: She is a math teacher. She has taught math since 2002.

⑤ A: Have you saw David's new paintings?

   B: Yes, I saw them last night. He's improved a lot, hasn't he?

all over the world
전 세계에서
of course 물론
catch a glimpse of
~을 언뜻 보다
win the prize
상금을 타다

4 다음을 읽고, ( ) 안에서 가장 적절한 것을 고르시오.

Every year, tourists from all over the world visit Loch Ness in Scotland. Of course, they come and hope to catch a glimpse of Nessie, the Loch Ness Monster. It (1) (has been / was) first "seen" in 1933. Since then, scientists (2) (came / have come) to Loch Ness to find it. And a few years ago, a rich businessman from England (3) (promised / have promised) to pay 500,000 pounds for Nessie. However, since then, nobody has won the prize.

PART 16

시간 관련 전치사 at, on, in

smaller

AT	at 3:30, at night, at Christmas, at the beginning of May, at that time
ON	on Friday, on Christmas Day, on Friday evening, on the evening of May 1st
IN	in the evening, in May, in winter, in 2009, in the 1970s, in the future

bigger

FOCUS

1 시간 전치사 at은 시각이나 나이 등 비교적 구체적인 시각이나 시점 앞에 사용한다.

The concert starts **at** 6 o'clock. 그 콘서트는 여섯 시에 시작한다.

Amber began learning Chinese **at** the age of 16. 앰버는 16세에 중국어를 배우기 시작했다.

I'll see you **at** Thanksgiving. 추수 감사절에 보자.

We are going to Canada **at** the beginning of July. 우리는 7월 초에 캐나다에 갈 것이다.

He was watching the soccer game on TV **at** that time. 그는 그때 TV로 축구 경기를 보고 있었다.

|참고| I'll see you **at** Christmas. vs. I'll be at home **on** Christmas Day.

하루가 아니라 일정 기간의 휴일의 경우, 크리스마스 기간이나 크리스마스 기간 동안의 막연한 한 시점을 이야기할 때는 at을 크리스마스 당일(12월 25일)을 이야기할 때는 on을 주로 사용한다. on Christmas라고도 할 수 있지만, on은 주로 day가 있는 경우에 사용한다.

2 시간 전치사 on은 날짜나 요일, 특정한 날, 특정한 날의 아침, 저녁 등의 시간 앞에 사용한다.

I was born **on** May 24th, 2004. 나는 2004년 5월 24일에 태어났다.

We will go out for dinner **on** her birthday. 우리는 그녀의 생일에 저녁을 먹으러 나갈 것이다.

Did you see Helen **on** Wednesday morning? 수요일 아침에 헬렌을 봤어요?

We eat turkey **on** Thanksgiving Day. 우리는 추수 감사절에 칠면조를 먹는다.

The museum is closed **on** Monday. 박물관은 월요일에 문을 닫는다.

|참고| 1. on time vs. in time
　　　 – on time : 시간에 맞게, 정각에, 늦지 않게(punctual, not late)
　　　 – in time : 때맞추어, 이르게; 조만간(soon enough)
　　　2. this, that, last, next, every 등이 시간 표현과 함께 오면 전치사를 사용하지 않는다.
　　　　 We will go to the zoo next Saturday. 우리는 다음 토요일에 동물원에 갈 것이다.

3 시간 전치사 in은 하루의 일부분이나 월, 연도, 계절 등 비교적 긴 시간 앞에 사용한다.

We didn't wake up until 11 o'clock **in** the morning. 우리는 아침 열한 시가 되도록 안 일어났다.

My brother will visit Seoul **in** December. 내 남동생은 12월에 서울을 방문할 것이다.

I went to Spain **in** 2014. 나는 2014년에 스페인에 갔다.

The leaves change color **in** the fall. 나뭇잎은 가을에 색을 바꾼다.

Water shortages will be a big problem **in** the future. 물 부족은 미래에 큰 문제가 될 것이다.

EXERCISES

A ( ) 안에서 가장 알맞은 것을 고르시오.

1 (at / on) Tuesday

6 (at / on) Saturday night

2 (at / on) 6:45

7 (on / in) Tuesday morning

3 (on / at) my birthday

8 (in / on) 2015

4 (at / on) June 29th

9 (at / in) October

5 (in / on) the second day

10 (at / in) Christmas

B 빈칸에 at, on, in 중 알맞은 시간 전치사를 써넣으시오.

1 The game begins ＿＿＿＿＿＿ 8 o'clock.

2 We had a party ＿＿＿＿＿＿ Christmas Day.

3 I usually stay inside ＿＿＿＿＿＿ rainy days.

4 You should start your project ＿＿＿＿＿＿ Monday night.

5 The new hockey season will start ＿＿＿＿＿＿ September.

6 My mother sometimes goes to sleep late ＿＿＿＿＿＿ night.

> stay ~에 머무르다
> inside 안쪽에, 내부에
> rainy 비가 오는
> hockey 하키
> season
> (운동 경기의) 시즌; 계절

C 우리말과 같은 뜻이 되도록 주어진 단어를 이용하여 문장을 완성하시오.

1 비행기가 정오에 떠났다. (noon)

→ The plane left ＿＿＿＿＿ ＿＿＿＿＿.

2 역사 수업은 1시에 시작한다. (1:00)

→ History classes start ＿＿＿＿＿ ＿＿＿＿＿.

3 나는 1월에 여행을 갈 것이다. (January)

→ I am going to take a vacation ＿＿＿＿＿ ＿＿＿＿＿.

4 나는 내 생일에 캘리포니아에 있을 것이다. (birthday)

→ I will be in California ＿＿＿＿＿ ＿＿＿＿＿ ＿＿＿＿＿.

5 나는 2005년 9월 9일에 태어났다. (September 9th, 2005)

→ I was born ＿＿＿＿＿ ＿＿＿＿＿ ＿＿＿＿＿ ＿＿＿＿＿.

6 그는 오후 2시에 나에게 전화를 했다. (2:00, afternoon)

→ He called me ＿＿＿＿＿ ＿＿＿＿＿ ＿＿＿＿＿ ＿＿＿＿＿ ＿＿＿＿＿.

> take a vacation
> 휴가를 가다
> be born 태어나다

Unit 61

시간 관련 전치사
during/for, by/until

 KEY POINT

~동안	during+특정 기간	I will take swimming lessons **during** the summer vacation. 나는 여름 방학 동안 수영을 배울 것이다.
	for+숫자 표현	I will take swimming lessons **for** three months. 나는 세 달 동안 수영을 배울 것이다.
~까지	by	I have to finish the project **by** 1:00. 나는 한 시까지 프로젝트를 마쳐야 한다. (일회성의 동작이나 상태가 완료되는 것을 나타냄)
	until	Let's wait here **until** 6:00. 여섯 시까지 기다려 보자. (계속적이던 동작이나 상태가 완료되는 것을 나타냄)

 FOCUS ···

1 '~동안'이라는 의미의 시간 전치사에는 **during**과 **for**가 있다. 특정한 기간 앞에서는 **during**을 사용하고,
기간의 길이를 나타내는 구체적인 숫자 앞에서는 **for**를 사용한다.

Boil the eggs **for** 10 minutes. 계란을 10분 동안 삶아라.

We have lived in Australia **for** about five years. 우리는 약 5년 동안 호주에 살았다.

During the winter, we spend a lot more time inside. 겨울 동안, 우리는 실내에서 훨씬 더 많은 시간을 보낸다.

I like being outside **during** the day. 나는 낮 동안에 밖에 있는 것을 좋아한다.

2 '~까지'라는 의미의 시간의 전치사에는 **by**와 **until**이 있다. **by**는 일회성의 동작이나 상태가 완료되는 것을
나타내고, **until**은 계속적이던 동작이나 상태가 완료되는 것을 나타낸다.

This coupon is valid **until** July. 이 쿠폰은 7월까지 유효하다.

She asked me to wait for her **until** 5 p.m. 그녀는 나에게 5시까지 자신을 기다려 달라고 부탁했다.

I'll go to the library **by** 4:00. 네 시까지 도서관에 갈게요.

You need to finish reading the book **by** next Friday. 너는 다음 금요일까지 책 읽기를 끝마쳐야 한다.

|참고| in vs. after

in은 '지금부터 ~후에'라는 의미의 시간 전치사로, 미래 시제에 사용된다. in two minutes를 '2분 안에'라고 생각하기 쉬운데, '지금부터 2분 후에'라고 이해하는 것이 가장 적절하다.

I'll see you in two minutes. (two minutes from now) 2분 후에 보자.

I'll be back in ten minutes. (ten minutes from now) 10분 후에 돌아올게.

after는 '~후에'라는 의미의 전치사로, 과거와 미래 모두에 쓰일 수 있다.

I'll be back after 2 p.m. 두 시 넘어서 올게.

I arrived here after 2 p.m. 나는 두 시 넘어서 여기에 도착했어.

She will do her homework after 7 o'clock. 그녀는 일곱 시 이후에 숙제를 할 것이다.

EXERCISES

정답 및 해설 P. 29

A 빈칸에 during과 for 중 가장 알맞은 것을 써넣으시오.

1 I've lived in Spain _____ three years.

2 I have read the book _____ two hours.

3 I go for a short walk _____ the lunch break.

4 You must pay attention _____ the class.

5 She hasn't seen her mother _____ over a year.

6 They haven't seen their grandsons _____ a year.

7 I can go to the library _____ my break.

8 What are you going to do _____ the winter vacation?

9 _____ the summer, all the hotels are usually full on the island.

10 Mary and James haven't talked to each other _____ two months.

> go for a short walk 잠시 산책하다
> pay attention 주의를 기울이다, 관심을 갖다
> break 휴식
> be full 가득 차다
> island 섬

B 빈칸에 by와 until 중 가장 알맞은 것을 써넣으시오.

1 I'll be here _____ 10:00 p.m.

2 Can you stay _____ this afternoon?

3 I need to return this book _____ noon.

4 You have to hand in your homework _____ Friday.

> return 반납하다
> hand in 제출하다

C 우리말과 같은 뜻이 되도록 주어진 단어를 이용하여 문장을 완성하시오.

1 그 개는 밤 동안 계속 짖었다. (the night)

　→ The dog kept barking _____ _____ _____.

2 나는 일주일 동안 찰스와 같이 지내고 있다. (a week)

　→ I have been with Charles _____ _____ _____.

3 나는 이번 주말까지는 머무를 것이다. (the end of the week)

　→ I will stay _____ _____ _____ _____ _____

　　　_____.

4 나는 이달 말까지 그 보고서를 끝낼 것이다. (the end of the month)

　→ I will finish the report _____ _____ _____ _____

　　　_____ _____.

> bark 짖다

장소 관련 전치사 at, on, in

The soccer ball is
in the box.

The soccer ball is
at the corner.

The soccer ball is
on the box.

1 장소 전치사 in은 '~ 안에'라는 뜻으로, 공간의 내부를 나타내거나 비교적 넓은 장소 앞에 사용한다.

Paris is in France. 파리는 프랑스에 있다.

Alan is in the kitchen. 알란은 부엌에 있다.

Your jacket is in the closet. 너의 재킷은 옷장 안에 있다.

There is orange juice in the refrigerator. 냉장고 안에 오렌지 주스가 있다.

2 장소 전치사 at은 '~에'라는 뜻으로, 건물 등 비교적 좁고 구체적인 장소 앞에 사용한다. at은 장소를 하나의 지점으로 생각할 때 주로 사용한다.

He was standing at the bus stop. 그는 버스 정류장에 서 있었다.

I'll wait for you at the mall. 쇼핑몰에서 너를 기다릴게.

I'll see you at your apartment. 너의 아파트에서 만나자.

She teaches English literature at Harvard University. 그녀는 하버드 대학교에서 영문학을 가르친다.

3 장소 전치사 on은 '~ 위에'라는 뜻으로 어떤 사물에 접촉하고 있는 상태를 나타내거나, 사물이 거리나 도로 등에 있는 것을 나타낸다.

My computer is on the desk. 내 컴퓨터는 책상 위에 있다.

Ashley's store is on Main Street. 애슐리의 가게는 메인가에 있다.

The clown was standing on a box. 어릿광대가 상자 위에 서 있었다.

I spilled the coffee on the floor. 나는 바닥에 커피를 쏟았다.

4 장소 전치사 over는 '~ 위에'라는 뜻이며, 장소 전치사 under는 '~ 아래에'라는 뜻이다. 수직적인 위치 관계에서 위, 아래에 있는 것을 나타낼 때 over나 under를 사용한다.

The clock is over the window. 시계는 창문 위에 있다.

The window is under the clock. 창문은 시계 아래에 있다.

5   장소의 전치사 in front of는 '~ 앞에'라는 뜻이며, behind는 '~ 뒤에'라는 뜻이다. 수평적인 위치 관계에서 앞, 뒤에 있는 것을 나타낼 때 in front of나 behind를 사용한다.

The bus stop is right **in front of** the building. 버스 정류장이 바로 그 건물 앞에 있다.

Let's meet **in front of** the National Library. 국립도서관 앞에서 만나자.

The mouse hid **behind** the rock. 생쥐가 바위 뒤에 숨었다.

A girl was standing **behind** the teacher. 한 소녀가 선생님 뒤에 서 있었다.

6   장소 전치사 between은 주로 and와 함께 쓰여 '~ 사이에'라는 뜻을 나타낸다.

He put up some fences **between** his **and** his neighbor's garden. 그는 자신과 이웃의 정원 사이에 울타리를 세웠다.

The KTX runs **between** Seoul **and** Busan. 이 KTX는 서울과 부산 사이를 운행한다.

She was sitting **between** the children. 그녀는 아이들 사이에 앉아 있었다.

|참고| between vs. among
        두 개 이상이더라도 각각의 분명한 item으로 구성된 경우 between을 사용할 수 있다.
        You can choose **between** the red, blue, and black one. 너는 붉은색과 푸른색, 검은색 중에서 선택할 수 있다.
        You can choose **among** them. 너는 그것들 중에서 선택할 수 있다.
        I walked **between** the trees. 나는 나무 사이를 걸었다. (나무가 두 개이거나, 두 줄로 길이 난 경우)
        I walked **among** the trees. 나는 나무들 사이를 걸었다. (나무에 둘러싸여 있는 경우)

7   장소의 전치사 by는 '~ 옆에'라는 뜻으로 beside, next to와 같은 의미를 나타낸다.

A man is standing **by** the tree. (by=beside=next to) 한 남자가 나무 옆에 서 있다.

He put a sofa **by** the window. 그는 창문 옆에 소파를 놓았다.

John sat **next to** me on the couch. 존은 소파에서 내 옆에 앉았다.

I parked my car **next to** the truck. 나는 트럭 옆에 내 차를 주차했다.

The bicycle is **beside** the fence. 자전거가 담장 옆에 있다.

Books are piled up **beside** the desk. 책들이 책상 옆에 쌓여 있다.

8   **방향성이 있는 전치사**

It takes nine hours **from** Seoul **to** L.A. by plane.
서울에서 L.A.까지 비행기로 아홉 시간 걸린다.

Come **into** my room. 방 안으로 들어와.

Let's get **out of** the house. 집 밖으로 나가자.

Our car is going **through** the tunnel. 우리 차가 터널을 통과하고 있다.

A boy goes **up** the stairs. 한 소년이 계단을 올라간다.

A girl goes **down** the stairs. 한 소녀가 계단을 내려간다.

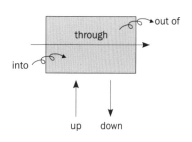

EXERCISES

closet 옷장
grow up 자라다
Holland 네덜란드
stage 무대
pick up ~을 태우다

A ( ) 안에서 가장 알맞은 것을 고르시오.

1 My coat is (at / in) the closet.

2 I left my bag (at / on) school.

3 They are (in / on) the kitchen.

4 John grew up (at / in) Holland.

5 The band is (in / on) the stage.

6 We will see you (at / on) the mall.

7 His office is (on / in) the third floor.

8 Megan will be (in / on) Paris over the holiday.

9 I would like you to stay (at / in) home tonight.

10 I am going to pick you up (at / on) the airport.

11 The children put their paintings (in / on) the wall.

12 The woman sitting (at / on) the chair is my grandmother.

vase 꽃병

B 그림을 보고, 〈보기〉에서 가장 알맞은 전치사를 골라 문장을 완성하시오. [중복 사용 가능]

보기	on	by
	over	between
	under	in

1 There is a dog _____ the cat.

2 There is a vase _____ the table.

3 There is a mouse _____ the table.

4 There are three flowers _____ the vase.

5 There is a cat _____ the dog and the table.

6 There are a mouse, a dog, and a cat _____ the room.

7 There is a painting _____ the table _____ the wall.

C 그림을 보고, 〈보기〉에서 가장 알맞은 전치사를 골라 문장을 완성하시오.

> 보기   under   in front of   behind   next to

Cathy   Min

Jun

Rachel

1   Min is _____ Cathy.

2   There is a bag _____ Rachel.

3   Jun is _____ Cathy.

4   A soccer ball is _____ the desk.

D 〈보기〉에서 가장 알맞은 것을 골라 문장을 완성하시오.

> 보기   through   out of   into   from   down   up

balloon 풍선
fly up 위로 날아가다
fall down 넘어지다
break one's ankle
~의 발목이 부러지다
get away from
~을 피하다
tunnel 터널

1   Here we are. Let's get _____ the car.

2   A hot air balloon is flying _____ into the sky.

3   We took the train _____ London to Oxford.

4   The boy fell _____ and broke his ankle.

5   My puppy ran _____ the house to get away from the rain.

6   It's so dark! I can't see anything! We're going _____ a tunnel now.

E (   ) 안에서 가장 알맞은 전치사를 고르시오.

go well 잘 되어가다, 순조
로이 진행되다
part-time job
아르바이트
view 전망
save ~을 모으다, 저축하다
look forward to+(동)
명사
~을 기대하다
feed 먹이를 주다

Dear Suji,

How have you been? I hope everything is going well (1) (at / in) Busan. I'm great, but I have been really busy. I just got a part-time job (2) (in / on) a small pet store at the mall. The store is (3) (at / on) the tenth floor. It has a great view. The mall is right (4) (next to / over) my house. So it doesn't take long to get there. It takes only 10 minutes from my house (5) (for / to) the mall. It's a lot of work, but I love the animals. I am saving a little money, and I plan to come and visit you in the fall. I'm really looking forward to it! I have to be at work soon to feed the puppies. I will email you again soon.

All the best,

Kevin

기타 전치사

OCUS ···

from	～로부터	She comes home from school at 3 p.m. 그녀는 오후 세 시에 학교에서 집에 온다.
to	～에게, ～로 * from A to B A에서 B까지	Could you please give that book to me? 저에게 저 책을 주시겠어요? What time did you get to Seoul? 서울에 몇 시에 도착했니?
with	～와 함께 (사람) ～을 가지고, ～으로 (사물)	Are you going to go with her? 너는 그녀와 함께 갈 거니? Can you fill this cup with water? 이 컵을 물로 채워 줄래?
by	～로 (교통수단, 방법) ～에 의해 (사람, 행동의 주체)	I traveled around Europe by car. 나는 차로 유럽을 여행했다. *Romeo and Juliet* was written by Shakespeare. '로미오와 줄리엣'은 셰익스피어에 의해 쓰였다.
along	～을 따라서	I run along the river bank every morning. 나는 매일 아침 강둑을 따라 달린다.
around	～ 주위에	The earth goes around the sun. 지구는 태양 주위를 돈다.
across	～을 가로질러 *across from 맞은편에	Can you swim across the river? 저 강을 수영으로 가로질러 건널 수 있나요?
in	～을 입은	The girl in the pink sweater is my sister. 핑크색 스웨터를 입은 소녀가 내 여동생이다.
like	～처럼, ～과 같은	He looks like his father. 그는 자기 아버지처럼 생겼다.
about	～에 대해	I'm really worried about you. 나는 정말로 너에 대해 걱정하고 있다.
for	～을 향해, ～을 위해	She made many kinds of cookies for us. 그녀는 우리를 위해 많은 종류의 쿠키를 만들었다.

|참고| 전치사 뒤에 대명사가 올 경우 목적격을 쓴다.

The room was not cleaned by me. 그 방은 내가 청소하지 않았다.

My brother wants me to go with him. 내 남동생은 내가 자기와 함께 가기를 원한다.

Her cat goes everywhere with her. 그녀의 고양이는 그녀와 함께 어디든 간다.

|주의| 교통수단의 경우, by와 교통수단 사이에는 관사가 들어가지 않는다.

by car=in a car, by train=on the train

Do you usually go to school by bus or on foot? 너는 학교에 대개 버스를 타고 가니, 아니면 걸어가니?

I'll take you to the airport by car. 내가 너를 차로 공항까지 데려다 줄게.

EXERCISES

A ( ) 안에서 가장 알맞은 것을 고르시오.

lend 빌려주다
bring 가져오다
happen
발생하다, 일어나다

1 Bill lent his textbook to (I / me).

2 I'm going to the party with (they / them).

3 I want to know more (across / about) you.

4 I've brought a cup of tea (for / from) you.

5 What happened (for / to) them last summer vacation?

6 I walked (around / about) the lake to get some exercise.

B 문장을 읽고, by, to, with 중 빈칸에 공통으로 들어갈 전치사를 골라 써넣으시오.

way 길, 방향
animation 애니메이션
artist 예술가

1 Would you please just give it _____ me?

Could you tell me the way _____ the train station?

2 We traveled to the island _____ plane.

Many American animations are made _____ Korean artists.

3 Would you like to go shopping _____ me?

People can do many things _____ smartphones these days.

C 우리말과 같은 뜻이 되도록 주어진 단어를 이용하여 문장을 완성하시오.

come from ~ 출신이다
drugstore 약국
UFO (= Unidentified
Flying Object)
미확인 비행 물체

1 미구엘은 멕시코 출신이다. (Mexico)

→ Miguel comes _____ _____.

2 길 건너에 약국이 있나요? (the street)

→ Is there a drugstore _____ _____ _____?

3 나는 UFO에 대한 많은 책을 읽었다. (UFOs)

→ I've read many books _____ _____.

4 마이클은 자신의 개와 함께 길을 따라 걸었다. (the road)

→ Michael walked _____ _____ _____ with his dog.

5 그는 좋은 사람처럼 보인다. (a nice person)

→ He looks _____ _____ _____ _____.

6 파란 셔츠를 입은 소년이 내 남동생이야. (the blue shirt)

→ The boy _____ _____ _____ _____ is my brother.

REVIEW

정답 및 해설 P. 30

be on holiday
휴가 중이다

have an
appointment with
~와 약속이 있다

work as ~로 일하다

lifeguard
(수영장 등의) 구조원

move to ~로 이사하다

A ( ) 안에서 가장 알맞은 것을 고르시오.

1 Where will you be (at / in) five years?

2 I'll see you tomorrow (at / on) 5 o'clock.

3 I will be back home (by / until) 6 o'clock.

4 My father is on holiday (by / until) next Friday.

5 (In / On) Friday, I have an appointment with Jacob.

6 (During / For) the summer, she worked as a lifeguard.

7 David watched TV (during / for) over an hour.

8 Jia moved to Sydney with his family (in / on) the spring.

socks 양말
drawer 서랍
lie down ~에 눕다
flow 흐르다
forest 숲
chase A out of B
B에서 A를 쫓아내다
Switzerland 스위스

B ( ) 안에서 가장 알맞은 것을 고르시오.

1 The socks are (in / on) the drawer.

2 The kid is lying down (at / on) the grass.

3 The river flows (through / like) the forests.

4 She chased the cat (under / out of) the house.

5 My mother was waiting for me (at / in) the bus stop.

6 They traveled (from / by) Greece to Switzerland.

parking lot 주차장
ballet 발레

C 우리말과 같은 뜻이 되도록 〈보기〉에서 알맞은 전치사를 찾아 빈칸에 써넣으시오.

| 보기 | under | next to | behind | across | along |

1 그는 그 여자 옆에 서 있다.

→ He is standing _____ the woman.

2 주차장은 건물 뒤에 있다.

→ A parking lot is _____ the building.

3 소년은 길을 따라 자전거를 타고 있다.

→ The boy is riding a bike _____ the road.

4 우리 선생님은 우리 집 맞은편에 산다.

→ My teacher lives _____ from my house.

5 그녀는 자신의 발레 신발을 침대 밑에서 찾았다.

→ She found her ballet shoes _____ the bed.

D 우리말과 같은 뜻이 되도록 주어진 단어를 이용하여 문장을 완성하시오.

be over 끝나다
ladder 사다리
package 소포

1 너는 정오에 떠나야만 한다. (leave, noon)

→ You must _____ _____ _____.

2 우리 목요일에 만나는 게 어때? (meet, Thursday)

→ Why don't we _____ _____ _____?

3 나는 조부모님과 함께 산다. (live, my grandparents)

→ I _____ _____ _____ _____.

4 여름엔 날씨가 덥다. (the summer)

→ The weather is _____ _____ _____ _____.

5 영화는 10시에 끝날 것이다. (be, over, 10:00)

→ The movie will _____ _____ _____ _____.

6 그는 사다리 옆에 서 있다. (stand, the ladder)

→ He _____ _____ _____ _____ _____.

7 나는 홍콩에 있는 내 친구에게 소포를 보냈다. (my friend, Hong Kong)

→ I sent a package _____ _____ _____ _____

_____ _____.

E 우리말과 같은 뜻이 되도록 주어진 단어를 배열하시오.

stamp 우표
electricity 전기
appear 나타나다
insect 곤충
pole 기둥; 막대기

1 나는 너를 위해 케이크를 구웠어. (a cake, for, baked, I, you)

→ _____

2 그는 편지에 우표를 붙였다. (put, the stamp, the letter, on, he)

→ _____

3 이 자동차는 전기로 움직인다. (is driven, electricity, this car, by)

→ _____

4 늑대가 나무 뒤에서 나타났다. (a tree, a wolf, appeared, behind)

→ _____

5 그는 벌레에 대한 책을 읽고 있다. (is reading, about, he, a book, insects)

→ _____

6 나는 3주 동안 캠프에 갈 것이다. (going, for, to, three weeks, camp, I'm)

→ _____

7 너는 기둥 사이로 공을 차야 한다. (you, between, kick, must, the poles, the ball)

→ _____

REVIEW PLUS

정답 및 해설 P. 31

A 다음 중 어법상 어색한 문장을 고르시오.

disappear 사라지다
exactly 정확히
attractive 매력적인
shortly 곧, 얼마 안 있어
clean up ~을 치우다

① The sun disappeared behind a cloud.

② Your jacket looks exactly like my jacket.

③ The girl in the green sweater is really attractive.

④ We're coming with KTX, so we'll be there shortly.

⑤ Can you clean up your room by noon, please?

B 그림을 보고, 〈보기〉에서 알맞은 전치사를 골라 빈칸에 써넣으시오.

police station 경찰서
post office 우체국

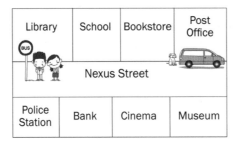

| 보기 | in front of | behind |
| between | next to |

1 A: Where is the dog?

　 B: It's _____ the car.

2 A: Where is the police station?

　 B: It's _____ the bank.

3 A: Where is the car?

　 B: It's _____ the post office.

4 A: Where is the school?

　 B: It's _____ the library and the bookstore.

C 다음을 읽고, 〈보기〉에서 알맞은 전치사를 골라 빈칸에 써넣으시오. [한 번씩만 쓸 것]

in a hurry 급히, 서둘러
express bus
고속[급행] 버스
timetable 시간표
weekday 평일
delay
~을 지체시키다, 미루다
traffic 교통, 교통량
on time 제시간에
luggage 짐
storage 저장
drop off
하차하다, 하차시키다

| 보기 | at | in | on | under | to |

　　If you want to get (1) _____ the airport in a hurry, take an express bus. First, go online and check the timetable. (2) _____ weekday mornings, the bus might be delayed because of traffic. So give yourself plenty of time to arrive (3) _____ the airport on time. When the bus arrives, ask the driver to put your luggage (4) _____ the storage space (5) _____ the bus. Finally, tell the driver which airline you are flying. Then he will know where to drop you off.

122

PART 17

접속사
Conjunctions

Unit
64

등위 접속사

 KEY POINT

등위접속사	and	～와, 그리고, 그래서
	but	그러나, 하지만
	or	또는, 아니면
명령문 and/or	명령문 and ～ = If you ～	～하라, 그러면 …일 것이다
	명령문 or ～ = If you don't ～ = Unless you ～	～하라, 그렇지 않으면 …일 것이다

OCUS

1   등위 접속사(coordinating conjunctions)는 단어와 단어, 구와 구, 문장과 문장 등을 동등한 자격으로 이어주는 말이다.

Dogs and cats are my favorite animals. (단어와 단어) 개와 고양이는 내가 가장 좋아하는 동물이다.

I like singing pop songs and playing the piano. (구와 구) 나는 대중가요 부르는 것과 피아노 치는 것을 좋아한다.

I found my bag, but my wallet was gone. (문장과 문장) 나는 가방은 찾았지만, 지갑은 없었다.

Ajung is quite intelligent, but she's a little lazy. 아중이는 꽤 지적이지만 약간 게으르다.

Which flavor do you want, strawberry or vanilla? 너는 딸기와 바닐라 중 어떤 맛을 원하니?

Could you turn off the radio or turn down the volume? 라디오를 끄든지 아니면 소리를 줄여 줄래?

2   「명령문 and ～」는 '～하라, 그러면 …일 것이다'라는 뜻이며, 「명령문 or ～」는 '～하라, 그렇지 않으면 …일 것이다'라는 의미이다.

Bring your membership card and you will get a discount.

→ If you bring your membership card, you will get a discount. 멤버십 카드를 가져오시면, 할인을 받으실 거예요.

Turn to the right and you will see the city library.

→ If you turn to the right, you will see the city library. 오른쪽으로 도시면 시립 도서관이 보일 거예요.

Stop making noise or I will tell the teacher.

→ If you don't stop making noise, I will tell the teacher.

→ Unless you stop making noise, I will tell the teacher. 떠드는 것을 그만두지 않으면, 선생님께 말할 거야.

Hurry up or you will be late.

→ If you don't hurry up, you will be late.

→ Unless you hurry up, you will be late. 서두르지 않으면 지각할 거야.

EXERCISES

정답 및 해설 P. 32

A 빈칸에 and, but, or 중 가장 알맞은 것을 써넣으시오.

1 John _____ I aren't brothers.

2 I got As in English _____ History.

3 Which color do you want, red _____ blue?

4 I would like to come, _____ I don't have time.

5 We rushed to the hospital, _____ we were too late.

6 This computer looks nice, _____ it is very expensive.

7 My sister and I will clean the table _____ do the dishes.

8 You have a choice. You can leave now, _____ you can wait until later.

> would like to
> ~하고 싶다
> rush 급하게 가다, 돌진하다
> expensive 값 비싼
> do the dishes
> 설거지하다
> have a choice
> 선택권이 있다

B 〈보기〉에서 알맞은 것을 골라 문장을 완성하시오.

> 보기
> (a) Hong Kong   (d) your sister
> (b) playing the violin   (e) I went to bed early
> (c) his dog waited patiently outside   (f) her brother didn't

1 I wasn't tired, but _____.

2 She enjoyed the trip, but _____.

3 You or _____ has to help me this afternoon.

4 Seoul and _____ are my favorite cities in Asia.

5 I like learning foreign languages and _____.

6 He went into the store, and _____.

> patiently 참을성 있게
> foreign language
> 외국어

C ( ) 안에서 가장 알맞은 것을 고르시오.

1 Stop (and / or) you'll hurt me.

2 Slow down (and / or) you will slip and fall.

3 Come here (and / or) I will give you a treat.

4 Wake up (and / or) you'll be late for school again.

5 Help me with this assignment (and / or) I'll buy you lunch.

6 Lend me a dollar (and / or) I'll give it back to you tomorrow.

> hurt 다치게 하다
> slow down
> 속도를 줄이다
> slip 미끄러지다
> fall 넘어지다
> give A a treat
> A에게 대접하다
> wake up 일어나다
> assignment 숙제, 과제

상관 접속사

상관접속사	both A and B	A와 B 둘 다
	not only A but also B = B as well as A	A뿐만 아니라 B도
	either A or B	A나 B 둘 중 하나
	neither A nor B	A와 B 둘 다 아닌
	not A but B	A가 아니고 B

1 「both A and B」는 'A와 B 둘 다'라는 뜻이다. 동사는 복수형을 쓴다.

Both my sister and I swim well. 내 동생과 나는 둘 다 수영을 잘한다.

Kevin is good at both math and English. 케빈은 수학과 영어를 둘 다 잘한다.

2 「not only A but also B」는 'A뿐만 아니라 B도'라는 뜻으로 「B as well as A」로 바꿔 쓸 수 있다. 동사는 B에 맞춰서 쓴다.

Jasmine is not only beautiful but also smart.

→ Jasmine is smart as well as beautiful. 재스민은 아름다울 뿐만 아니라 똑똑하기도 하다.

Not only he but also his sisters play the piano well.

→ His sisters as well as he play the piano well. 그뿐만 아니라 그의 여동생들도 피아노 연주를 잘한다.

3 「either A or B」는 'A나 B 둘 중에 하나'라는 뜻이고, 「neither A nor B」는 'A와 B 둘 다 아니다'라는 뜻이다. 동사는 B에 맞춰서 쓴다.

We can go there either by bus or by train. 우리는 거기에 버스나 기차를 타고 갈 수 있다.

Either you or your brother is wrong. 당신이나 당신 동생 중 한 명은 틀렸다.

Neither my sister nor I am able to windsurf. 나와 우리 언니 둘 다 윈드서핑을 못한다.

He is neither rich nor poor. 그는 부유하지도 가난하지도 않다.

|참고| 회화체에서는 neither가 이끄는 문장의 동사로 복수 동사가 오기도 한다. 하지만 시험에서는 B에 맞춰 줘야 한다.
　　　 Neither my sister nor my brother is/are lazy. 우리 언니와 오빠 둘 다 게으르지 않다.

4 「not A but B」는 'A가 아니라 B'라는 뜻이다. 동사는 B에 맞춰서 쓴다.

Harrison is not a singer but an actor. 해리슨은 가수가 아니라 배우이다.

Jia is not a teacher but a student. 지아는 교사가 아니라 학생이다.

EXERCISES

A ( ) 안에서 가장 알맞은 것을 고르시오.

1 David is not Korean (and / but) American.

2 Both my sister (and / or) brother live in Seoul.

3 Neither his son (nor / or) his daughter was at home.

4 These trees grow in both Chile (and / but) Mexico.

5 Tonight's movie is either *Wall-E* (nor / or) *Ice Age 2*.

6 You can pay (either / neither) in cash or by credit card.

7 Neither Andrew's father (nor / or) his mother speaks German.

8 He is (both / not) a high school student but a middle school student.

> Korean 한국인
> American 미국인
> grow 자라다
> Chile
> 칠레(남미의 나라 중 하나)
> pay in cash
> 현찰로 지불하다
> pay by credit card
> 신용카드로 지불하다
> German
> 독일어(의), 독일 사람(의)

B 두 문장을 주어진 상관 접속사를 이용하여 한 문장으로 바꿔 쓰시오.

1 I want to have a red dress. I want to have a white dress. (both ~ and)

→ _____

2 My father is a teacher. My mother is a teacher. (not only ~ but also)

→ _____

3 You can have coffee for dessert. Or you can have tea for dessert. (either ~ or)

→ _____

4 Jane doesn't like Chinese food. Tim doesn't like it, either. (neither ~ nor)

→ _____

> dessert 디저트, 후식
> Chinese 중국의

C 〈보기〉와 같이 상관 접속사를 이용하여 문장을 완성하시오.

> 보기 John is healthy and also happy.
> → John is _____ not only healthy but also happy _____ .
> → John is _____ happy as well as healthy _____ .

1 Jason speaks English and also Spanish.

→ Jason speaks _____ .

→ Jason speaks _____ .

2 I study chemistry and also math.

→ I study _____ .

→ I study _____ .

> healthy 건강한
> chemistry 화학

Unit
66

종속 접속사

KEY POINT

종속 접속사	
시간	when (~할 때), after (~ 후에), before (~ 전에)
조건	if (만약 ~라면)
원인·이유	because (왜냐하면, ~때문에)

FOCUS

1 시간의 부사절을 이끄는 접속사에는 when(~할 때), after(~ 후에), before(~ 전에) 등이 있다.

When he graduated from school, he moved to Japan.
그가 학교를 졸업했을 때, 그는 일본으로 이사를 갔다.

My boyfriend bought some popcorn **before** the movie started.
내 남자 친구는 영화가 시작하기 전에 팝콘을 샀다.

After their flight left, we went home.
그들의 비행기가 떠나고 나서 우리는 집으로 갔다.

2 조건의 부사절을 이끄는 접속사에는 if(만약 ~라면) 등이 있다.

Be confident **if** you want to speak English well. 영어를 잘하고 싶다면 자신감을 가져라.

If you don't arrive on time, they won't let you in. 네가 제 시간에 도착하지 않으면, 그들이 너를 들어가게 해 주지 않을 것이다.

You'll look more handsome **if** you wear this shirt. 이 셔츠를 입으면 더 잘생겨 보일 거예요.

|주의| 시간·조건의 부사절에서는 현재가 미래를 대신한다.
If you <u>come</u> to the movie with me, I'**ll buy** your ticket. 네가 나와 함께 영화를 보러 가면 내가 표를 살게.

|참고| if ~ not은 '~하지 않으면'이라는 의미의 접속사 unless로 바꿔 쓸 수 있다.
If you **don't** study hard, you will fail the test.
= **Unless** you study hard, you will fail the test. 네가 공부를 열심히 하지 않으면 시험에서 떨어질 거야.

3 원인이나 이유의 부사절을 이끄는 접속사에는 because(왜냐하면, ~때문에) 등이 있다.

Sue can't come tomorrow **because** she's not well.
수는 건강이 좋지 않아서 내일 올 수 없다.

The game was canceled **because** it rained a lot.
비가 많이 왔기 때문에 경기가 취소되었다.

Because you helped me yesterday, I want to buy you dinner.
네가 어제 나를 도와주었으니까 너에게 저녁을 사고 싶어.

|주의| 부사절이 주절보다 앞에 오면 부사절 뒤에 '콤마(, : comma)'를 사용한다.

EXERCISES

정답 및 해설 P. 32

A 문장을 읽고, 두 문장의 의미가 통하도록 ( ) 안에서 가장 알맞은 것을 고르시오.

1 It stops snowing, and then we will shovel the snow.
→ We'll shovel the snow (after / before) it stops snowing.

2 Take off your shoes and then you come inside.
→ (After / Before) you come inside, please take off your shoes.

3 Sarah irons her blouse, and then she's going out dancing.
→ (After / Before) Sarah irons her blouse, she's going out dancing.

4 Jaejung took a language class, and then he went abroad.
→ (After / Before) Jaejung went abroad, he took a language class.

> shovel
> ～을 삽으로 푸다; 삽
> take off ～을 벗다
> iron 다림질하다; 다리미
> blouse 블라우스
> abroad 외국으로

B 첫 문장을 when으로 시작하는 시간 부사절로 바꿔 한 문장으로 만드시오.

1 I went out. I locked the door.
→ _____

2 She gets home. She will call you.
→ _____

3 We were in London. We watched several plays.
→ _____

4 He got his pocket money. He treated me to dinner.
→ _____

> go out 나가다, 외출하다
> lock 잠그다
> several 몇 개의
> pocket money 용돈
> treat ～을 대접하다

C 〈보기〉와 같이 주어진 접속사를 이용하여 한 문장으로 만드시오.

> 보기 You feel tired. I will drive for you. (if)
> → _____ If you feel tired, I will drive for you.

1 Mark is my best friend. I will help him. (because)
→ _____

2 There isn't anything to eat. He'll have to skip a meal. (because)
→ _____

3 You don't wear boots. You might slip on the rocks. (if)
→ _____

4 We work together. We can finish the work quickly. (if)
→ _____

> skip a meal
> 끼니를 거르다
> slip 미끄러지다
> quickly 재빨리

REVIEW

정답 및 해설 P. 33

right-handed
오른손잡이의
left-handed 왼손잡이의
pet ~을 쓰다듬다; 애완동물
exhausted 지친
anyway 어쨌든

A 빈칸에 and, but, or 중 알맞은 것을 써넣으시오.

1 Are you right-handed _____ left-handed?

2 Sarah loves dogs, _____ she can't pet them.

3 I'd like to join you, _____ I don't have enough time.

4 My brother was exhausted, _____ he helped me anyway.

5 I can only meet you today, either at noon _____ after 5 p.m.

6 Which do you have, Tom's email address _____ his phone number?

7 I had a bagel, some fruit, _____ cereal with milk for breakfast.

8 I went to the theater with my friend _____ watched the movie.

near 가까이
put ~을 넣다

B 주어진 단어를 이용하여 현재 시제로 문장을 완성하시오.

1 My grandparents as well as my aunt _____ near me. (live)

2 Neither her friends nor Mary _____ to watch the movie. (want)

3 Both my dad and my mom _____ sugar in their coffee. (put)

4 Not only my brothers but also I _____ a lot of homework to do. (have)

5 Either you or your brother _____ stay home until your mother comes. (have to)

expert 전문가
battery 배터리
dead 다 닳은
like ~와 비슷한, ~처럼

C ( ) 안에서 가장 알맞은 것을 고르시오.

1 A: Can you help me with this math problem?
B: Well, I'm not an expert, (but / or) I'll try.

2 A: Would you like some tea (but / or) coffee?
B: Tea would be nice.

3 A: How many different languages can you speak?
B: I can speak French (and / but) Spanish.

4 A: Call your parents (or / and) they will be worried about you.
B: Can I use your phone? My phone battery is dead.

5 A: Everyone can find Italy on a map.
B: That's true. It's easy to find it (because / if) it looks like a boot.

6 A: We're going out to play soccer (after / before) we finish taking the test.
B: That sounds great! Can I join you?

D 밑줄 친 부분을 바르게 고쳐 문장을 다시 쓰시오.

take a rest
휴식을 취하다
come true 실현되다

1 If it <u>will rain</u>, I will stay home.

→ _____

2 Take a rest <u>and</u> you will be tired.

→ _____

3 Neither my mom nor my dad <u>cook</u> well.

→ _____

4 Both Jenny and her brother <u>enjoys</u> playing tennis.

→ _____

5 Don't give up <u>or</u> you will make your dreams come true.

→ _____

E 두 문장을 주어진 접속사를 이용하여 한 문장으로 만드시오.

regularly 규칙적으로
healthy 건강한
review 비평, 논평
firework 불꽃놀이

1 You exercise regularly. You will get healthy.

→ If _____.

2 I went to see the movie. It had good reviews.

→ _____ because _____.

3 The fireworks finished. Then, everybody went home.

→ After _____.

4 We arrived at the mall. Then, the stores were open.

→ _____ before _____.

F 우리말과 같은 뜻이 되도록 주어진 단어를 이용하여 문장을 완성하시오.

participate 참가하다
meeting 회의

1 내 고양이는 날씬하지도 뚱뚱하지도 않다. (slim, fat)

→ My cat is _____ _____ _____ _____.

2 너는 네 또는 아니요 둘 중 하나로 답해야 한다. (yes, no)

→ You must answer _____ _____ _____ _____.

3 그녀는 커피에 우유와 설탕을 모두 넣기를 원했다. (milk, sugar)

→ She wants _____ _____ _____ _____ in
her coffee.

4 학생들뿐만 아니라 그들의 부모님들도 그 회의에 참석해야 한다. (students, parents)

→ _____ _____ _____ _____ _____
_____ _____ must participate in the meeting.

REVIEW PLUS

정답 및 해설 P. 34

puppy 강아지
salmon 연어

1 다음 빈칸에 들어갈 말이 바르게 짝지어진 것을 고르시오.

- My puppy is neither cute _____ smart.
- His sister as well as his brother _____ in Canada.
- I had _____ a salmon steak and a salad for dinner.

① or – live – either   ② nor – lives – both   ③ or – lives – both
④ nor – live – either   ⑤ nor – lives – neither

noodle 국수
dumpling 만두
win ~을 획득하다
lottery 복권

2 다음 중 어법상 어색한 문장을 고르시오.

① I study English because I want a good job.
② I like not only noodles but also dumplings.
③ He helped the poor after he won the lottery.
④ When it will start to rain, they will come inside.
⑤ Before I took an English class, I couldn't even say "Hi."

Hungary
헝가리(동유럽의 공화국)
Austria
오스트리아(유럽 중부의 공화국)
make it
제 시간에 도착하다, 성공하다
That's a shame.
유감이다.

3 다음 중 대화가 자연스럽지 <u>않은</u> 것을 고르시오.

① A: What color is Canada's flag?
   B: It's red and white.
② A: Did you call her, and did she call you?
   B: She called me.
③ A: Please close all the windows before it starts to rain.
   B: Sure. I'll do that now.
④ A: Where are you planning to go on vacation this summer?
   B: I'm going to visit Hungary and Austria.
⑤ A: I invited Jisung and Aram to dinner, but they couldn't make it.
   B: That's a shame. Maybe next time.

challenging 도전적인
rewarding 보답이 있는
communicate with
~와 의사소통하다
billion 10억
useful 유용한
give up ~을 포기하다
advantage 이익, 이득

4 다음을 읽고, (　) 안에서 가장 알맞은 것을 고르시오.

Learning another language is not only challenging but also rewarding. For example, if you (1) (learn / will learn) to speak Chinese, you will be able to communicate with over one billion other people. And if you learn French, traveling around many parts of Europe and Africa will be easy. Learning English is also useful (2) (because / if) almost 80% of web pages on the Internet are written in English. So (3) (after / before) you decide to give up learning a language, think about all of the advantages.

132

PART 18

Unit
67

주격 관계대명사

선행사	주격 관계대명사	관계대명사 뒤에 오는 문장 성분
사람	who	동사
사물이나 동물	which	동사
사람, 사물, 동물	that	동사

FOCUS

1 관계대명사는 문장에서 「접속사+대명사」 역할을 하고, 관계대명사절(relative clauses)은 형용사처럼 앞에 나오는 명사를 수식해 준다. 이때 관계대명사절 앞에 위치하면서 이 절의 수식을 받는 명사를 '선행사'라고 한다.

I saw **a boy.** 나는 한 소년을 보았다.

+ **He** was wearing a cute hat. 그는 귀여운 모자를 쓰고 있었다.

→ I saw **a boy** **who** was wearing a cute hat. 나는 귀여운 모자를 쓰고 있는 한 소년을 보았다.

|주의| 관계대명사는 접속사와 주격 대명사의 역할을 동시에 하는 것이기 때문에 관계대명사와 접속사는 함께 쓸 수 없다.

I saw a boy **and he** was wearing a cute hat.

→ I saw a boy **who** was wearing a cute hat.

I saw a boy ~~and who~~ was wearing a cute hat. (×)

|참고| 의문사와 관계대명사를 헷갈리지 않도록 한다.

Do you know **who** the man is? [know의 목적어절을 이끄는 의문사]

← Do you know? + Who is the man?

너는 저 남자가 누군지 아니?

Do you know **the man** **who** is sitting on the bench? [the man을 수식하는 관계대명사절을 이끄는 주격 관계대명사]

← Do you know the man. + He is sitting on the bench.

너는 벤치에 앉아있는 남자를 아니?

2 주격 관계대명사 who는 관계대명사절에서 주어 역할을 하며, 사람을 선행사로 받는다.

I have **a friend.** 나는 한 친구가 있다.

+ **He** keeps a very big dog. 그는 매우 큰 개를 기른다.

→ I have a friend **who** keeps a very big dog. 나는 매우 큰 개를 기르는 친구가 있다.

The boy chewed gum all day. 그 소년은 하루 종일 껌을 씹었다.

+ **He** sat next to me. 그는 내 옆에 앉았다.

→ The boy **who** sat next to me chewed gum all day. 내 옆에 앉아 있는 그 소년은 하루 종일 껌을 씹었다.

3 주격 관계대명사 which는 관계대명사절에서 주어 역할을 하며, 사물이나 동물을 선행사로 받는다.

Sam has a cell phone. 샘은 휴대 전화를 가지고 있다.

+ It has a built-in digital camera. 그것에는 디지털 카메라가 달려 있다.

→ Sam has a cell phone which has a built-in digital camera. 샘은 디지털 카메라가 달린 휴대 전화를 가지고 있다.

Brian has a dog. 브라이언은 개를 기른다.

+ It has curly hair. 그것은 털이 곱슬곱슬하다.

→ Brian has a dog which has curly hair. 브라이언은 털이 곱슬곱슬한 개를 기른다.

4 주격 관계대명사 that은 관계대명사절에서 주어 역할을 하며, 사람, 사물, 동물 등을 모두 선행사로 받는다.

I know a woman. 나는 한 여자를 안다.

+ She has red hair. 그녀는 머리카락이 붉은 색이다.

→ I know a woman that [who] has red hair. 나는 머리카락이 붉은 색인 여자를 안다.

He bought a smartphone. 그는 스마트폰을 샀다.

+ It was brand new. 그것은 신제품이었다.

→ He bought a smartphone that [which] was brand new. 그는 최신 스마트폰을 샀다.

We met a man and a dog. 우리는 한 남자와 개를 만났다.

+ They were walking in the park. 그들은 공원에서 걷고 있었다.

→ We met a man and a dog that were walking in the park. 우리는 공원에서 걷고 있는 한 남자와 개를 만났다.

|주의| 1. 관계대명사절의 동사는 선행사의 수에 일치시킨다.

I have some problems. 나는 약간의 문제가 있다.

+ They are difficult to solve. 그것들은 해결하기 어렵다.

→ I have some problems that are difficult to solve. 나에게는 해결하기 어려운 문제들이 약간 있다.

2. 관계대명사절이 삽입되어 주어와 동사가 멀어진 경우, 주어 동사의 수 일치에 주의해야 한다.

The person [who gave me those pens] is my classmate. 그 펜들을 나에게 준 사람은 우리 반 친구이다.

EXERCISES

marry 결혼하다
look like ~처럼 보이다
palm 야자나무
tropical 열대의
climate 기후
India 인도
generous 관대한

A ( ) 안에서 알맞은 것을 <u>모두</u> 고르시오.

1 I want to marry a man (that / which / who) looks like my father.

2 A palm is a tree (that / which / who) grows in tropical climates.

3 There are many people (that / which / who) want to learn English.

4 Have you seen these pictures (that / which / who) were taken in India?

5 Most students like teachers (that / which / who) are kind and generous.

outgoing
사교적인, 외향적인
sneakers 운동화
own 소유하다

B ( ) 안에서 가장 알맞은 것을 고르시오.

1 I like talking to people who (are / is) funny and outgoing.

2 The sneakers which are really dirty (are / is) my brother's.

3 Let's stay at a hotel which (are / is) not far from the beach.

4 The woman who (are / is) standing near the window is the doctor.

5 The person who (own / owns) that cafe is my brother's best friend.

beard 턱수염
economist 경제학자
predict
~을 예언하다, 예상하다
recession 불경기

C 〈보기〉와 같이 두 문장을 관계대명사 who를 이용하여 한 문장으로 만드시오.

> **보기** I don't know <u>the man</u>. + <u>He</u> is talking to Alice.
>
> → _____I don't know the man who is talking to Alice._____

1 My husband is <u>the man</u>. + <u>He</u> has a beard.

→ _____

2 My sister is <u>the person</u>. + <u>She</u> always helps me.

→ _____

3 Go and talk to <u>the girl</u>. + <u>She</u> is sitting on the sofa.

→ _____

4 <u>The economist</u> won the Nobel Prize. + <u>He</u> predicted the recession.

→ _____

5 <u>The people</u> have a lot of skills and experience. + <u>They</u> own the restaurant.

→ _____

D 〈보기〉와 같이 두 문장을 관계대명사 which를 이용하여 한 문장으로 만드시오.

> 보기   I read a book. + It was written by Shakespeare.
>   →   I read a book which was written by Shakespeare.

1 The door leads to the restroom. + It is open.

→ _____

2 Can you see the store? + It sells sports clothing.

→ _____

3 Did you take the chair? + It was in my room.

→ _____

4 The stream is now clean. + It flows through Seoul.

→ _____

5 Would you give me the book? + It is on your desk.

→ _____

6 The picture was painted by my sister. + It is hanging on the wall.

→ _____

E 〈보기〉와 같이 두 문장을 관계대명사 that을 이용하여 한 문장으로 만드시오.

> 보기   The girl is my sister. + She is standing by the window.
>   →   The girl that is standing by the window is my sister.

1 The lady is very friendly. She has a black cat.

→ _____

2 I watched a movie. + It was about time travel.

→ _____

3 The guide was very kind. + He gave me directions.

→ _____

4 A jackal is a dangerous predator. + It lives in Africa.

→ _____

5 The man was my English teacher. + He just drove past.

→ _____

6 Do you know the people? + They live in the next apartment.

→ _____

목적격 관계대명사

선행사	주격 관계대명사(+ 동사)	목적격 관계대명사(+ 주어 + 동사)
사람	who	who(m)
사물이나 동물	which	which
사람, 사물, 동물	that	that

1 목적격 관계대명사 whom은 관계대명사절에서 목적어 역할을 하며 사람을 선행사로 받는다.

This is the boy. 이 아이가 그 소년이다.

+ I met **him** at the bus stop yesterday. 나는 어제 버스 정류장에서 그를 만났다.

→ This is <u>the boy</u> **whom** I met at the bus stop yesterday. 이 아이가 내가 어제 버스 정류장에서 만난 그 소년이다.

The singer is Alice. 그 가수는 앨리스이다.

+ I like **her** best. 나는 그녀를 가장 좋아한다.

→ <u>The singer</u> **whom** I like best is Alice. 내가 가장 좋아하는 가수는 앨리스이다.

|참고| 목적격 관계대명사로 whom 대신 who를 쓸 수 있고, 회화체에서는 whom보다 who를 더 많이 쓴다.
He is the man **who** I met this morning. 그가 내가 오늘 아침에 만난 남자이다.

|주의| 관계대명사절이 삽입되어 주어와 동사 사이가 멀어진 경우, 주어와 동사의 수 일치에 주의해야 한다.
The people [**whom** I met this morning] **were** my classmates. 오늘 아침에 내가 만난 사람들은 우리 반 친구들이었다.

2 목적격 관계대명사 which는 관계대명사절에서 목적어 역할을 하며 사물이나 동물을 선행사로 받는다.

My mother gave me the watch. 우리 어머니가 나에게 그 시계를 주셨다.

+ I wanted **it**. 나는 그것을 원했다.

→ My mother gave me <u>the watch</u> **which** I wanted. 우리 어머니가 내가 원했던 그 시계를 나에게 주셨다.

The story was exciting. 그 이야기는 흥미진진했다.

My grandpa told me the story. 우리 할아버지가 나에게 그 이야기를 해 주셨다.

→ <u>The story</u> **which** my grandpa told me was exciting. 우리 할아버지가 나에게 해 주신 그 이야기는 흥미진진했다.

3 목적격 관계대명사 **that**은 관계대명사절에서 목적어 역할을 하며, 사람, 사물, 동물 등을 선행사로 받는다.

Ken is going to visit a woman. 켄은 한 여자를 방문할 것이다.

+ He met her on holiday. 그는 휴가 중에 그녀를 만났다.

→ Ken is going to visit <u>a woman</u> that [who(m)] he met on holiday. 켄은 휴가 중에 만났던 여자를 방문할 것이다.

Please pass me the salt. 저에게 소금을 건네주세요.

+ You used it a minute ago. 당신은 조금 전에 그것을 사용했다.

Please pass me <u>the salt</u> that [which] you used a minute ago. 당신이 조금 전에 사용한 소금을 나에게 건네주세요.

4 목적격 관계대명사는 생략 가능하다.

<u>The man</u> whom [that] <u>they</u> interviewed last night is going to get the job.

→ <u>The man</u> <u>they</u> interviewed last night is going to get the job. 그들이 어젯밤에 면접을 본 남자는 일자리를 얻게 될 것이다.

<u>The old castle</u> which [that] <u>we</u> visited yesterday was really great.

→ <u>The old castle</u> <u>we</u> visited yesterday was really great. 우리가 어제 방문했던 오래된 그 성은 정말 훌륭했다.

|참고| 1. 목적격 관계대명사는 전치사의 목적어 역할을 한다. 전치사가 관계대명사 바로 앞에 온 경우 that과 who를 쓸 수 없다.
   I don't know the person. 나는 그 사람을 모른다.
   + You were talking to him. 너는 그에게 이야기를 하고 있었다.
   → I don't know the person that [who(m)] you were talking to.
   → I don't know the person to whom you were talking. 나는 너와 말을 하고 있던 그 사람을 모른다. (to that (×), to who (×))

   I finished the course. 나는 그 강좌를 끝마쳤다.
   + I signed up for it last month. 나는 지난달에 그것을 신청했다.
   → I finished the course that [which] I signed up for last month.
   → I finished the course for which I signed up last month. 나는 지난달에 신청한 수업을 끝마쳤다.

2. 선행사가 「사람+동물」인 경우와 선행사에 최상급, 서수, all, any, anything, everything, a few, the only one, the same 등이 들어가는 경우 주로 관계대명사 that을 사용한다. 하지만, 이 경우 중 선행사가 사람인 경우 주로 who를 사용한다.
   I'll do anything that I can do. 내가 할 수 있는 것은 어떤 것이든 할게.
   James was the only one who suggested the idea. 제임스는 그 의견을 제안한 유일한 사람이다.

|주의| 일반 회화체에서 목적격 관계대명사는 주로 생략하지만, 전치사 뒤에 온 관계대명사는 생략할 수 없다.
   This is the girl (who(m) [that]) everyone likes. 이 사람은 모든 사람들이 좋아하는 소녀이다.
   I don't know the person to whom you were talking. [whom 생략 불가] (the person to you (×))

5 **that**은 선행사에 관계없이 주격과 목적격 모두에 사용된다.

Did you read <u>the book</u> that I lent to you last week? 너 내가 지난주에 빌려 준 책을 읽었니?

I watched <u>the movie</u> that was about love and war. 나는 사랑과 전쟁에 관한 영화를 봤다.

I like <u>a new student</u> that comes from China. 나는 중국에서 새로 전학 온 학생을 좋아한다.

I don't know <u>the person</u> that you are talking about. 나는 네가 이야기하고 있는 사람을 모른다.

EXERCISES

sweet 상냥한, 달콤한
catch ~을 잡다
TV commercial
텔레비전 광고
notebook 공책
borrow ~을 빌리다

A 밑줄 친 관계대명사가 주격인지 목적격인지 밝히시오.

1 The woman <u>who</u> lives next door to me is sweet. _____

2 Where can I catch the bus <u>that</u> goes to Insadong? _____

3 This is the TV commercial <u>that</u> I told you about. _____

4 The notebook <u>that</u> I borrowed from you helped me a lot. _____

5 Do you know the name of the girl <u>who</u> danced with me? _____

6 I sent an email to the person <u>who</u> I met on the trip to Europe. _____

calendar 달력
stamp 우표
bark 짖다
all night long 밤새도록
neighbor 이웃 사람
necktie 넥타이
hum 콧노래를 부르다
Thai 태국의, 타이 사람(의),
타이 말(의)

B ( ) 안에서 어법상 알맞은 것을 <u>모두</u> 고르시오.

1 A calendar is something (that / who / whom) tells you the date.

2 A stamp is something (that / who / whom) you put on a letter.

3 The dog (that / which / whom) barked all night long was my neighbor's.

4 The man (that / which / who / whom) you saw in my house was my cousin.

5 The red necktie (that / which / who / whom) I wore yesterday was my brother's.

6 The girl (that / which / who / whom) you are talking about is my classmate.

7 I can't stop humming the song (that / which / who / whom) they played last night.

8 The Thai restaurant (that / which / who / whom) we visited last month is closed now.

Venus flytrap
(식물) 파리지옥풀
insect 곤충, 벌레
quite 꽤

C ( ) 안에서 가장 알맞은 것을 고르시오.

1 I know the kids who (is / are) sitting over there.

2 A Venus flytrap is a plant that (eats / eat) insects.

3 I know the people who (lives / live) in that old house.

4 The shoes which he is wearing (is / are) quite expensive.

5 The people who we met yesterday (was / were) very nice.

6 The students who are talking to the teacher (is / are) from England.

밑줄 친 관계대명사를 생략할 수 있으면 ○, 생략할 수 없으면 ×표 하시오.

1 I know the boy <u>who</u> hit you. _____

2 The boy <u>that</u> sits next to me smells nice. _____

3 The books <u>which</u> I bought were expensive. _____

4 The soup <u>that</u> I ate for lunch was a little salty. _____

5 I know a young boy <u>who</u> can read and write English very well. _____

6 A calculator is something <u>that</u> you can use for doing calculation. _____

E 빈칸에 들어갈 수 있는 관계대명사를 모두 써넣으시오.

1 The parcel _____ you mailed to me arrived safely.

2 The person _____ answered the phone spoke English.

3 The students _____ came to class late missed the fun.

4 Jessica asked me a question _____ I couldn't answer.

5 Jane Austen was a great writer _____ I like the most.

6 That's the girl _____ I met yesterday on the subway.

F 두 문장을 관계대명사를 이용하여 한 문장으로 만드시오.

1 My mother is <u>the person</u>. + I admire <u>her</u> most.

→ _____

2 We all like <u>the musical</u>. + We saw <u>it</u> last week.

→ _____

3 <u>The fruit</u> is going bad. + We bought <u>it</u> yesterday.

→ _____

4 <u>The man</u> was my friend. + I met <u>him</u> last night.

→ _____

5 I don't know <u>the people</u>. + You invited <u>them</u> to the party.

→ _____

6 I found <u>the pocket knife</u>. + I lost <u>it</u> in the park last week.

→ _____

7 <u>The boy</u> is very nice. + My brother introduced <u>him</u> to me last month.

→ _____

Unit

69

소유격 관계대명사

 **KEY** POINT

선행사	주격 관계대명사	목적격 관계대명사	소유격 관계대명사
사람	who(+동사)	who(m)(+주어+동사)	whose(+명사)
사물이나 동물	which(+동사)	which(+주어+동사)	whose(+명사)
사람, 사물, 동물	that(+동사)	that(+주어+동사)	–

OCUS ....

1 소유격 관계대명사 whose는 관계대명사절에서 대명사의 소유격 역할을 하며, 사람을 선행사로 받는다.

The movie is about a father. 그 영화는 아버지에 관한 것이다.

+ His son went missing. 그의 아들이 실종되었다.

→ The movie is about a father whose son went missing. 그 영화는 아들이 실종된 아버지에 관한 것이다.

I know the woman whose purse was stolen last night. 나는 어젯밤에 지갑을 도난당한 여자를 안다.

← I know the woman. + Her purse was stolen last night.

I have a friend whose sister is a movie star. 나는 누나가 영화배우인 친구가 한 명 있다.

← I have a friend. + His sister is a movie star.

2 소유격 관계대명사 whose는 관계대명사절에서 대명사의 소유격 역할을 하며, 사물이나 동물을 선행사로 받는다.

She bought a dress. 그녀는 드레스를 샀다.

+ Its price was very high. 그것의 가격은 매우 비쌌다.

→ She bought a dress whose price was very high. 그녀는 가격이 매우 비싼 드레스를 샀다.

Look at the cat whose tail is very short. 꼬리가 매우 짧은 고양이를 봐라.

← Look at the cat. + Its tail is very short.

This is the car whose windows are broken. 이것이 창문이 깨진 그 자동차이다.

← This is the car. + Its windows are broken.

|참고| 소유격 관계대명사는 사물이나 동물의 경우, whose 대신 of which를 사용하기도 한다.

　　　　Look at the cat of which the tail is very short.

　　　　This is the car of which the windows are broken.

EXERCISES

 A ( ) 안에서 어법상 알맞은 것을 모두 고르시오.

1 (a) That is the girl (that / who / whom / whose) name I can't remember.

(b) Ann is a friend (that / who / whom / whose) helps me with my English.

2 (a) My sister is a person (that / who / whom / whose) everybody likes.

(b) I have a friend (that / who / whom / whose) first language is English.

3 (a) My friend knows a man (that / who / whom / whose) dog is afraid of cats.

(b) He saw the insect (that / which / whom / whose) was crawling up his arm.

4 (a) The music (that / which / whose) we heard yesterday was fantastic.

(b) The boy (that / which / who / whose) bike I kicked over is angry with me.

> language 언어
> be afraid of
> ~을 무서워하다
> insect 곤충
> crawl up 기어 올라가다
> fantastic 환상적인
> kick 발로 차다
> be angry with A
> A에게 화가 나다

B 우리말과 같은 뜻이 되도록 주어진 단어를 이용하여 문장을 완성하시오.

1 그녀는 목소리가 아름다운 가수를 좋아한다. (voice, beautiful)

→ She likes a singer _____ _____ _____ _____.

2 그 소년은 높이가 10미터인 나무에 올라갔다. (the tree, height)

→ The boy climbed up _____ _____ _____ _____
was 10 meters.

3 나는 이름이 테일러인 영국인 친구가 있다. (name, Taylor)

→ I have a British friend _____ _____ _____ _____.

4 너는 엄마가 우리 학교 선생님인 소녀를 아니? (mother, a teacher)

→ Do you know the girl _____ _____ _____ _____
_____ at our school?

> climb up ~에 오르다
> height 높이

C 두 문장을 관계대명사를 이용하여 한 문장으로 만드시오.

1 I bought a new camera. + Its design is simple.

→ _____

2 She likes to walk with her dog. + Its name is Charlie.

→ _____

3 The man is famous now. + His picture appeared in the newspaper.

→ _____

4 We went to the library to finish our team project. + Its due date is Saturday.

→ _____

>
> appear
> 나타나다, 출현하다, (신문 등
> 에) 나다
> due date 마감일

REVIEW

정답 및 해설 P. 36

break into ~에 침입하다
stay with ~와 머무르다
argue with
~와 논쟁하다
attract
~을 매혹하다, 끌어당기다

A (　) 안에서 어법상 알맞은 것을 <u>모두</u> 고르시오.

1 This is the man (that / which / who / whose) house was broken into.

2 This is the girl (that / which / who / whom) is staying with us from Korea.

3 I have a classmate (who / whom / whose) sister is a famous entertainer.

4 I lost the book (that / which / whom) I borrowed from my roommate.

5 I argued with a man (that / which / who) was sitting by me on the bus.

6 Sydney is a city (that / which / who / whom / whose) attracts many foreign tourists every year.

go missing
행방불명되다, 사라지다
the other day 지난번에
mail carrier 우편집배원
deliver ~을 배달하다
parcel 소포

B 빈칸에 들어갈 수 있는 관계대명사를 <u>모두</u> 써넣으시오.

1 This is the boy _____ bike has gone missing.

2 Where's the eraser _____ was on my desk?

3 Do you know the man _____ daughter is a famous golfer?

4 Did you find the ring _____ your husband gave to you?

5 This is the woman _____ I talked about the other day.

6 A mail carrier is someone _____ delivers letters and parcels.

7 Did you see the cat _____ was sitting on the corner over there?

8 Do you remember the old man _____ we met in the museum?

building supplies
건축(자재) 용품
downtown 도심지로

C 두 문장을 관계대명사를 이용하여 한 문장으로 바꿔 쓰시오.

1 This is <u>the man</u>. I visited <u>him</u> in England.

→ _____

2 Will you pass me <u>the book</u>? <u>Its</u> cover is black.

→ _____

3 Do you know <u>the woman</u>? <u>She</u> is talking to Megan.

→ _____

4 My father owns <u>a company</u>. <u>It</u> sells building supplies.

→ _____

5 <u>The bus</u> should be here any minute. <u>It</u> will take you downtown.

→ _____

D 우리말과 같은 뜻이 되도록 주어진 단어를 이용하여 문장을 완성하시오.

destroy ~을 파괴하다
typhoon 태풍
view 전망

1 이것은 그가 사고 싶어 했던 시계이다. (want)

→ This is the watch _____ _____ _____ to buy.

2 바나나는 길고 노란 과일이다. (fruit, be, long and yellow)

→ A banana is _____ _____ _____ _____

_____ _____.

3 나는 태풍에 집이 파괴된 남자를 안다. (a man, house)

→ I know _____ _____ _____ _____ was

destroyed by a typhoon.

4 제시카는 나와 10년 동안 일한 그 사람을 좋아한다. (the man, have worked)

→ Jessica likes _____ _____ _____ _____

_____ _____ with for 10 years.

5 우리는 전망이 좋은 아파트로 이사했다. (an apartment, have, a nice view)

→ We moved to _____ _____ _____ _____

_____ _____ _____.

6 우리의 우편물을 배달하는 그 여자는 스쿠터를 탄다. (the woman, deliver, mail, ride)

→ _____ _____ _____ _____ _____

_____ _____ a scooter.

7 그녀는 우리가 시드니에서 찍은 사진을 아직도 가지고 있다. (the picture, we, take)

→ She still has _____ _____ _____ _____

_____ in Sydney.

E 밑줄 친 부분을 바르게 고쳐 문장을 다시 쓰시오.

lie 놓여 있다
(lie – lay – lain, lying)
curly 곱슬곱슬한

1 I've found the keys <u>who went</u> missing.

→ _____

2 A doctor is a person <u>whom helps</u> sick people.

→ _____

3 The apples <u>who is</u> lying under the tree are bad.

→ _____

4 She has a sister <u>who have</u> short curly black hair.

→ _____

5 Korea has many cities <u>which is</u> modern and clean.

→ _____

REVIEW PLUS

정답 및 해설 P. 38

book ~을 예약하다
recommend 추천하다
clerk 점원
quite 꽤, 상당히
upset 화가 난

1 다음 중 어법상 올바른 문장을 고르시오.

① The kid who live next door is very funny.
② I will book the hotel who you recommended.
③ The woman who she spoke to the clerk was quite upset.
④ The man that I sat next to on the plane told me his life story.
⑤ She's the girl which helped me with my homework yesterday.

go missing
사라지다, 행방불명되다
blog 블로그
look for ~을 찾다
salary 급여

2 다음 밑줄 친 관계대명사 중 생략 가능한 것을 고르시오.

① The man <u>who</u> just called my name is my father.
② I know the woman <u>whose</u> dog has gone missing.
③ Hannah writes a blog <u>which</u> I enjoy reading often.
④ My sister is looking for a job <u>that</u> has a higher salary.
⑤ That's the boy <u>whose</u> mother works in the flower shop.

hope for ~을 원하다
pull 잡아당기다
be in trouble
곤경에 처하다

3 다음 중 대화가 자연스럽지 않은 것을 고르시오.

① A: Here is the book that I told you about.
　 B: Thanks. I'm sure I'll enjoy it.
② A: What did you get for your birthday?
　 B: I got the new video game that I was hoping for!
③ A: Do you know the boy who he lives next door?
　 B: No, I don't. Why do you ask?
④ A: The picture that I just showed you was taken last year.
　 B: Really? You look cute.
⑤ A: The girl whose hair you pulled earlier is talking to the teacher.
　 B: Oh no! I'm going to be in trouble now.

fortunately
다행히(도), 운 좋게(도)
volunteer 자원봉사하다
rescue 구조
shelter 보호소
care for ~을 돌보다
abandon
~을 버리다, 유기하다
abuse ~을 학대하다
treat ~을 다루다

4 다음 글을 읽고, ( ) 안에서 가장 적절한 것을 고르시오.

Michael is a kind boy (1) (who / whom) loves animals. Fortunately, he lives in a town (2) (which / who) needs his help. After school, he volunteers at the local animal rescue shelter. He cares for animals (3) (that / whose) have been abandoned or abused. His favorite is a small dog (4) (that / whose) owner treated her very badly. Michael is making his town a better place for animals.

MEMO

MEMO

새 교과서 반영 공감 시리즈

Grammar 공감 시리즈
▶ 2,000여 개 이상의 충분한 문제 풀이를 통한 문법 감각 향상
▶ 서술형 평가 코너 수록 및 서술형 대비 워크북 제공

Reading 공감 시리즈
▶ 어휘, 문장 쓰기 실력을 향상시킬 수 있는 서술형 대비 워크북 제공
▶ 창의, 나눔, 사회, 문화, 건강, 과학, 심리, 음식, 직업 등의 다양한 주제

Listening 공감 시리즈
▶ 최근 5년간 시 · 도 교육청 듣기능력평가 출제 경향 완벽 분석 반영
▶ 실전모의고사 20회 + 기출모의고사 2회로 구성된 총 22회 영어듣기 모의고사

• Listening, Reading – 무료 MP3 파일 다운로드 제공

THIS IS GRAMMAR

GRAMMAR

넥서스영어교육연구소 지음

Workbook

내신·토익·토플·텝스 등 각종 시험 완벽 대비, 이것이 현대 영문법의 결정판이다!

★ 원어민이 사용하는 생생한 문장들로 구성된 예문 ★ 단계별, 유형별로 구성된 연습문제와 리뷰문제

2

초급

NEXUS Edu

33 형용사의 형태와 쓰임

A 보기 에서 알맞은 형용사를 골라 문장을 완성하시오.

[1-4] 보기 wrong nice sad difficult

1 I burst into tears at the _____ news.

2 There is something _____ with my car.

3 He is trying to solve a _____ problem.

4 Diana is a _____ teacher. Every student likes her.

[5-8] 보기 interesting healthy pretty happy

5 You look _____ in that dress.

6 Good meals will keep you _____.

7 This picture always makes me _____.

8 The movie is _____. You should watch it.

B 짝지어진 두 문장이 같은 뜻이 되도록 빈칸에 알맞은 말을 쓰시오.

1 Young people enjoy adventures.

→ _____ _____ enjoy adventures.

2 Rich people are not always happy.

→ _____ _____ are not always happy.

3 Strong people should protect weak people.

→ _____ _____ should protect _____ _____.

C 주어진 단어를 이용하여 문장을 다시 쓰시오.

1 Amanda is a girl. (lovely)

→ _____

2 She has long hair. (brown)

→ _____

3 Look at this house. (beautiful)

→ _____

4 I'm looking for a table. (big, wooden)

→ _____

D 우리말과 같은 뜻이 되도록 주어진 단어를 이용하여 문장을 완성하시오.

1 야구는 흥미진진한 운동 경기이다. (exciting, sport)

→ Baseball is _____ _____ _____.

2 저는 당신과 함께 있으면 안심이 돼요. (feel, safe)

→ I _____ _____ with you.

3 나는 너에게 할 중요한 이야기가 있다. (have, something)

→ I _____ _____ _____ to tell you.

4 그들은 부상자들을 병원으로 데려 갔다. (bring, injured)

→ They _____ _____ _____ to the hospital.

5 그의 무례한 행동이 나를 화나게 만들었다. (make, angry)

→ His rude behavior _____ _____ _____.

6 그녀는 할인 매장에서 두 개의 모직 스웨터를 샀다. (buy, wool)

→ She _____ _____ _____ _____ at the discount store.

7 우리 할머니는 두 마리의 크고 뚱뚱한 고양이를 기른다. (raise, big, fat)

→ My grandmother _____ _____ _____ _____ _____.

E 우리말과 같은 뜻이 되도록 주어진 단어를 배열하시오.

1 좋은 약은 입에 쓰다. (good, a, medicine, bitter, tastes)

→ _____

2 나는 그 책이 쉽다는 것을 알았다. (easy, found, the book, I)

→ _____

3 잡지에 재미있는 것이라도 있니? (there, anything, is, interesting)

→ _____ in the magazine?

4 우리는 저 귀엽고 작은 강아지를 원한다. (puppy, that, cute, little)

→ We want _____.

5 Rick은 무서운 영화를 보지 않는다. (doesn't, watch, movies, scary)

→ Rick _____.

6 Elizabeth는 긴 빨간색 드레스를 입고 있다. (a, dress, is, red, wearing, long)

→ Elizabeth _____.

7 젊은 사람들은 나이든 사람들을 존중해야 한다. (the, should, old, young, the, respect)

→ _____

Unit 34 부사의 형태와 쓰임

C 우리말과 같은 뜻이 되도록 주어진 단어를 이용하여 문장을 완성하시오.

1 그들은 그 후 행복하게 살았다. (live, happy)

→ They ＿＿＿＿＿＿ ＿＿＿＿＿＿ ever after.

2 Ben은 새로운 언어를 빨리 익힌다. (quick, learn)

→ Ben ＿＿＿＿＿＿ ＿＿＿＿＿＿ a new language.

3 Rachel은 매우 총명한 아이다. (high, intelligent, child)

→ Rachel is ＿＿＿＿＿＿ ＿＿＿＿＿＿ ＿＿＿＿＿＿ ＿＿＿＿＿＿.

4 그 팀은 남은 게임을 위해 열심히 연습하고 있다. (practice, hard)

→ The team is ＿＿＿＿＿＿ ＿＿＿＿＿＿ for the remaining games.

5 그녀는 친절하게 나에게 역까지 가는 방법을 알려주었다. (kind, show)

→ She ＿＿＿＿＿＿ ＿＿＿＿＿＿ me the way to the station.

6 소년은 조용히 그리고 천천히 걸어서 개 옆을 지나갔다. (walk, quiet, slow)

→ The boy ＿＿＿＿＿＿ ＿＿＿＿＿＿ ＿＿＿＿＿＿ ＿＿＿＿＿＿ past the dog.

7 Tim은 거의 한 시간 동안 그녀를 기다렸지만, 그녀는 나타나지 않았다. (near, an hour)

→ Tim waited for her for ＿＿＿＿＿＿ ＿＿＿＿＿＿ ＿＿＿＿＿＿, but she didn't show up.

D 우리말과 같은 뜻이 되도록 주어진 단어를 배열하시오.

1 너 오늘 몸이 안 좋아 보여. (look, don't, you, well)

→ ＿＿＿＿＿＿＿＿＿＿＿＿＿＿＿＿＿＿＿＿ today.

2 나는 요리를 꽤 잘한다. (good at, I, cooking, am, pretty)

→ ＿＿＿＿＿＿＿＿＿＿＿＿＿＿＿＿＿＿＿＿

3 연은 공중에 높이 올랐다. (in the air, rose, the kite, high)

→ ＿＿＿＿＿＿＿＿＿＿＿＿＿＿＿＿＿＿＿＿

4 솔직히, 나는 너를 믿지 않는다. (you, I, believe, honestly, don't)

→ ＿＿＿＿＿＿＿＿＿＿＿＿＿＿＿＿＿＿＿＿

5 감기는 매우 심각한 병이 아니다. (is, very, not, serious, a, a cold, illness)

→ ＿＿＿＿＿＿＿＿＿＿＿＿＿＿＿＿＿＿＿＿

6 나는 오늘 아침 매우 일찍 일어났다. (woke up, this morning, early, I, really)

→ ＿＿＿＿＿＿＿＿＿＿＿＿＿＿＿＿＿＿＿＿

7 학생들은 선생님의 말씀을 주의 깊게 들었다. (listened, the students, carefully, to their teacher)

→ ＿＿＿＿＿＿＿＿＿＿＿＿＿＿＿＿＿＿＿＿

수량 표현 - 기수, 서수, 분수 등

Unit 35

A 빈칸에 알맞은 서수를 쓰시오.

기수	서수		기수	서수
1 one			13 thirty-two	
2 two			14 forty	
3 three			15 forty-three	
4 four			16 fifty	
5 five			17 sixty	
6 eleven			18 seventy	
7 twelve			19 ninety	
8 twenty			20 one hundred	
9 thirteen			21 two hundred-one	
10 nineteen			22 one thousand	
11 twenty-one			23 one million-two	
12 thirty			24 one billion-three	

B 숫자 표현을 영어로 쓰시오.

1 1/3 _____

2 2:30 _____

3 12:15 _____

4 4/5 _____

5 0.01 _____

6 2016년 _____

7 47,875 _____

8 2,400,300,000 _____

9 7.88 _____

10 9월 2일 _____

C 보기 와 같이 주어진 단어를 이용하여 문장을 완성하시오.

보기	three	I have ___three___ children.
		Sam is my ___third___ child.

1 nine There are _____ people in the line.

I'm the _____ person.

2 five Our apartment has _____ stories.

I live on the _____ floor.

3 one There is only _____ day left.

It is the _____ day of February.

4 two There were _____ rows of seats in the hall.

I sat in the _____ row.

5 ten There were _____ questions on the science test.

The _____ question was about the sun.

D 우리말과 같은 뜻이 되도록 주어진 단어를 이용하여 문장을 완성하시오. [숫자 표현은 영어로 쓸 것]

1 1년은 365일이다. (day, and)

→ One year is _____ _____ _____ _____ _____.

2 지금은 12시 15분 전이다. (quarter)

→ It's _____ _____ _____ _____.

3 내 남동생은 내년에 3학년이 된다. (in, grade)

→ My brother is going to be _____ _____ _____ _____ next year.

4 나는 그를 4시 5분까지 기다렸다. (wait for, until, after)

→ I _____ _____ _____ _____ _____

_____.

5 작년에 인구가 0.1퍼센트 감소했다. (decrease by)

→ The population _____ _____ _____ _____ _____

last year.

6 나는 오늘 5개의 수업이 있다. 막 첫 번째 수업이 끝났다. (have, class, finish)

→ I _____ _____ _____ today. I just _____ _____

_____ one.

Unit 36 부정 수량 형용사

A ( ) 안에서 가장 알맞은 것을 고르시오.

1 We had (a few / a little) snow last winter.

2 Dave visited me (a few / a little) days ago.

3 He is a new student, and he has (few / little) friends.

4 I had (few / little) money on me.

5 (Many / Much) people are interested in their health these days.

6 She doesn't have (many / much) work this week.

B 빈칸에 some이나 any 중 알맞은 것을 써 넣으시오.

1 Would you like _____ dessert?

2 Rick put _____ salt in his soup.

3 She borrowed _____ books from the library.

4 She doesn't have _____ plans for the weekend.

5 What should we do? Do you have _____ ideas?

6 I wanted to buy those shoes, but I didn't have _____ money on me.

C 우리말과 같은 뜻이 되도록 보기 에서 알맞은 것을 골라 빈칸에 써 넣으시오. [중복 사용 가능]

> 보기　　much　　many　　little　　few　　a few　　a little

1 그는 많이 먹지 않았다. 그는 그저 빵을 조금 먹었을 뿐이다.

→ He didn't eat _____. He just had _____ _____ bread.

2 나는 우주에 많은 관심이 있지만, 아는 것은 거의 없다.

→ I have lots of interest in space, but I have _____ knowledge of it.

3 우리는 오렌지가 많지 않지만, 오렌지 주스는 많다.

→ We don't have _____ oranges, but we have a lot of orange juice.

4 당신에게 몇 가지 말씀드릴게 있어요. 오래 걸리지 않을 거예요.

→ I need to talk to you about _____ _____ things. It won't take _____ time.

5 비가 여러 날 동안 오지 않았고, 연못에는 물이 거의 없었다.

→ It didn't rain for _____ days, and there was _____ water in the pond.

6 지금 거기에는 거주하는 사람이 거의 없다.

→ _____ people live there now.

D 우리말과 같은 뜻이 되도록 주어진 단어를 이용하여 문장을 완성하시오.

1 저에게 물 좀 가져다주시겠어요? (bring, water)

→ Can you _____ _____ _____ _____?

2 우리는 오늘 숙제가 전혀 없다. (have, homework)

→ We don't _____ _____ _____ today.

3 이 지역에는 평화에 대한 희망의 거의 없다. (be, hope)

→ There _____ _____ _____ for peace in this region.

4 당신에게 몇 가지 질문을 하고 싶어요. (question)

→ I want to ask you _____ _____ _____.

5 나는 그 음악 축제에서 많은 가수들을 보았다. (see, singer)

→ I _____ _____ _____ _____ _____ at the music festival.

6 많은 소년들은 운동을 배우는 데 관심이 있다. (boy)

→ _____ _____ are interested in learning sports.

7 엄마는 내가 여행하면서 먹을 간식을 좀 챙겨 주셨다. (pack, snack)

→ Mom _____ _____ _____ for my trip.

E 우리말과 같은 뜻이 되도록 주어진 단어를 배열하시오.

1 그들은 많은 나라를 여행했다. (plenty of, they, countries, traveled to)

→ _____

2 그는 매우 바빠요. 자유 시간이 거의 없어요. (free time, has, he, little)

→ He's very busy. _____

3 그는 가지고 있는 돈이 많지 않다. (have, he, doesn't, money, much, with him)

→ _____

4 가방을 드는 데 도움이 좀 필요하니? (with your bag, need, you, help, do, any)

→ _____

5 이 책에는 많은 유용한 정보가 있다. (has, information, useful, this book, a lot of)

→ _____

6 영화관에는 사람들이 거의 없었다. (were, in the movie theater, few, there, people)

→ _____

7 소녀는 자신의 주머니에서 동전을 몇 개 끄집어냈다. (took out, coins, the girl, some)

→ _____ from her pocket.

8

37 비교급과 최상급의 형태

A 형용사와 부사의 비교급과 최상급을 쓰시오.

		비교급	최상급			비교급	최상급
1	heavy	_____	_____	13	famous	_____	_____
2	thin	_____	_____	14	few	_____	_____
3	new	_____	_____	15	tall	_____	_____
4	sad	_____	_____	16	much	_____	_____
5	loud	_____	_____	17	cheap	_____	_____
6	clever	_____	_____	18	useful	_____	_____
7	exciting	_____	_____	19	low	_____	_____
8	little	_____	_____	20	ill	_____	_____
9	long	_____	_____	21	lucky	_____	_____
10	well	_____	_____	22	many	_____	_____
11	pretty	_____	_____	23	difficult	_____	_____
12	wise	_____	_____	24	comfortable	_____	_____

B 주어진 단어를 이용하여 지시에 맞게 문장을 완성하시오.

[1-5] 비교급

1 She swims _____ than he does. (fast)

2 The sun is _____ than the moon. (big)

3 Sam has _____ money than Brian. (much)

4 Dolphins are _____ than fish. (smart)

5 My brother is two years _____ than me. (old)

[6-10] 최상급

6 I am the _____ child in my family. (young)

7 She plays the piano the _____ of my friends. (well)

8 Anne is the _____ student in school. (popular)

9 Baseball is the _____ sport for me. (interesting)

10 Mount Everest is the _____ mountain in the world. (high)

C 보기 에 알맞은 단어를 골라 어법에 맞게 문장을 완성하시오.

[1-5] 비교급

보기	expensive	warm	well	busy	much

1 Spring is _____ than winter.

2 The little boy ate _____ than I did.

3 My mother is _____ than my father.

4 My sister speaks English _____ than me.

5 This computer is _____ than that one.

[6-10] 최상급

보기	easy	good	small	slow	important

6 Tim ran the _____ in the race.

7 Math is the _____ subject for me.

8 Health is the _____ thing.

9 This is the _____ restaurant in the town.

10 The bee hummingbird is the _____ bird in the world.

D 우리말과 같은 뜻이 되도록 주어진 단어를 이용하여 문장을 완성하시오.

1 버스가 평소보다 늦게 도착했다. (late)

   → The bus arrived _____ _____ usual.

2 내 개가 너의 개보다 뚱뚱하다. (fat)

   → My dog is _____ _____ yours.

3 Angela는 Deborah보다 부지런하다. (diligent)

   → Angela is _____ _____ _____ Deborah.

4 빨간색 코트가 하얀색보다 멋져 보인다. (look, nice)

   → The red coat _____ _____ _____ the white one.

5 엄마가 우리 식구 중에 가장 빨리 일어난다. (get up, early)

   → Mom _____ _____ _____ of my family.

6 그는 한국에서 가장 재미있는 코미디언이다. (funny, comedian)

   → He is _____ _____ _____ in Korea.

7 백상아리는 지구상에서 가장 위험한 바다 동물이다. (dangerous, sea animal)

   → The great white shark is _____ _____ _____ _____
   on Earth.

원급 비교

A 주어진 단어를 이용하여 원급 비교 문장을 완성하시오.

1 Seoul is _____ _____ _____ London. (big)

2 Paul works _____ _____ _____ Ben. (hard)

3 She is _____ _____ _____ _____ her sister. (not, cute)

4 Wendy is _____ _____ _____ _____ she looks. (not, young)

5 Ray plays the piano _____ _____ _____ Helen does. (well)

6 This chair is _____ _____ _____ that sofa. (not, comfortable)

B 우리말과 같은 뜻이 되도록 보기 에서 알맞은 단어를 골라 원급 비교 문장을 완성하시오.

보기	new	beautiful	popular	early	well	old

1 Roy는 나만큼 나이가 많지 않다. → Roy is not _____ I am.

2 내 컴퓨터는 네 것만큼 새것이다. → My computer is _____ yours.

3 나는 학교에서 Tim만큼 인기가 많지 않다. → I am not _____ Tim in school.

4 그녀는 나만큼 아침에 일찍 일어나지 않는다. → She doesn't get up _____ I do.

5 우리 아버지는 어머니만큼 요리를 잘 하신다. → My father cooks _____ my mother.

6 나는 그녀가 Emma만큼 예쁜 것 같아. → I think she is _____ Emma.

C 두 문장의 의미가 통하도록 원급 비교 문장을 완성하시오.

1 This box is 10 kg. That box is 15 kg. (not, heavy)

→ This box _____ that one.

2 Bob has $50. Andrew has $70. (not, much money)

→ Bob _____ Andrew does.

3 Sean is 178 cm tall. His father is 178 cm tall. (tall)

→ Sean _____ his father.

4 Janet runs 100 m in 14 seconds. Kate also runs 100 m in 14 seconds. (fast)

→ Janet _____ Kate does.

5 David reads five books a month. Cindy reads seven books a month. (not, many)

→ David _____ Cindy does.

D 우리말과 같은 뜻이 되도록 주어진 단어를 이용하여 문장을 완성하시오.

1 내일은 오늘만큼 더울 것이다. (will, be, hot)

→ Tomorrow _____ _____ _____ _____ _____ today.

2 나는 우리 형만큼 힘이 세다. (be, strong)

→ I _____ _____ _____ _____ my brother.

3 나는 그녀만큼 노래를 잘하지 않는다. (sing, well)

→ I _____ _____ _____ _____ _____ she does.

4 Eric은 거북이만큼 느리게 걷는다. (walk, slow)

→ Eric _____ _____ _____ _____ a turtle does.

5 Lilly는 그녀의 여동생만큼 친절하지 않다. (be, kind)

→ Lilly _____ _____ _____ _____ her sister.

6 그 영화는 소설만큼 재미있지 않았다. (be, interesting)

→ The movie _____ _____ _____ _____ the novel.

7 스노보드를 타는 것은 스키를 타는 것만큼 신난다. (be, exciting)

→ Snowboarding _____ _____ _____ _____ skiing.

E 우리말과 같은 뜻이 되도록 주어진 단어를 배열하시오.

1 컵케이크는 꿀처럼 달콤했다. (honey, was, sweet, as, the cupcake, as)

→ _____

2 그 해변은 와이키키 해변만큼 좋지 않았다. (as, not, was, as, the beach, nice)

→ _____ Waikiki Beach.

3 그녀는 그만큼 춤을 잘 추지 못한다. (cannot, he, well, as, can, she, as, dance)

→ _____

4 나에게 영어는 모국어만큼 쉽다. (is, English, as, my native language, easy, as)

→ For me, _____ .

5 미시시피 강은 나일 강만큼 길지 않다. (the Nile, not, as, the Mississippi, long, as, is)

→ _____

6 그가 나를 사랑하는 만큼 나는 그를 사랑한다. (I, him, he, me, as, loves, as, much, love)

→ _____

7 이 휴대 전화는 컴퓨터만큼이나 비싸다. (is, as, a computer, expensive, as, this cell phone)

→ _____

Unit 39 비교급

A 주어진 단어를 이용하여 비교급 문장을 완성하시오.

1 July is _____ June. (wet)

2 He cooks _____ his wife. (well)

3 Your bag is _____ mine. (heavy)

4 My brother always gets up _____ I do. (late)

B 두 문장의 의미가 통하도록 비교급 문장을 완성하시오.

1 Ben ate five cookies. I ate three cookies. (many)

→ Ben _____ I did.

2 The blue hat is $15. The white hat is $10. (expensive)

→ The blue hat _____ the white one.

3 This book has 120 pages. That book has 100 pages. (thick)

→ This book _____ that one.

4 The plane travels at 800 km/h. The train travels at 280 km/h. (fast)

→ The plane _____ the train.

C 두 문장의 의미가 통하도록 주어진 표현을 이용해서 문장을 완성하시오.

1 Korea is not as large as India. (비교급)

→ India _____ _____ _____ Korea.

2 Rick is not as smart as Andrew. (비교급)

→ Andrew _____ _____ _____ Rick.

3 Ray does not drink as much milk as I do. (비교급)

→ I drink _____ _____ _____ Ray does.

4 Harry is luckier than Dave. (원급)

→ Dave _____ _____ _____ _____ _____ Harry.

5 His room is dirtier than mine. (원급)

→ My room _____ _____ _____ _____ _____ his.

6 Eagles fly higher than pigeons. (원급)

→ Pigeons _____ _____ _____ _____ _____ eagles.

D 우리말과 같은 뜻이 되도록 주어진 단어를 이용하여 문장을 완성하시오.

1 Kate는 Helen보다 날씬하다. (be, thin)

→ Kate _____ _____ _____ Helen.

2 자전거가 자동차보다 싸다. (cost, little)

→ A bike _____ _____ _____ a car does.

3 Eric은 실제보다 약해 보인다. (look, weak)

→ Eric _____ _____ _____ he really is.

4 스페인어 수업은 내가 생각했던 것보다 어렵다. (be, difficult)

→ The Spanish class _____ _____ _____ _____ I thought.

5 나는 액션 영화보다 코미디 영화를 좋아한다. (like, comedy movies, much)

→ I _____ _____ _____ _____ _____ action movies.

6 나는 그녀보다 피아노를 열심히 연습한다. (practice the piano, hard)

→ I _____ _____ _____ _____ she does.

7 Tim은 쌍둥이 여동생보다 5분 일찍 태어났다. (five minutes, early)

→ Tim was born _____ _____ _____ _____ his twin sister.

E 우리말과 같은 뜻이 되도록 주어진 단어를 배열하시오.

1 Estella는 나보다 용감했다. (than, Estella, braver, was, I, was)

→ _____

2 Jennifer는 나보다 머리가 짧다. (than, shorter, Jennifer, I, has, hair, do)

→ _____

3 대개, 여성은 남성보다 조심성이 많다. (careful, men, are, more, women, than)

→ Usually, _____.

4 너는 지금보다 잠을 많이 자야 한다. (you, more, should, sleep, you, than, do)

→ _____ now.

5 한국 음식은 미국 음식보다 맵다. (is, than, spicier, American food, Korean food)

→ _____

6 나에게는 행복이 돈보다 중요하다. (is, than, happiness, money, important, more)

→ To me, _____.

7 어떤 사람들은 다른 사람들보다 쉽게 살이 찐다. (others, some people, more, than, easily, gain weight)

→ _____

Unit
40 최상급

A 주어진 단어를 이용하여 최상급 문장을 완성하시오.

1 Jean is _____ _____ girl in our class. (cute)

2 Warren is _____ _____ man in town. (rich)

3 She always stays at _____ _____ hotel. (fine)

4 _____ _____ hour is just before dawn. (dark)

5 Sam did _____ _____ in the class on that test. (bad)

6 This is _____ _____ _____ book of the ten. (interesting)

7 He played _____ _____ of all the players in the team. (well)

8 This is _____ _____ _____ chair in my house. (comfortable)

B 두 문장의 의미가 통하도록 최상급 문장을 완성하시오.

1 I got an A on the test. Sarah got a B. Greg got a C.

→ I _____ among us. (good, grade)

2 I got to work at 8:00. Sue got to work at 8:30. Ben got to work at 8:55.

→ I got to _____ of the three. (early)

3 The blue sweater is $40. The striped sweater is $30. The grey sweater is $20.

→ The grey sweater _____ one of the three. (cheap)

4 Ted is 32 years old. Chad is 28 years old. Brian is 24 years old. Dave is 18 years old.

→ Ted _____, and Dave _____ of the four. (old, young)

C 문장의 의미가 통하도록 괄호 안의 지시대로 문장을 완성하시오.

1 Diamond is the hardest stone in the world.

→ Diamond _____. (비교급)

→ No _____. (비교급)

→ No _____. (원급)

2 Alex is the most handsome boy in the school.

→ Alex _____. (비교급)

→ No _____. (비교급)

→ No _____. (원급)

D 우리말과 같은 뜻이 되도록 주어진 단어를 이용하여 문장을 완성하시오.

1 폭풍의 중심은 가장 고요하다. (calm, part)

→ The center of the storm _____ _____ _____ _____.

2 오늘은 내 인생에서 가장 슬픈 날이다. (sad, day)

→ Today _____ _____ _____ _____ of my life.

3 나에게는, 수학이 가장 어려운 과목이다. (hard, subject)

→ For me, math _____ _____ _____ _____.

4 장미는 가장 아름다운 꽃이다. (beautiful, flower)

→ Roses _____ _____ _____ _____ _____.

5 Janet은 모든 소녀들 중에서 가장 행복하게 노래를 불렀다. (sing, happily)

→ Janet _____ _____ _____ _____ of all the girls.

6 지하철은 가장 빠르고 저렴한 이동 수단이다. (quick, cheap)

→ The subway _____ _____ _____ and _____ way to travel.

7 그의 종이비행기가 모든 것 중에서 가장 멀리까지 날아갔다. (fly, far)

→ His paper plane _____ _____ _____ of all.

E 우리말과 같은 뜻이 되도록 주어진 단어를 배열하시오.

1 그는 근처에서 가장 큰 집을 소유하고 있다. (house, he, largest, has, the)

→ _____ in the neighborhood.

2 나는 내 인생에서 가장 즐거운 휴가를 보냈다. (I, holiday, most, the, enjoyable, had)

→ _____ of my life.

3 그들은 마을에서 가장 신선한 채소를 판매한다. (vegetables, sell, the, they, freshest)

→ _____ in town.

4 Sarah는 모든 학생들 중에서 가장 조용하게 말한다. (speaks, Sarah, quietly, most, the)

→ _____ of all the students.

5 수성은 태양계에서 가장 작은 행성이다. (in the solar system, planet, is, the, smallest)

→ Mercury _____.

6 이 퍼즐이 그 책에서 가장 쉬운 부분이다. (is, in the book, part, the, easiest, this puzzle)

→ _____

7 그는 모든 학생들 중에서 가장 열심히 공부한다. (the, he, hardest, studies, of all the students)

→ _____

16

명령문

A 주어진 단어를 이용하여 명령문을 완성하시오.

1 _____ quiet in class. (be)

2 _____ regularly. (exercise)

3 _____ me. (not, bother)

4 _____ late again. (not, be)

5 _____ the door, please. (close)

6 _____ kind to your friends. (be)

7 _____ your homework now. (do)

8 _____ so nervous. You will do well. (not, be)

B 보기 에서 알맞은 동사를 골라 의미에 맞게 문장을 완성하시오.

보기	wish	not / swim	not / play	not / cross	leave	go

1 The light is red. _____ the road.

2 You look tired. _____ to bed early today.

3 The river is very deep. _____ there.

4 I don't need your advice. Please _____ me alone.

5 I have a big test tomorrow. _____ me luck.

6 _____ with the scissors. You might hurt yourself.

C 괄호 안의 지시대로 명령문을 완성하시오.

1 You must not tell a lie. (Never 부정명령문)

→ _____

2 You must not make noise. (Don't 부정명령문)

→ _____

3 You must not park in the driveway. (No 부정명령문)

→ _____

4 You should turn down the volume. (긍정명령문)

→ _____

우리말과 같은 뜻이 되도록 주어진 단어를 이용하여 문장을 완성하시오.

1 진입 금지. (no, enter)

→ _____ _____.

2 차 조심해. (watch out)

→ _____ _____ for cars.

3 복도에서 뛰지 마라. (run)

→ _____ _____ in the hallway.

4 너의 남동생에게 잘해 주어라. (nice)

→ _____ _____ to your little brother.

5 질문하는 것을 부끄러워하지 마라. (shy)

→ _____ _____ _____ about asking questions.

6 선생님에게 집중해라. (pay attention to)

→ _____ _____ _____ your teacher.

7 절대 혼자서 돌아다니지 마라. (never, walk around)

→ _____ _____ _____ alone.

E 우리말과 같은 뜻이 되도록 주어진 단어를 배열하시오.

1 최선을 다해라. (best, try, your)

→ _____

2 이곳은 금연입니다. (smoking, no, here)

→ _____

3 그림에 손대지 마라. (touch, the paintings, don't)

→ _____

4 실패를 두려워하지 마. (be, afraid of, failing, don't)

→ _____

5 음식을 마음껏 드세요. (the food, yourself, help, to)

→ _____

6 접시 위의 모든 것을 다 먹어라. (on, everything, your plate, eat)

→ _____

7 다시는 그런 일을 하지 마라. (such a thing, never, again, do)

→ _____

Unit
42 감탄문

A 빈칸에 How나 What 중 알맞은 것을 써 넣으시오.

1 _____ stupid he was!

2 _____ funny the man is!

3 _____ clever your dog is!

4 _____ a good voice Tim has!

5 _____ a boring class it is!

6 _____ cute your kittens are!

7 _____ a friendly person you are!

8 _____ an expensive car he drives!

9 _____ a luxurious watch she wears!

10 _____ generous your grandparents are!

B 주어진 문장을 감탄문으로 바꿔 쓰시오.

1 She jumps very high.   → How _____ !

2 He is a very tall man.   → What _____ !

3 The news is very surprising.   → How _____ !

4 The world is very big.   → How _____ !

5 It is a very nice song.   → What _____ !

6 This muffin is very tasty.   → How _____ !

7 You have very good books.   → What _____ !

8 They are very noisy children. → What _____ !

9 The cheetah runs very fast.   → How _____ !

10 She has a very beautiful garden. → What _____ !

C 우리말과 같은 뜻이 되도록 주어진 단어를 이용하여 문장을 완성하시오.

1 그 수프는 참 뜨겁구나! (hot)

→ _____ _____ the soup is!

2 Jenny는 참 사랑스럽구나! (lovely)

→ _____ _____ Jenny is!

3 그 정보는 참 유용했구나! (useful)

→ _____ _____ the information was!

4 이 청바지들은 참 저렴하구나! (cheap)

→ _____ _____ the jeans are!

5 그녀는 참 긴 편지를 보냈구나! (long, letter)

→ _____ _____ _____ _____ she sent!

6 그것은 참 재미있는 영화구나! (interesting, movie)

→ _____ _____ _____ _____ it is!

7 우리는 참 즐거운 시간을 보냈구나! (wonderful, time)

→ _____ _____ _____ _____ we had!

D 우리말과 같은 뜻이 되도록 주어진 단어를 배열하시오.

1 그 호수는 참 깊구나! (deep, is, the lake, how)

→ _____

2 Rachel은 참 매력적이구나! (Rachel, charming, is, how)

→ _____

3 그 경기는 참 흥미로웠구나! (the game, how, was, exciting)

→ _____

4 너는 참 큰 실수를 저질렀구나! (a, made, you, big, what, mistake)

→ _____

5 이 상자들은 정말 무겁구나! (these boxes, how, are, heavy)

→ _____

6 너는 참 멋진 집을 소유하고 있구나! (have, nice, what, a, house, you)

→ _____

7 Gandhi는 참 위대한 사람이었구나! (a, great, what, was, man, Gandhi)

→ _____

제안문

A 주어진 동사와 let's 또는 let's not을 이용하여 제안문을 완성하시오.

1 _____ on the bus. (get)

2 _____. (not, hurry)

3 _____ home early today. (go)

4 _____ this chance. (not, miss)

5 _____ seafood spaghetti for dinner. (make)

6 We need some fresh air. _____ the window. (open)

B 보기 에서 알맞은 동사를 골라 let's 제안문을 완성하시오.

보기	swim	eat	ask	not / play	not / waste	not / worry

1 What hot weather! _____ in the lake.

2 I'm hungry. _____ something.

3 We have no time. _____ time.

4 I think we are lost. _____ that lady for directions.

5 Ted will be fine. _____ about him.

6 It is going to rain soon. _____ outside.

C 두 문장의 의미가 통하도록 주어진 표현을 이용하여 제안문을 완성하시오.

1 Let's go to the movies. (shall we)

→ _____ ?

2 Let's order a pizza for dinner. (why don't we)

→ _____ ?

3 Let's buy books on the Internet. (what about)

→ _____ ?

4 Let's have a surprise party for Lisa. (how about)

→ _____ ?

D 우리말과 같은 뜻이 되도록 주어진 단어를 이용하여 문장을 완성하시오.

1 우리 도서관에서 만나자. (meet)

→ _____ _____ at the library.

2 우리 차를 세차하지 말자. (not, wash)

→ _____ _____ _____ the car.

3 우리 정원에 있는 화초에 물을 주자. (water)

→ _____ _____ the plants in the garden.

4 다른 것을 해보는 게 어때? (how, do)

→ _____ _____ _____ something different?

5 우리 사진을 찍는 게 어때? (we, take)

→ _____ _____ _____ _____ some pictures?

6 우리 자전거를 타러 가지 않을래? (we, go)

→ _____ _____ _____ _____ for a bike ride?

7 우리 문제를 더 악화시키지 말자. (not, make)

→ _____ _____ _____ matters worse.

E 우리말과 같은 뜻이 되도록 주어진 단어를 배열하시오.

1 우리 여기서 먹지 말자. (here, let's, eat, not)

→ _____

2 우리 간식을 좀 사자. (some, buy, let's, snacks)

→ _____

3 택시를 타고 가는 건 어때? (about, a taxi, what, taking)

→ _____

4 우리 오늘 수업 복습할까? (we, today's, go over, shall, lesson)

→ _____

5 우리 같이 버스정류장을 찾아보자. (together, a bus stop, look for, let's)

→ _____

6 우리 그 문제에 대해서 얘기하지 말자. (talk about, not, the problem, let's)

→ _____

7 우리 이번 주말에 만나는 게 어때? (don't, get together, why, this weekend, we)

→ _____

Unit 44 의문사가 있는 의문문

A 보기 에서 알맞은 의문사를 골라 대화를 완성하시오.

보기	what	who	where	when	why	which	whose	how

1 A _____ mistake is it? B It's hers.

2 A _____ was the movie? B It was really funny.

3 A _____ does your father do? B He is an architect.

4 A _____ should I put these boxes? B In the bedroom, please.

5 A _____ will you visit this afternoon? B I will visit my uncle.

6 A _____ does your summer vacation begin? B Next Thursday.

7 A _____ are you so angry with your sister? B She tore my sweater.

8 A _____ do you want for dessert, ice cream or yogurt? B I'll have ice cream.

B 대화를 읽고, 의문사를 이용하여 밑줄 친 부분을 묻는 질문을 완성하시오.

1 A _____ broke the window?

 B David did it.

2 A _____ bike is that?

 B It's mine.

3 A _____ _____ _____ doing?

 B She is doing great.

4 A _____ _____ your phone number?

 B My phone number is 555-1234.

5 A _____ _____ _____ _____ to stay?

 B I'm going to stay at a hotel.

6 A _____ _____ _____ the news?

 B I heard the news two days ago.

7 A _____ _____ _____ call me?

 B Because I wanted to hear your voice.

8 A _____ _____ _____ _____ more, pop music or classical music?

 B I like pop music more than classical music.

우리말과 같은 뜻이 되도록 주어진 단어를 이용하여 문장을 완성하시오.

1   너는 지난 방학에 어디에 갔었니? (go)

→ _____ _____ _____ _____ on your last vacation?

2   그녀는 왜 그렇게 일찍 갔니? (leave)

→ _____ _____ _____ _____ so early?

3   오늘 날씨가 어때요? (be, the weather)

→ _____ _____ _____ _____ today?

4   그것은 누구의 우산이니? (umbrella, be)

→ _____ _____ _____ it?

5   이것과 저것 중 네 코트는 어떤 것이니? (your coat)

→ _____ _____ _____ _____, this one or that one?

6   너는 무슨 색으로 그것을 칠하고 싶니? (color, want)

→ _____ _____ _____ _____ to paint it?

7   내가 언제 그 편지를 받을 수 있을까요? (can, receive)

→ _____ _____ _____ _____ the letter?

우리말과 같은 뜻이 되도록 주어진 단어를 배열하시오.

1   너 왜 울고 있니? (are, why, crying, you)

→ _____

2   그녀가 언제 돌아올까? (will, she, when, back, be)

→ _____

3   우체국이 어디에 있나요? (the post office, is, where)

→ _____

4   누가 텔레비전을 보고 있니? (is, TV, who, watching)

→ _____

5   누구의 그림이 1등을 했니? (won, whose, first prize, painting)

→ _____

6   넌 어떻게 내 라디오를 고쳤니? (did, my radio, fix, you, how)

→ _____

7   새로 오신 우리 선생님을 어떻게 생각하니? (think of, do, what, you, our new teacher)

→ _____

Unit 45 부가 · 부정 · 선택의문문

A 빈칸에 알맞은 말을 넣어 부가 의문문을 완성하시오.

1 Janet can play golf, _____ _____ ?

2 These apples are sweet, _____ _____ ?

3 Max wasn't at home yesterday, _____ _____ ?

4 The copy machine is broken again, _____ _____ ?

5 You don't know her phone number, _____ _____ ?

6 They built this stadium last year, _____ _____ ?

7 You won't go to the movies with David, _____ _____ ?

B 보기 와 같이 부정의문문을 이용하여 대화를 완성하시오.

보기	A ___Don't you like___ sweets? (like) B No, I don't. I don't eat sweets.

1 A _____ late for the concert? (be)

   B Yes, we are. We have to hurry.

2 A _____ me an email? (send)

   B Yes. I sent it last night.

3 A _____ our new math teacher? (be)

   B No, she isn't. She teaches English.

4 A _____ Clare? (like)

   B Yes, he does. He is really fond of her.

5 A _____ to her? (apologize)

   B No, I won't. It isn't my fault.

6 A _____ similar? (look)

   B Yes, they do. They look like twin sisters.

7 A _____ surprised with the news? (be)

   B Yes, they were.

8 A _____ a little longer? (stay)

   B Sorry, I can't. My parents are waiting for me.

우리말과 같은 뜻이 되도록 주어진 단어를 이용하여 문장을 완성하시오.

1 나를 모르겠니? (know)

→ _____ _____ _____ me?

2 너 어제 바쁘지 않았니? (busy)

→ _____ _____ _____ yesterday?

3 Jacob은 지금 집에 없지, 그렇지? (he)

→ Jacob isn't at home now, _____ _____ ?

4 도서관은 9시에 문을 열지 않니? (open)

→ _____ _____ _____ _____ at 9?

5 Estella는 중국어를 할 수 있어, 그렇지 않니? (she)

→ Estella can speak Chinese, _____ _____ ?

6 내 계획에 대해 그에게 말해, 그럴 거지? (you)

→ Tell him about my plan, _____ _____ ?

7 Ted는 이탈리아 음식을 좋아하지, 그렇지 않니? (he)

→ Ted likes Italian food, _____ _____ ?

우리말과 같은 뜻이 되도록 주어진 단어를 배열하시오.

1 내 말 안 들리니? (you, hear, can't, me)

→ _____

2 이거 네 지갑 아니니? (this, isn't, wallet, your)

→ _____

3 우리 오늘 저녁은 외식하자, 응? (eat out, shall, let's, tonight, we)

→ _____

4 너 숙제를 끝내지 않았지? (finish, you, your, didn't, homework)

→ _____

5 그들은 그 집을 사지 않았지, 그렇지 않니? (buy, didn't, they, did, the house, they)

→ _____

6 이 신발들은 세일하고 있죠, 그렇지 않나요? (shoes, on sale, are, aren't they, these)

→ _____

7 내가 보고서 쓰는 걸 도와줄 거지, 그렇지 않니? (won't, help, you, will, with my report, me, you)

→ _____

Unit 46 There is[are]~ ~(들)이 있다

A There is 또는 There are를 써서 문장을 완성하시오.

1 _____ _____ a cat on the roof.

2 _____ _____ birds on the tree.

3 _____ _____ a spider in my room.

4 _____ _____ many parks in Seoul.

5 _____ _____ an apple on the desk.

6 _____ _____ twelve months in a year.

7 _____ _____ one table in the living room.

8 _____ _____ two new students in our class.

9 _____ _____ some ice cream in the refrigerator.

10 _____ _____ a lot of people at the subway station.

B 보기와 같이 주어진 단어를 이용하여 대화를 완성하시오.

| 보기 | A How many pencils are there on the desk? |
| | B _____ There are ten pencils on the desk. (ten) |

1 A How many tigers are there in the zoo?

   B _____ (one)

2 A How many days are there in May?

   B _____ (31)

3 A How many countries are there in Asia?

   B _____ (48)

4 A How much juice is there in the bottle?

   B _____ (little)

5 A How many children are there in the car?

   B _____ (three)

6 A How many eggs are there in the refrigerator?

   B _____ (five)

7 A How much sugar is there in the container?

   B _____ (a lot of)

C 우리말과 같은 뜻이 되도록 주어진 단어를 이용하여 문장을 완성하시오.

1 우편함에 편지가 있나요? (any, letters)

→ _____ _____ _____ _____ in the mailbox?

2 그릇에 얼마나 많은 소금이 있나요? (salt)

→ _____ _____ _____ _____ _____ in the bowl?

3 축제에는 많은 사람이 있다. (lots of)

→ _____ _____ _____ _____ _____ at the festival.

4 이 근처에 우체국이 있나요? (a post office)

→ _____ _____ _____ _____ _____ near here?

5 수족관에 몇 마리의 물고기가 있나요? (fish)

→ _____ _____ _____ _____ _____ in the aquarium?

6 침실에는 몇 점의 가구가 있다. (some, furniture)

→ _____ _____ _____ _____ in the bedroom.

7 상자 안에 초콜릿이 하나도 없다. (any, chocolates)

→ _____ _____ _____ _____ in the box.

D 우리말과 같은 뜻이 되도록 주어진 단어를 배열하시오.

1 화장실에 누구 있니? (there, in the bathroom, is, anyone)

→ _____

2 그 쇼핑몰에는 커피숍이 없다. (at the mall, any, aren't, coffee shops, there)

→ _____

3 퀴즈에 어려운 문제가 있니? (there, any, on the quiz, difficult, are, questions)

→ _____

4 너희 반에는 학생이 몇 명 있니? (many, are, in your class, how, there, students)

→ _____

5 그 호텔 근처에 멋진 해변이 있다. (the hotel, there, near, beach, wonderful, a, is)

→ _____

6 그 상자에는 얼마나 많은 보석들이 있니? (in the box, jewellery, is, much, there, how)

→ _____

7 그녀의 정원에는 예쁜 꽃들이 많다. (are, in her garden, beautiful, flowers, many, there)

→ _____

to부정사의 형태와 쓰임

A 주어진 동사를 to부정사로 바꿔 문장을 완성하시오.

1 I called you _____ hello. (say)

2 There are many things _____. (do)

3 Paul plans _____ Korean. (learn)

4 _____ in this river is dangerous. (swim)

5 He ran fast _____ his bus. (not, miss)

6 My dream is _____ a fashion designer. (be)

7 She has no money _____ a new house. (buy)

8 Be careful _____ the ladder. (not, fall off)

B 밑줄 친 to가 부정사의 to이면 '부'를, 전치사의 to이면 '전'을 쓰시오.

1 Sam likes to ride a bike. _____

2 I want to go to the movies. _____

3 She has something to tell you. _____

4 Julia came to me to apologize. _____

5 Marge sent a love letter to John. _____

6 They will go on a trip to Hawaii. _____

7 I bought some magazines to read. _____

8 Nick flew to New York to meet his uncle. _____

C 밑줄 친 부분을 바르게 고쳐 쓰시오.

1 I like to takes pictures. _____

2 He tried to be not late again. _____

3 I want something to eating. _____

4 They decided to moved to another city. _____

5 Jennifer hopes to being a famous ballerina. _____

6 The student studied hard to not fail the test. _____

D 보기 에서 알맞은 것을 골라 지시대로 바꿔 문장을 완성하시오.

[1-5] to부정사

보기	exercise	see	borrow	build	wear

1 I was glad _____ them again.

2 She needs new sunglasses _____.

3 His dream is _____ his own house.

4 _____ regularly is good for your health.

5 Max went to the library _____ some books.

[6-10] to부정사의 부정

보기	go out	bother	catch	make	forget

6 The teacher told us _____ noise in class.

7 You should wash your hands _____ a cold.

8 I wrote his phone number down _____ it.

9 It was raining heavily. Max decided _____.

10 He was annoying me. I asked him _____ me.

E 우리말과 같은 뜻이 되도록 주어진 단어를 배열하시오.

1 너와 함께 있어서 행복하다. (happy, be, with you, to, am, I)

→ _____

2 그것에 대해 생각하지 않으려고 노력해봐. (think about, try, to, not, it)

→ _____

3 우주에 대해 배우는 것은 흥미롭다. (learn about, is, space, to, interesting)

→ _____

4 내 목표는 더 이상 살이 찌지 않는 것이다. (is, gain, my goal, to, not, any more weight)

→ _____

5 그는 오늘까지 끝내야 할 숙제가 많다. (has, finish, he, homework, to, lots of)

→ _____ by today.

6 내 딸은 종이 인형을 만드는 것을 좋아한다. (loves, make, my daughter, to, paper dolls)

→ _____

7 그녀는 사과 몇 개를 사려고 시장에 갔다. (went, she, to, some apples, to, the market, buy)

→ _____

Unit 48 명사적 쓰임

A 밑줄 친 to부정사가 문장에서 주어, 목적어, 보어 중 어떤 역할을 하는지 쓰시오.

1 <u>To travel</u> is interesting. _____

2 Jim decided <u>to sell</u> his car. _____

3 I wish <u>to meet</u> my favorite actor. _____

4 <u>To be an artist</u> is Jessica's dream. _____

5 My plan is <u>to finish</u> the report today. _____

6 His job is <u>to take</u> care of sick animals. _____

B 보기 에서 알맞은 것을 골라 to부정사로 바꿔 문장을 완성하시오.

보기	see	find	take	learn	be

1 He wants _____ a rest.

2 They like _____ new things.

3 I hope _____ you at the party.

4 Brian hopes _____ a football player.

5 It is not easy _____ a good friend.

C 주어진 문장을 가주어 It를 이용한 문장으로 바꿔 쓰시오.

1 To raise a pet is not easy.

→ _____

2 To keep healthy is important.

→ _____

3 To play with fire is dangerous.

→ _____

4 To live without water is impossible.

→ _____

5 To watch a baseball game is exciting.

→ _____

D 우리말과 같은 뜻이 되도록 주어진 단어를 이용하여 문장을 완성하시오.

1 그는 요리사가 되기로 결심했다. (decide, become, a chef)

→ He _____ _____ _____ _____ _____ .

2 Dave는 외국에서 공부하고 싶어 한다. (want, study abroad)

→ Dave _____ _____ _____ _____ .

3 우리는 당신을 곧 다시 방문하길 바랍니다. (hope, visit)

→ We _____ _____ _____ _____ again soon.

4 아침에 일찍 일어나는 것은 좋은 습관이다. (get up, early)

→ _____ is a good habit _____ _____ _____ _____ .

5 물을 많이 마시는 것은 건강에 좋다. (drink, a lot of, water)

→ It is good for your health _____ _____ _____ _____
_____ _____ .

6 그들의 계획은 자신들의 부모님을 기쁘게 해 드리는 것이었다. (please, parents)

→ Their plan was _____ _____ _____ _____ .

7 우리의 목표는 선수권 대회에서 우승을 하는 것이다. (win, the championship)

→ Our goal is _____ _____ _____ _____ .

E 우리말과 같은 뜻이 되도록 주어진 단어를 배열하시오.

1 나는 그녀의 친구가 되길 원한다. (be, I, to, wish, her friend)

→ _____

2 그의 직업은 자동차를 수리하는 것이다. (is, fix, his, to, job, cars)

→ _____

3 내 취미는 식물을 기르는 것이다. (to, my hobby, is, plants, grow)

→ _____

4 그녀는 만화책을 읽는 것을 좋아한다. (likes, comic books, she, read, to)

→ _____

5 산책을 하는 것은 마음을 편안하게 해준다. (take, is, to, a walk, relaxing, it)

→ _____

6 그녀의 꿈은 발레리나가 되는 것이다. (become, her, is, dream, to, a ballerina)

→ _____

7 중국어를 발음하는 것은 어려웠다. (Chinese, hard, it, to, was, pronounce)

→ _____

형용사적 쓰임

A 보기 와 같이 우리말과 같은 뜻이 되도록 문장을 완성하시오.

> 보기 나는 너에게 말할 소식이 있다. (news, tell)
> → I have _____ news to tell _____ you.

1 일어날 시간이다. (time, get up)

→ It is _____.

2 Max는 약간의 읽을 책을 빌렸다. (some books, read)

→ Max borrowed _____.

3 나는 먹을 간식을 좀 샀다. (some snacks, eat)

→ I bought _____.

4 그녀는 그녀를 도와줄 누군가를 필요로 한다. (someone, help)

→ She needs _____ her.

5 우리는 파티에 초대할 사람이 많다. (many people, invite)

→ We have _____ to the party.

B 괄호 안에 단어를 적절한 형태로 고쳐 문장을 완성하시오.

1 I'm thirsty. Give me _____. (something, drink)

2 She is very busy. She doesn't have _____. (time, rest)

3 This website offers good _____ Spanish. (ways, learn)

4 I need _____. Can you lend me yours? (a pen, write with)

5 Do you have a minute? I have _____. (a problem, discuss)

6 Can you help me? I have some _____ upstairs. (boxes, carry)

C to부정사를 이용하여 두 문장을 연결하시오.

1 I have a lot of homework. I should do it.

→ _____

2 She will buy the shoes. She has enough money for them.

→ _____

3 New York is an interesting city. You should visit there.

→ _____

D 우리말과 같은 뜻이 되도록 주어진 단어를 이용하여 문장을 완성하시오.

1 떠날 시간이다. (time, leave)

→ It's _____ _____ _____.

2 그녀는 입을 드레스가 없다. (a dress, wear)

→ She doesn't have _____ _____ _____ _____.

3 그들은 살 집을 구하고 있다. (a house, live in)

→ They are looking for _____ _____ _____ _____ _____.

4 서울에는 방문할 곳이 많다. (many places, visit)

→ There are _____ _____ _____ _____ in Seoul.

5 나는 너에게 보여줄 사진 몇 장이 있다. (some pictures, show)

→ I have _____ _____ _____ _____ you.

6 나는 내 개들을 돌봐줄 누군가가 필요하다. (someone, take care of)

→ I need _____ _____ _____ _____ _____ my dogs.

E 우리말과 같은 뜻이 되도록 주어진 단어를 배열하시오.

1 걱정할 이유가 없다. (there, worry, to, is, no reason)

→ _____

2 볼 영화가 많다. (watch, a lot of, are, there, movies, to)

→ _____

3 여기에 먹을 쿠키가 좀 있다. (eat, some cookies, are, here, to)

→ _____

4 우리는 입을 따뜻한 옷이 필요하다. (wear, we, warm, to, clothes, need)

→ _____

5 그는 나에게 앉을 의자를 가져왔다. (me, a chair, he, brought, sit on, to)

→ _____

6 내 친구들과 놀 시간이 없다. (my friends, play with, to, have, no time, I)

→ _____

7 그녀는 같이 일할 누군가를 찾고 있다. (is, to work with, she, looking for, someone)

→ _____

부사적 쓰임

A 밑줄 친 부분에 주의하여 해석을 완성하시오.

1 You are very kind <u>to help</u> me. → 저를 _____ 당신은 정말 친절하군요.

2 This book is easy <u>to understand</u>. → 이 책은 _____ 쉽다.

3 She goes to the gym <u>to exercise</u>. → 그녀는 _____ 체육관에 간다.

4 They were shocked <u>to hear</u> the news. → 그들은 그 소식을 _____ 놀랐다.

5 The boy grew up <u>to be</u> a good writer. → 소년은 자라서 훌륭한 작가가 _____.

B 보기 에서 알맞은 것을 골라 적절한 형태로 고쳐 문장을 완성하시오.

보기	buy	win	believe	hear	take

1 John always tells a lie. She was silly _____ him.

2 He was very tired. He came home early _____ a rest.

3 I'm so sorry _____ that. I hope he will feel better soon.

4 We're out of milk. I'll go to the grocery store _____ some.

5 Kate did very well on the contest. She was happy _____ first prize.

C 보기 와 같이 두 문장의 뜻이 통하도록 문장을 완성하시오.

> 보기   She wanted to buy roses. So she went to the flower shop.
> → _____ She went to the flower shop to buy roses. _____

1 I was angry. I saw his rude behavior.

→ _____

2 They are pleased. They received your gift.

→ _____

3 He wanted to catch the bus. So he got up early.

→ _____

4 She wants to buy a new car. So she is saving some money.

→ _____

우리말과 같은 뜻이 되도록 주어진 단어를 이용하여 문장을 완성하시오.

1 그 문제는 풀기 어렵다. (difficult, solve)

→ The problem is _____.

2 그녀는 살을 빼기 위해 운동하고 있다. (lose weight)

→ She is exercising _____.

3 Harry는 자라서 야구 선수가 되었다. (be, a baseball player)

→ Harry grew up _____.

4 나는 돈을 좀 인출하러 은행에 갔다. (some money, draw out)

→ I went to the bank _____.

5 우리는 그 경기를 보게 되어 무척 흥분했다. (watch, the game)

→ We are so excited _____.

6 나는 늦은 시간까지 깨어 있으려고 커피를 마셨다. (stay up late)

→ I drank coffee _____.

7 그 어린 소녀는 새 인형을 갖게 되어 기뻤다. (happy, have, a new doll)

→ The little girl was _____.

E 우리말과 같은 뜻이 되도록 주어진 단어를 배열하시오.

1 그 탁자는 옮기기에 무거웠다. (to, the table, heavy, was, move)

→ _____

2 그는 나에게 안부를 전하려고 여기에 왔다. (to, me, to, here, he, came, say hello)

→ _____

3 그녀는 가방을 잃어버려서 슬펐다. (her bag, lose, sad, to, was, she)

→ _____

4 우리 할아버지께서는 100세까지 사셨다. (lived, my grandfather, be, 100 years old, to)

→ _____

5 나는 우리의 약속을 취소하려고 당신에게 전화를 했어요. (you, cancel, to, called, I, our appointment)

→ _____

6 5개국어를 하다니 Susan은 똑똑한 게 틀림없다. (must, smart, Susan, be, five languages, speak, to)

→ _____

7 아버지가 내 성적표를 보시면 실망하실 거야. (be, will, my father, my report card, see, disappointed, to)

→ _____

Unit 51 부정사 관용표현

A 주어진 말을 알맞게 배열하여 문장을 완성하시오.

1 This soup is _____. (too, to, hot, eat)

2 I am _____. (too, to, tired, go out)

3 We are _____ them. (enough, to, strong, beat)

4 The boy was _____ there alone. (enough, to, brave, go)

5 They don't have _____ the boat. (enough, to, money, buy)

B 보기 에서 알맞은 단어를 골라 적절한 형태로 바꿔 문장을 완성하시오.

[1-4] 보기   study   see   have   sit on

1 He is too young _____ the movie.

2 Sam is rich enough _____ his own airplane.

3 There are enough chairs for everyone _____.

4 I'm studying English in order _____ abroad.

[5-8] 보기   have   wear   catch   see

5 The shoes are too heavy _____.

6 The boy ran fast enough _____ the bus.

7 I wiped my glasses in order _____ better.

8 She has enough time _____ fun with her friends.

C 두 문장의 의미가 통하도록 문장을 완성하시오.

1 She is kind enough to drive me home.

→ She is _____ me home.

2 I studied hard enough to pass the test.

→ I studied _____ the test.

3 Max was too lazy to clean his room.

→ Max was _____ his room.

4 My father is too busy to spend time with me.

→ My father _____ with me.

우리말과 같은 뜻이 되도록 주어진 단어를 이용하여 문장을 완성하시오.

1 Sam은 성공하려고 최선을 다한다. (order, succeed)

→ Sam does his best _____ _____ _____ _____.

2 너무 추워서 밖에 나갈 수 없었다. (cold, go, outside)

→ It was _____ _____ _____ _____.

3 그 문제는 대답할 수 있을 만큼 충분히 쉽다. (easy, answer)

→ The question is _____ _____ _____ _____.

4 나는 너에게 빌려줄 만큼 충분한 펜이 없다. (pens, lend)

→ I don't have _____ _____ _____ _____ you one.

5 나는 그 대회에서 우승할 만큼 충분히 운이 있었다. (lucky, win)

→ I was _____ _____ _____ _____ the contest.

6 그들은 너무 행복해서 말을 할 수 없었다. (happy, say anything)

→ They were _____ _____ _____ _____ _____.

7 나는 기분을 차분하게 하려고 차를 한 잔 마셨다. (order, feel relaxed)

→ I drank a cup of tea _____ _____ _____ _____ _____.

우리말과 같은 뜻이 되도록 주어진 단어를 배열하시오.

1 그것은 너무 좋아서 사실일 리가 없다. (be, it, too, true, good, to, is)

→ _____

2 나는 장학금을 받으려고 열심히 공부한다. (in order to, study hard, a scholarship, I, get)

→ _____

3 내 차를 주차할 만큼 충분한 공간이 없다. (not, space, there, park, to, enough, my car, is)

→ _____

4 너는 성장하려면 실수를 해야 한다. (need to, in order to, you, grow, mistakes, make)

→ _____

5 내 이웃은 나를 도와줄 만큼 충분이 친절하다. (me, are, enough, help, nice, to, my neighbors)

→ _____

6 내 개는 내 말을 이해할 만큼 충분히 영리하다. (understand, smart, my dog, enough, my words, is, to)

→ _____

7 그 책은 너무 재미있어서 내려놓을 수가 없었다. (put down, too, to, interesting, the book, was)

→ _____

동명사의 형태와 쓰임

A 주어진 단어를 동명사로 바꿔 문장을 완성하시오.

1 I enjoy _____ science books. (read)

2 One of my hobbies is _____. (cook)

3 They love _____ movies. (talk about)

4 Mary is interested in _____ clothes. (make)

5 _____ sweets is not good for your teeth. (eat)

B 보기 에서 알맞은 것을 골라 지시대로 바꿔 문장을 완성하시오.

[1-4] 동명사 　　보기　　solve　　meet　　teach　　win

1 I finished _____ the crossword puzzle.

2 _____ new people is fun and exciting.

3 His job is _____ history.

4 They are happy about _____ the finals.

[5-8] 동명사의 부정 　　보기　　reply　　waste　　use　　keep

5 I'm sorry for _____ to your email.

6 I apologized for _____ the promise.

7 _____ paper cups helps protect nature.

8 I am thinking of _____ money on unnecessary things.

C 밑줄 친 부분이 동명사이면 '동'을, 현재분사이면 '현'을 쓰시오.

1 A <u>Making</u> a kite is not easy.　　　　　　　　　　_____

　 B The boys are <u>making</u> kites.　　　　　　　　　　_____

2 A His job is <u>writing</u> poems.　　　　　　　　　　_____

　 B He is <u>writing</u> a poem about love.　　　　　　　_____

3 A I'm <u>listening</u> to classical music now.　　　　　_____

　 B My hobby is <u>listening</u> to classical music.　　　_____

D 우리말과 같은 뜻이 되도록 주어진 단어를 이용하여 문장을 완성하시오.

1 그의 꿈은 조종사가 되는 것이다. (be, a pilot)

→ His dream is _____ _____ _____.

2 그는 때때로 아무것도 하지 않는 것을 즐긴다. (not, do, anything)

→ He sometimes enjoys _____ _____ _____.

3 쿠키를 만드는 것은 정말 재미있다. (make, cookies)

→ _____ _____ is a lot of fun.

4 그들은 계속해서 날씨에 대해 이야기 했다. (talk about)

→ They kept _____ _____ the weather.

5 내 생일 파티에 와줘서 고마워. (come to, my birthday party)

→ Thank you for _____ _____ _____ _____ _____.

6 그는 자전거를 타고 전국을 여행하는 것을 희망하고 있다. (travel around)

→ He has hope of _____ _____ the country by bike.

7 나는 보고서를 쓰는 것을 제시간에 마치지 못했다. (write, the report)

→ I couldn't finish _____ _____ _____ on time.

E 우리말과 같은 뜻이 되도록 주어진 단어를 배열하시오.

1 노래 부르기는 내가 좋아하는 활동이다. (is, activity, favorite, singing, my)

→ _____

2 그녀는 피아노를 잘 연주하지 못한다. (is, the piano, not, she, playing, good at)

→ _____

3 일찍 잠자리에 드는 것은 좋은 습관이다. (going to bed, good, early, is, habit, a)

→ _____

4 우리 어머니의 직업은 화장품을 파는 것이다. (job, is, cosmetics, my mother's, selling)

→ _____

5 아이들은 어릿광대에게 소리를 지르기 시작했다. (started, at the clown, the kids, yelling)

→ _____

6 나는 그 시험에 통과하지 못해서 우울했다. (depressed, was, not, the test, passing, about, I)

→ _____

7 그 소녀는 친구들과 이야기하는 것을 좋아한다. (likes, with, the girl, her friends, chatting)

→ _____

Unit 53 주어, 보어, 목적어로 쓰이는 동명사

A 밑줄 친 동명사가 문장에서 주어, 목적어, 보어 중 어떤 역할을 하는지 쓰시오.

1 My hobby is <u>listening</u> to music.

2 Do you mind <u>opening</u> the window?

3 <u>Taking</u> a walk always makes me happy.

4 <u>Learning</u> about a new culture is interesting.

5 My biggest mistake was <u>not listening</u> to his advice.

6 Ben began <u>working</u> as a reporter two years ago.

B 보기 와 같이 두 문장의 뜻이 통하도록 문장을 완성하시오.

> 보기 I cook for my family. I love it.
> → I love _____cooking for my family_____.

1 They swim in the sea. They enjoy it.

→ They enjoy _____.

2 Jason left. He didn't say goodbye to me.

→ Jason left without _____.

3 I can't answer the question. It is difficult.

→ _____ is difficult.

4 Sam takes pictures. It is his hobby.

→ Sam's hobby is _____.

C 보기 에서 알맞은 것을 골라 동명사로 바꿔 문장을 완성하시오.

| 보기 | live | dance | write | tell | make | speak |

1 She doesn't like _____ because she is bad at it.

2 He keeps _____ lies. So you'd better not trust him.

3 _____ German is not easy, but it is very interesting.

4 Please stop _____ noise. I can't concentrate on my work.

5 Air is the most important thing. _____ without it is impossible.

6 I'm interested in _____ stories. I want to be a best-selling author.

D 우리말과 같은 뜻이 되도록 주어진 단어를 이용하여 문장을 완성하시오.

1 너 그 소설을 다 읽었니? (finish, read, the novel)

→ Did you _____ _____ _____ _____?

2 나는 주말에 늦잠 자는 것을 즐긴다. (enjoy, sleep in)

→ I _____ _____ _____ on weekends.

3 패스트푸드를 먹는 것은 너의 건강에 안 좋다. (eat, fast food, be)

→ _____ _____ _____ _____ bad for your health.

4 내 여동생은 나에게 물어보지도 않고 내 청바지를 입었다. (without, ask, me)

→ My sister wore my jeans _____ _____ _____.

5 나는 다른 도시로 이사하려고 생각 중이야. (think about, move to, another city)

→ I'm _____ _____ _____ _____ _____ _____.

6 Janet의 꿈은 세계 일주를 하는 것이다. (travel all around the world)

→ Janet's dream is _____ _____ _____ _____ _____.

7 그녀의 가장 큰 소망은 그녀가 가장 좋아하는 가수를 만나는 것이다. (meet, her favorite singer)

→ Her biggest wish is _____ _____ _____ _____.

E 우리말과 같은 뜻이 되도록 주어진 단어를 배열하시오.

1 늦어서 미안해. (for, late, sorry, I'm, being)

→ _____

2 내 직업은 집을 짓는 것이다. (is, houses, my, building, job)

→ _____

3 저를 도와 주셔서 감사합니다. (me, helping, for, you, thank)

→ _____

4 제발 남동생을 그만 괴롭혀. (your little brother, stop, bothering)

→ Please _____.

5 깊은 물에서 수영하는 것은 위험하다. (swimming, dangerous, is, in deep water)

→ _____

6 우리는 가난한 사람들을 위해 일하는 것을 좋아한다. (love, we, for, working, the poor)

→ _____

7 그의 가장 안 좋은 버릇은 손톱을 물어뜯는 것이다. (biting, his worst habit, is, his fingernails)

→ _____

Unit 54 to부정사와 동명사

A 주어진 동사를 알맞은 형태로 바꿔 문장을 완성하시오.

1 We need _____ some food. (buy)

2 When do you plan _____? (leave)

3 Kelly quit _____ as a nurse. (work)

4 I hope _____ Alaska sometime. (visit)

5 They finished _____ the housework. (do)

6 I don't mind _____ the window. (open)

7 She doesn't want _____ the club. (join)

8 Sam gave up _____ the problem. (solve)

B 보기 에서 알맞은 단어를 골라 어법에 맞게 바꿔 문장을 완성하시오.

보기	see	clean	be	watch	win	ask

1 We are practicing very hard. We expect _____ the game.

2 His room is messy. He is delaying _____ his room.

3 Brian decided _____ a doctor. He is studying hard these days.

4 The salesclerk was very unfriendly. I asked _____ the store manager.

5 My brothers enjoy _____ baseball games. They are baseball fans.

6 You can't choose an essay topic, can you? I suggest _____ a teacher for advice.

C 두 문장의 의미가 통하도록 to부정사를 동명사로 바꿔 문장을 완성하시오.

1 My family likes to go camping.

→ _____

2 We love to take a walk after dinner.

→ _____

3 The children started to jump with joy.

→ _____

4 Alex continued to talk about his ideas.

→ _____

우리말과 같은 뜻이 되도록 주어진 단어를 이용하여 문장을 완성하시오.

1 나는 여동생이 있으면 좋겠어요. (wish, have)

→ I _____ _____ _____ a younger sister.

2 잠깐 기다려 주시겠어요? (mind, wait)

→ Do you _____ _____ for a moment?

3 나는 곧 그녀를 보길 기대한다. (expect, see)

→ I _____ _____ _____ her soon.

4 그녀는 계속해서 나를 무시했다. (continue, ignore)

→ She _____ _____ me.

5 그 남자는 법을 위반한 것을 부인했다. (deny, break)

→ The man _____ _____ the law.

6 Erin은 현실을 받아들이는 것을 거부했다. (refuse, accept)

→ Erin _____ _____ _____ reality.

7 그는 만화책 읽는 것을 그만두고 소설을 읽기 시작했다. (quit, start, read)

→ He _____ _____ comic books and _____ _____ novels.

우리말과 같은 뜻이 되도록 주어진 단어를 배열하시오.

1 갑자기 비가 세차게 내리기 시작했다. (heavily, it, raining, started)

→ Suddenly, _____ .

2 그녀는 그를 만나는 것을 피하고 있다. (is, him, she, meeting, avoiding)

→ _____

3 그 소년은 답을 아는 척했다. (pretended, the answer, know, the boy, to)

→ _____

4 그녀는 내 파티에 오겠다고 약속했다. (come, promised, she, to my party, to)

→ _____

5 우리는 어머니 이야기를 듣는 것을 좋아한다. (like, our mother's stories, we, listening to)

→ _____

6 나는 내 과학 보고서 쓰는 것을 끝내야 한다. (should, writing, my science report, I, finish)

→ _____

7 그녀는 부모님을 위한 케이크 만드는 것을 포기했다. (for her parents, gave up, a cake, she, making)

→ _____

Unit 55 과거분사의 형태

A 동사의 과거와 과거분사를 쓰시오.

		과거	과거분사			과거	과거분사
1	cast			26	cut		
2	break			27	feel		
3	drive			28	drop		
4	choose			29	stop		
5	ring			30	try		
6	hit			31	hold		
7	bring			32	plan		
8	keep			33	lend		
9	draw			34	read		
10	write			35	forget		
11	see			36	fall		
12	throw			37	cost		
13	feed			38	hurt		
14	sing			39	meet		
15	catch			40	pay		
16	wake			41	put		
17	fight			42	spend		
18	swim			43	be		
19	sleep			44	begin		
20	set			45	do		
21	become			46	know		
22	come			47	go		
23	run			48	buy		
24	build			49	sit		
25	find			50	send		

B 보기 에서 알맞은 단어를 골라 어법에 맞게 바꿔 문장을 완성하시오.

[1-5] 보기   plan   play   cut   make   grow

1   This perfume was _____ in France.

2   Soccer is _____ all over the world.

3   A lot of trees were _____ down to make paper.

4   Good oranges are _____ in California.

5   A surprise party was _____ by Greg and Sue.

[6-10] 보기   do   put   hold   dry   send

6   The clothes were _____ by the sun.

7   The letters were _____ in the mailbox.

8   A bunch of roses was _____ to Wendy.

9   The work was _____ earlier than I expected.

10 The event is _____ every year on December 25th.

C 우리말과 같은 뜻이 되도록 주어진 단어를 이용하여 문장을 완성하시오.

1   어젯밤에 내 차가 도난 당했다. (steal)

→ My car _____ _____ last night.

2   도둑이 경찰에게 잡혔다. (catch)

→ The thief _____ _____ by the police.

3   이 교회는 300년 전에 지어졌다. (build)

→ This church _____ _____ 300 years ago.

4   그 동상은 박물관 앞에 설치되었다. (install)

→ The statue _____ _____ in front of the museum.

5   미국에서 커피가 차보다 선호된다. (prefer)

→ Coffee _____ _____ over tea in America.

6   그 소문은 그 이웃들에 의해 퍼졌다. (spread)

→ The rumor _____ _____ by the neighbors.

7   많은 돈이 우주 과학에 쓰인다. (spend)

→ A lot of money _____ _____ on space science.

수동태의 형태와 의미

A 주어진 단어를 과거분사로 바꿔 수동태 문장을 완성하시오.

1 I was _____ by a bee. (sting)

2 The museum was _____ in 2014. (build)

3 Was this letter _____ from Marge? (send)

4 This picture was _____ by Van Gogh. (paint)

5 The cheesecake was _____ for my mother. (make)

6 The Internet is _____ all around the world. (use)

B 주어진 단어를 어법에 맞게 바꿔 문장을 완성하시오. [시제는 과거로 할 것]

1 break **(a)** Jake _____ the living room window.

(b) The mirror _____ by my sister.

2 teach **(a)** She _____ history at a middle school.

(b) English _____ to us by Jake.

3 grow **(a)** My grandparents _____ vegetables in their garden.

(b) These flowers _____ by Susan.

4 take **(a)** I _____ some pictures of my children.

(b) These pictures _____ by my father last weekend.

5 invite **(a)** I _____ many people to my wedding.

(b) All his classmates _____ to his birthday party last year.

C 주어진 문장을 수동태 문장으로 바꿔 쓰시오.

1 Someone stole my wallet yesterday.

→ _____

2 Ted repaired your broken computer.

→ _____

3 A lot of people visit this place.

→ _____

4 The students clean the classroom every day.

→ _____

D 우리말과 같은 뜻이 되도록 주어진 단어를 이용하여 문장을 완성하시오.

1 나는 개에게 물렸다. (bite)

→ I ＿＿＿＿＿＿ ＿＿＿＿＿＿ ＿＿＿＿＿＿ a dog.

2 그 책은 Andy가 썼다. (write)

→ The book ＿＿＿＿＿＿ ＿＿＿＿＿＿ ＿＿＿＿＿＿ Andy.

3 그 어려운 문제를 Dave가 풀었다. (solve)

→ The difficult question ＿＿＿＿＿＿ ＿＿＿＿＿＿ ＿＿＿＿＿＿ Dave.

4 그의 차는 매주 일요일에 세차된다. (wash)

→ His car ＿＿＿＿＿＿ ＿＿＿＿＿＿ every Sunday.

5 특별 요리가 손님들을 위해 마련되었다. (prepare for)

→ Special meals ＿＿＿＿＿＿ ＿＿＿＿＿＿ ＿＿＿＿＿＿ the guests.

6 영화제가 다음 주에 서울에서 열릴 것이다. (will, hold)

→ The Movie Festival ＿＿＿＿＿＿ ＿＿＿＿＿＿ ＿＿＿＿＿＿ in Seoul next week.

7 페이스북은 Mark Zuckerberg에 의해 만들어졌다. (create)

→ Facebook ＿＿＿＿＿＿ ＿＿＿＿＿＿ ＿＿＿＿＿＿ Mark Zuckerberg.

E 우리말과 같은 뜻이 되도록 주어진 단어를 배열하시오.

1 신문은 매일 아침 배달된다. (delivered, the newspaper, is)

→ ＿＿＿＿＿＿＿＿＿＿＿＿＿＿＿＿＿＿＿＿ every morning.

2 두 조각의 피자가 Tom을 위해 남겨졌다. (saved, were, for Tom, two slices of pizza)

→ ＿＿＿＿＿＿＿＿＿＿＿＿＿＿＿＿＿＿＿＿

3 크리스마스는 전 세계에서 기념된다. (celebrated, is, Christmas, worldwide)

→ ＿＿＿＿＿＿＿＿＿＿＿＿＿＿＿＿＿＿＿＿

4 당신의 예약은 월요일에 잡혀있습니다. (is, your appointment, on Monday, scheduled)

→ ＿＿＿＿＿＿＿＿＿＿＿＿＿＿＿＿＿＿＿＿

5 이 편지는 Paul에 의해 쓰여졌다. (by, this letter, written, Paul, was)

→ ＿＿＿＿＿＿＿＿＿＿＿＿＿＿＿＿＿＿＿＿

6 영어는 많은 나라에서 사용된다. (is, in many countries, English, spoken)

→ ＿＿＿＿＿＿＿＿＿＿＿＿＿＿＿＿＿＿＿＿

7 그 집은 유명한 건축가에 의해 설계되었다. (was, by, the house, a famous architect, designed)

→ ＿＿＿＿＿＿＿＿＿＿＿＿＿＿＿＿＿＿＿＿

현재완료의 형태

A 주어진 단어를 이용하여 현재완료 시제 문장을 완성하시오.

1 Amie has _____ Tai food once. (eat)

2 She has _____ her homework. (finish)

3 I have _____ my mother's birthday. (forget)

4 He has _____ English for three years. (study)

5 The girl has _____ sick since last Sunday. (be)

6 They have _____ each other for ten years. (know)

B 보기 에서 알맞은 것을 골라 현재완료 시제 문장을 완성하시오.

보기	arrive	join	drive	wear	see	stop

1 It _____ snowing.

2 I _____ the book club.

3 She _____ home safely.

4 He _____ glasses for 5 years.

5 We _____ the movie already.

6 My grandfather _____ for 15 years.

C 괄호 안의 지시대로 문장을 바꿔 쓰시오.

1 They have met before. (의문문)

→ _____

2 You have been to New York. (의문문)

→ _____

3 I have heard of the book before. (부정문)

→ _____

4 We have finished the work. (부정문)

→ _____

우리말과 같은 뜻이 되도록 주어진 단어를 이용하여 문장을 완성하시오.

1 마침내 겨울이 왔다. (come)

→ Finally, winter _____ _____.

2 그는 그 책을 돌려주었니? (return)

→ _____ _____ _____ the book?

3 나는 우리 졸업식 이후로 그녀를 본 적이 없다. (see, her)

→ I _____ _____ _____ since our graduation.

4 전에 눈에 문제가 있었나요? (have, problems)

→ _____ _____ _____ _____ with your eyes before?

5 Kevin은 배낭을 잃어버렸다. (lose, his backpack)

→ Kevin _____ _____ _____ _____.

6 그들은 약 5년 동안 고양이들을 기르고 있다. (raise, cats)

→ They _____ _____ _____ for about 5 years.

7 나는 그에게서 어떤 메시지도 받지 않았다. (receive, any messages)

→ I _____ _____ _____ _____ from him.

우리말과 같은 뜻이 되도록 주어진 단어를 배열하시오.

1 너는 연을 만들어 본 적이 있니? (ever, a kite, have, made, you)

→ _____

2 그들은 캐나다로 가버렸다. (to Canada, have, they, gone)

→ _____

3 우리는 아직 그 요금을 내지 않았다. (the bill, paid, haven't, we)

→ _____ yet.

4 나는 이미 콘서트 표를 샀다. (already bought, I, the concert ticket, have)

→ _____

5 Ryan은 10년째 내 가장 친한 친구이다. (been, Ryan, my best friend, has)

→ _____ for ten years.

6 Emma는 그 집을 사기로 결정했니? (decided, the house, buy, to, Emma, has)

→ _____

7 나는 전에 스마트폰을 사용해 본 적이 없다. (a smartphone, used, I, before, haven't)

→ _____

Unit 58 현재완료의 의미

A 주어진 단어를 이용하여 현재완료 시제 문장을 완성하시오. [부정문인 경우 축약형으로 쓸 것]

1 _____ you _____ to Egypt? (be)

2 He _____ his wallet at home. (leave)

3 We _____ the sunrise. (not, see)

4 She _____ the movie before. (watch)

5 I _____ since this morning. (not, eat)

6 My grandparents _____ here for three years. (live)

B 밑줄 친 부분에 유의하여 해석을 완성하시오.

1 Walter <u>has broken</u> his arm. → Walter는 팔이 _____.

2 <u>Has</u> it <u>stopped raining</u> yet? → 비가 벌써 _____?

3 They <u>have finished</u> their homework. → 그들은 숙제를 _____.

4 I <u>have never seen</u> a polar bear. → 나는 한 번도 북극곰을 _____.

5 She <u>has decided</u> to study abroad. → 그녀는 외국에서 공부하기로 _____.

6 We <u>have forgotten</u> her phone number. → 우리는 그녀의 전화번호를 _____.

C 두 문장을 현재완료를 이용한 문장으로 바꿔 쓰시오.

1 We lost our car. We don't have it now.

→ _____

2 Ted went to Japan. He is still in Japan.

→ _____

3 Dave started to play the guitar in high school. He still plays it.

→ _____ since he was in high school.

4 I started working for the bank three years ago. I still work there.

→ _____ for three years.

D 우리말과 같은 뜻이 되도록 주어진 단어를 이용하여 문장을 완성하시오.

1 Angela는 지난주부터 아팠다. (be, sick)

→ Angela ＿＿＿＿＿＿ ＿＿＿＿＿＿ ＿＿＿＿＿＿ since last week.

2 너는 인사동을 방문한 적이 있니? (visit)

→ ＿＿＿＿＿＿ ＿＿＿＿＿＿ ever ＿＿＿＿＿＿ Insadong?

3 그는 벌써 세차를 했니? (wash, his car)

→ ＿＿＿＿＿ ＿＿＿＿＿ ＿＿＿＿＿ ＿＿＿＿＿ ＿＿＿＿＿ yet?

4 그는 그 책을 벌써 읽었다. (read, the book)

→ He ＿＿＿＿＿ already ＿＿＿＿＿ ＿＿＿＿＿ ＿＿＿＿＿.

5 그들은 방금 새 자동차를 샀다. (buy, a new car)

→ They ＿＿＿＿＿ just ＿＿＿＿＿ ＿＿＿＿＿ ＿＿＿＿＿ ＿＿＿＿＿.

6 나는 최근에 살이 좀 빠졌다. (lose, some weight)

→ I ＿＿＿＿＿ ＿＿＿＿＿ ＿＿＿＿＿ ＿＿＿＿＿ recently.

7 내 여동생은 이미 숙제를 했다. (do, her homework)

→ My sister ＿＿＿＿＿ already ＿＿＿＿＿ ＿＿＿＿＿ ＿＿＿＿＿.

E 우리말과 같은 뜻이 되도록 주어진 단어를 배열하시오.

1 우리 엄마는 쇼핑하러 가셨다. (gone out, has, shopping)

→ My mom ＿＿＿＿＿＿＿＿＿＿＿＿＿＿＿＿＿＿＿＿.

2 그들은 20년째 친구로 지내고 있다. (friends, have, been, they)

→ ＿＿＿＿＿＿＿＿＿＿＿＿＿＿＿＿＿＿ for twenty years.

3 우리는 10년째 서로 알고 지내고 있다. (each other, have, we, known)

→ ＿＿＿＿＿＿＿＿＿＿＿＿＿＿＿＿＿＿ for ten years.

4 나는 아직 결정을 내리지 못했다. (made up, I, my mind, haven't)

→ ＿＿＿＿＿＿＿＿＿＿＿＿＿＿＿＿＿＿ yet.

5 나는 전에 그 노래를 들은 적이 없다. (never, I, heard, the song, have)

→ ＿＿＿＿＿＿＿＿＿＿＿＿＿＿＿＿＿＿ before.

6 너 새로 개업한 식당에 가봤니? (been, to, have, you, the new restaurant)

→ ＿＿＿＿＿＿＿＿＿＿＿＿＿＿＿＿＿＿

7 그녀는 아직 설거지를 끝내지 않았다. (doing the dishes, she, finished, hasn't)

→ ＿＿＿＿＿＿＿＿＿＿＿＿＿＿＿＿＿＿ yet.

현재완료와 단순과거

A 주어진 동사를 이용하여 과거 또는 현재완료 시제 문장을 완성하시오.

1 We _____ a test last month. (have)

2 I _____ to China two times. (be)

3 They _____ Korean food last night. (eat)

4 I _____ the movie many times. (see)

5 Matt _____ in France two hours ago. (arrive)

6 She _____ the piano for ten years. (play)

B 주어진 동사를 이용하여 과거 또는 현재완료 시제 문장을 완성하시오.

1 meet **A** I _____ Jane last week.

　　　　　 B I _____ Jane once before.

2 grow **A** My cousin _____ a lot since I last saw him.

　　　　　 B I _____ up in Daejeon and moved to Seoul for college.

3 learn **A** She _____ English for ten years.

　　　　　 B She _____ English last year.

4 cut **A** She _____ her finger last night.

　　　　　 B She _____ her finger. It is bleeding now.

5 go **A** He _____ to London two years ago.

　　　　　 B He _____ to London. He is not here now.

C 밑줄 친 부분을 어법에 맞게 고쳐 쓰시오.

1 He has lost his dog last weekend.　　　　　　　　　　　　　_____

2 Nick has gone to London last year.　　　　　　　　　　　　 _____

3 She doesn't speak to me since last week.　　　　　　　　　 _____

4 Did you ever played table tennis before?　　　　　　　　　 _____

5 My father has have the car for fifteen years.　　　　　　　 _____

6 I have leave my textbook in the classroom, and I don't have it now.　_____

D 우리말과 같은 뜻이 되도록 주어진 단어를 이용하여 문장을 완성하시오.

1 우리는 그때 파리에 있었다. (be, in Paris)

→ We _____ _____ _____ at that time.

2 너는 서울에 온 지 얼마나 됐니? (be, in Seoul)

→ How long _____ you _____ _____ _____?

3 Alice는 5년째 수학을 가르치고 있다. (teach, math)

→ Alice _____ _____ _____ for five years.

4 나는 이틀 전부터 두통이 있었다. (have, a headache)

→ I _____ _____ _____ _____ since two days ago.

5 그는 어젯밤에 야구 경기를 보았다. (watch, the baseball game)

→ He _____ _____ _____ _____ last night.

6 그는 2년째 일본어 공부를 하고 있다. (study, Japanese)

→ He _____ _____ _____ for two years.

7 나는 오늘 아침 토스트를 먹고 우유를 마셨다. (eat, toast, drink, milk)

→ I _____ _____ and _____ _____ this morning.

E 우리말과 같은 뜻이 되도록 주어진 단어를 배열하시오.

1 그는 20세부터 혼자 살아왔다. (lived, he, alone, has)

→ _____ since he was twenty years old.

2 나는 지난주에 Warren을 보았다. (saw, last, Warren, I, weekend)

→ _____

3 그들은 5년 전에 여기로 이사했다. (here, moved, they, ago, years, five)

→ _____

4 그녀는 그의 전화를 어제부터 기다리고 있다. (waited for, she, his call, has)

→ _____ since yesterday.

5 나는 그 전자사전을 1년째 쓰고 있다. (used, the electronic dictionary, have, I)

→ _____ for a year.

6 우리는 지난주부터 그로부터 소식을 듣지 못했다. (haven't, from him, we, heard)

→ _____ since last week.

7 그녀는 한 시간 전에 숙제를 끝냈다. (finished, her, she, homework, ago, an hour)

→ _____

시간 관련 전치사 at, on, in

A at, on, in 중 알맞은 것을 골라 빈칸에 써 넣으시오.

1 _____ 2015

2 _____ that time

3 _____ Sunday

4 _____ 3 p.m.

5 _____ Christmas Day

6 _____ the 19th century

7 _____ July 3rd

8 _____ winter

9 _____ night

10 _____ the future

11 _____ Easter

12 _____ the 2000s

13 _____ Friday night

14 _____ the afternoon

15 _____ New Year's Day

16 _____ the end of June

B 밑줄 친 부분을 어법에 맞게 고쳐 쓰시오.

1 I heard a knock at the door <u>on</u> midnight. _____

2 She will go to Australia <u>at</u> May. _____

3 It is chilly <u>at</u> the morning these days. _____

4 We go out for dinner <u>at</u> special days. _____

5 Let's meet <u>on</u> 5:00 <u>in</u> Friday. _____

6 My grandfather died <u>on</u> 1998 <u>in</u> the age of 90. _____

C at, on, in 중 알맞은 것을 골라 빈칸에 써 넣으시오.

1 The train leaves _____ noon.

2 The concert starts _____ 7:30.

3 My parents got married _____ 2000.

4 We have a lot of snow _____ winter.

5 I go jogging _____ Sunday mornings.

6 My family gets together _____ Christmas.

7 The Movie Festival is held _____ September.

8 We are going to have a party _____ Valentine's Day.

D 우리말과 같은 뜻이 되도록 주어진 단어를 이용하여 문장을 완성하시오.

1 우리는 일요일마다 교회에 간다. (Sundays)

→ We go to church ＿＿＿＿＿＿＿＿ ＿＿＿＿＿＿＿＿.

2 그녀는 그때 도서관에 있었다. (that time)

→ She was in the library ＿＿＿＿＿＿＿＿ ＿＿＿＿＿＿＿＿ ＿＿＿＿＿＿＿＿.

3 나는 매일 여섯 시에 일어난다. (six o'clock)

→ I get up ＿＿＿＿＿＿＿＿ ＿＿＿＿＿＿＿＿ ＿＿＿＿＿＿＿＿ every day.

4 새 학기는 9월 1일에 시작한다. (September 1st)

→ A new semester starts ＿＿＿＿＿＿＿＿ ＿＿＿＿＿＿＿＿ ＿＿＿＿＿＿＿＿.

5 가을에는 나뭇잎들이 빨갛고 노랗게 변한다. (fall)

→ Leaves turn red and yellow ＿＿＿＿＿＿＿＿ ＿＿＿＿＿＿＿＿.

6 그는 작년 1월에 자동차 사고를 당했다. (January)

→ He had an car accident ＿＿＿＿＿＿＿＿ ＿＿＿＿＿＿＿＿ last year.

7 Sarah는 눈이 오는 날에는 운전을 하지 않는다. (snowy days)

→ Sarah doesn't drive ＿＿＿＿＿＿＿＿ ＿＿＿＿＿＿＿＿ ＿＿＿＿＿＿＿＿.

E 우리말과 같은 뜻이 되도록 주어진 단어를 배열하시오.

1 그는 2003년에 태어났다. (was, in, he, born, 2003)

→ ＿＿＿＿＿＿＿＿＿＿＿＿＿＿＿＿＿＿＿＿＿＿＿＿＿＿＿＿＿＿＿＿＿＿＿＿＿

2 밤에는 밖에 나가지 마라. (go out, night, at, don't)

→ ＿＿＿＿＿＿＿＿＿＿＿＿＿＿＿＿＿＿＿＿＿＿＿＿＿＿＿＿＿＿＿＿＿＿＿＿＿

3 Matt는 대개 저녁에 TV를 본다. (TV, evening, watches, the, in)

→ Matt usually ＿＿＿＿＿＿＿＿＿＿＿＿＿＿＿＿＿＿＿＿＿＿＿＿＿＿＿＿＿＿.

4 나는 점심시간에 낮잠을 잔다. (at, take a nap, I, lunchtime)

→ ＿＿＿＿＿＿＿＿＿＿＿＿＿＿＿＿＿＿＿＿＿＿＿＿＿＿＿＿＿＿＿＿＿＿＿＿＿

5 사람들은 추수감사절에 칠면조를 먹는다. (turkey, at, eat, Thanksgiving)

→ People ＿＿＿＿＿＿＿＿＿＿＿＿＿＿＿＿＿＿＿＿＿＿＿＿＿＿＿＿＿＿＿＿＿＿.

6 나는 미래에 과학자가 되고 싶다. (want, a scientist, be, in, to, future, the)

→ I ＿＿＿＿＿＿＿＿＿＿＿＿＿＿＿＿＿＿＿＿＿＿＿＿＿＿＿＿＿＿＿＿＿＿＿＿.

7 그녀는 월요일 아침에 아침을 거른다. (on, breakfast, skips, Monday mornings)

→ She ＿＿＿＿＿＿＿＿＿＿＿＿＿＿＿＿＿＿＿＿＿＿＿＿＿＿＿＿＿＿＿＿＿＿＿.

Unit 61 시간 관련 전치사 during / for, by / until

A 빈칸에 during과 for 중 알맞은 것을 써 넣으시오.

1 I have been here _____ a week.

2 We played outside _____ an hour.

3 It snowed a lot _____ the winter.

4 Turn off your cell phone _____ the movie.

5 I stayed with my uncle _____ summer vacation.

6 She has taken swimming lessons _____ four months.

B 빈칸에 by와 until 중 알맞은 것을 써 넣으시오.

1 You must return these books _____ April 22nd.

2 She studied in Germany _____ 2014.

3 I will be here _____ five.

4 These free tickets are valid _____ September.

5 The presentation needs to be ready _____ tomorrow morning.

6 I have to finish my homework _____ 5 p.m.

C 밑줄 친 부분을 어법에 맞게 고쳐 쓰시오.

1 Ray was injured <u>for</u> the game. _____

2 You should be back home <u>until</u> 1 p.m. _____

3 I cleaned the house <u>during</u> three hours. _____

4 We had a wonderful time <u>for</u> our vacation. _____

5 These clothes are on sale <u>by</u> next Monday. _____

6 Listen carefully to your teacher <u>for</u> the class. _____

7 You should finish your report <u>until</u> next Friday. _____

8 Brian has practiced baseball <u>during</u> two months. _____

D 우리말과 같은 뜻이 되도록 주어진 단어를 이용하여 문장을 완성하시오.

1 나는 5월까지 유럽을 여행할 것이다. (May)

→ I will travel around Europe _____ _____.

2 강아지가 한 시간 동안 짖고 있었다. (an hour)

→ The dog was barking _____ _____ _____.

3 금요일까지 에세이를 마칠 수 있니? (Friday)

→ Can you complete your essay _____ _____?

4 나는 회의 중에 잠이 들었다. (the meeting)

→ I fell asleep _____ _____ _____.

5 그들은 7시까지 파티에 도착할 것이다. (7 p.m.)

→ They will arrive at the party _____ _____ _____.

6 너는 2시까지 시험을 끝내야 한다. (two o'clock)

→ You have to finish the exam _____ _____ _____.

7 식사를 하는 동안 아무도 말을 하지 않았다. (the meal)

→ Nobody spoke _____ _____ _____.

E 우리말과 같은 뜻이 되도록 주어진 단어를 배열하시오.

1 어젯밤 나는 9시까지 일했다. (until, worked, I, 9 p.m.)

→ Last night, _____

2 어제 그녀는 10시간 동안 잤다. (for, she, ten hours, slept)

→ Yesterday, _____.

3 부엉이는 낮 동안에 잠을 잔다. (sleep, the day, Owls, during)

→ _____

4 나는 Alex를 1년 동안 보지 못했다. (a year, Alex, seen, haven't, I, for)

→ _____

5 폭풍이 부는 동안 정전되었다. (went off, during, the power, the storm)

→ _____

6 우리는 11시까지 역에 도착해야 한다. (we, the station, get to, should, 11, by)

→ _____

7 그들은 해질녘까지 해변에 머물렀다. (stayed at, they, sunset, the beach, until)

→ _____

Unit 62 장소 관련 전치사 at, on, in

A 두 문장에 공통으로 들어갈 알맞은 전치사를 써 넣으시오.

1 • The dog is sleeping _____ the sofa.

　• He dropped his spoon _____ the floor.

2 • The plane flew _____ the city.

　• The girl put her hands _____ her eyes.

3 • Jane put her old books _____ the box.

　• My grandparents live _____ the countryside.

4 • People are standing in line _____ the bus stop.

　• I saw Harold _____ the party.

B 그림을 보고, 보기 에서 알맞은 전치사를 골라 대화를 완성하시오.

1

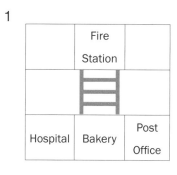

	Fire Station	
Hospital	Bakery	Post Office

보기　　in front of　　between

A Excuse me. Is there any bakery around here?

B Yes. Can you see the fire station? There is a crosswalk _____ the fire station. Cross the street and you'll find the bakery.

A Is it the building _____ the hospital and the post office?

B Yes, it is.

2

보기　　under　　over

A I like your room. The clock _____ the window is so cute!

B I got it from Sandy for my birthday present.

A The kitten is sleeping _____ the chair.

B Okay, let's go outside.

3

보기　　behind　　next to

A Who are your sisters, Julia and Jenny?

B Julia is standing _____ the couch.

A How about Jenny?

B Jenny is wearing a skirt and standing _____ the window.

C 우리말과 같은 뜻이 되도록 주어진 단어를 이용하여 문장을 완성하시오.

1 박물관 앞에서 만나자. (the museum)

→ Let's meet _____ _____ _____ _____ _____.

2 잘 생긴 남자가 내 옆에 앉았다. (me)

→ The good-looking guy sat _____ _____ _____.

3 우리는 나무 아래에서 쉬고 있다. (the tree)

→ We are resting _____ _____ _____.

4 너는 등 뒤에 무엇을 숨기고 있니? (your back)

→ What are you hiding _____ _____ _____?

5 Kelly는 안경을 탁자 위에 내려놓았다. (the table)

→ Kelly put down her glasses _____ _____ _____.

6 아이들은 머리끝부터 발끝까지 진흙으로 덮여 있었다. (head, toe)

→ The children were covered _____ _____ _____ _____ in mud.

7 두 개의 높은 빌딩 사이에 오래된 교회가 있다. (two tall buildings)

→ There is an old church _____ _____ _____ _____.

D 우리말과 같은 뜻이 되도록 주어진 단어를 배열하시오.

1 그들은 잔디에 누워 있다. (are, they, the grass, lying, on)

→ _____

2 그는 사다리를 오르고 있다. (a ladder, is, up, climbing, he)

→ _____

3 나는 의자를 탁자 옆에 갖다 놓았다. (set, I, a chair, the table, beside)

→ _____

4 그는 교실에서 슬며시 나왔다. (the classroom, he, out of, slipped)

→ _____

5 그 강은 마을을 관통해 흐른다. (the river, the village, through, runs)

→ _____

6 그녀는 바구니 안으로 공을 던졌다. (threw, into, the ball, she, the basket)

→ _____

7 Dave가 공항에 나를 데리러 나올 것이다. (at, the airport, pick, will, me, Dave, up)

→ _____

기타 전치사

A 보기 에서 알맞은 것을 골라 빈칸에 써 넣으시오.

[1-5] 보기   from   like   for   across   with

1 The cat ran _____ the street.

2 Dad will cook dinner _____ us tonight.

3 I share a room _____ my sister.

4 Jason is wearing a cap _____ mine.

5 I have learned so much _____ my teacher.

[6-10] 보기   to   by   along   around   in

6 People are dressed _____ black clothes for a funeral.

7 Will you send me the report _____ email?

8 My brother plans to go _____ college next year.

9 They are walking _____ the trail hand in hand.

10 Some trees are planted _____ their house.

B 빈칸에 공통으로 들어갈 알맞은 전치사를 써 넣으시오.

1 • We go to school _____ subway.

   • These paintings were painted _____ Picasso.

2 • Will you have dinner _____ me tonight?

   • Helen cut the newspaper _____ scissors.

3 • Jacob knows a lot _____ cars.

   • The boy always reads books _____ sea animals.

4 • Paul wrote a long love letter _____ Wendy.

   • I wish to go _____ the moon someday.

5 • The train leaves _____ New York at noon.

   • Will you open the door _____ me?

D 우리말과 같은 뜻이 되도록 주어진 단어를 이용하여 문장을 완성하시오.

1 네 앞으로 소포가 하나 왔다. (you)

→ There's a package ＿＿＿＿＿＿＿ ＿＿＿＿＿＿＿.

2 그들은 자동차로 전국을 여행했다. (car)

→ They traveled around the country ＿＿＿＿＿＿＿ ＿＿＿＿＿＿＿.

3 너와 함께 있어서 정말로 행복하다. (you)

→ I'm really happy to be ＿＿＿＿＿＿＿ ＿＿＿＿＿＿＿.

4 길을 따라서 많은 가게가 있다. (the street)

→ There are many stores ＿＿＿＿＿＿＿ ＿＿＿＿＿＿＿ ＿＿＿＿＿＿＿.

5 아빠는 방금 중국에서 집으로 돌아왔다. (China)

→ Dad just got home ＿＿＿＿＿＿＿ ＿＿＿＿＿＿＿.

6 나는 막대기로 그의 주변에 동그라미를 그렸다. (him)

→ I drew a circle ＿＿＿＿＿＿＿ ＿＿＿＿＿＿＿ with a stick.

7 나는 종종 부모님과 내 학교생활에 대해 이야기를 한다. (my parents)

→ I often talk about my school life ＿＿＿＿＿＿＿ ＿＿＿＿＿＿＿ ＿＿＿＿＿＿＿.

E 우리말과 같은 뜻이 되도록 주어진 단어를 배열하시오.

1 Janet은 아버지를 닮았다. (looks, her father, Janet, like)

→ ＿＿＿＿＿＿＿＿＿＿＿＿＿＿＿＿＿＿＿＿＿＿＿＿＿＿

2 사소한 것에 대해 걱정하지 마라. (small things, worry, don't, about)

→ ＿＿＿＿＿＿＿＿＿＿＿＿＿＿＿＿＿＿＿＿＿＿＿＿＿＿

3 그는 공책을 Ann에게 빌렸다. (from, a notebook, borrowed, he, Ann)

→ ＿＿＿＿＿＿＿＿＿＿＿＿＿＿＿＿＿＿＿＿＿＿＿＿＿＿

4 나는 파리행 비행기를 예약했다. (a flight, booked, for, I, Paris)

→ ＿＿＿＿＿＿＿＿＿＿＿＿＿＿＿＿＿＿＿＿＿＿＿＿＿＿

5 우체국으로 가는 길을 가르쳐 주세요. (the post office, the way, tell, to, me)

→ Please ＿＿＿＿＿＿＿＿＿＿＿＿＿＿＿＿＿＿＿＿＿＿.

6 아이들은 크레용으로 그림 그리는 것을 좋아한다. (love, with, draw, to, kids, pictures, crayons)

→ ＿＿＿＿＿＿＿＿＿＿＿＿＿＿＿＿＿＿＿＿＿＿＿＿＿＿

7 빨간 드레스를 입은 여성이 내게는 낯이 익다. (in, looks, a red dress, the woman, familiar)

→ ＿＿＿＿＿＿＿＿＿＿＿＿＿＿＿＿＿＿＿＿＿＿＿＿ to me.

등위 접속사

A **보기** 에서 알맞은 말을 골라 빈칸에 써 넣으시오. [한 번씩만 쓸 것]

[1-3] **보기**   and   but   or

1 Patrick is handsome _____ unkind.

2 I put milk _____ honey in my tea.

3 Will you leave _____ stay with us?

[4-6] **보기**   and   but   or

4 She dropped a cup _____ broke it.

5 Is he from Australia _____ New Zealand?

6 He fell off the ladder, _____ he was not hurt.

[7-9] **보기**   and   but   or

7 Is your dog a male _____ a female?

8 My grandmother is very old _____ healthy.

9 My hobbies are horseback riding _____ scuba diving.

B 두 문장의 의미가 통하도록 명령문을 이용해서 문장을 다시 쓰시오.

1 If you call me, I will help you.

→ _____

2 Unless you are careful, you will get hurt.

→ _____

3 If you turn right, you can find the building.

→ _____

4 If you take this medicine, you will feel better.

→ _____

5 If you don't get up now, you will miss your school bus.

→ _____

6 If you don't finish your homework, you can't play outside.

→ _____

C 우리말과 같은 뜻이 되도록 주어진 단어를 이용하여 문장을 완성하시오.

1 차나 커피 드릴까요? (tea, coffee)

→ Would you like _____ _____ _____?

2 춥고 흐렸지만, 눈이 내리지는 않았다. (cold, cloudy)

→ It was _____ _____ _____, _____ it didn't snow.

3 이 신발들은 멋지긴 하지만 너무 비싸다. (nice, too expensive)

→ These shoes are _____ _____ _____ _____.

4 너는 외출할래, 아니면 집에 있을래? (go out, stay home)

→ Do you want to _____ _____ _____ _____ _____?

5 규칙적으로 운동하라, 그러면 더 건강해 질 것이다. (be, healthier)

→ Exercise regularly _____ _____ _____ _____ _____.

6 휴가 동안 나는 시카고와 뉴욕을 방문할 것이다. (Chicago, New York)

→ I'll visit _____ _____ _____ _____ during my vacation.

7 나는 콘서트에 가고 싶었지만, 표가 매진되었다. (the tickets, sold, out)

→ I wanted to go to the concert, _____ _____ _____ _____
_____.

D 우리말과 같은 뜻이 되도록 주어진 단어를 배열하시오.

1 그녀는 작가니, 아니면 사진사니? (she, or, a writer, is, a photographer)

→ _____

2 서둘러, 그렇지 않으면 늦을 거야. (late, hurry up, you, will, be, or)

→ _____

3 그녀는 어리지만, 용감하다. (is, but, brave, young, she)

→ _____

4 한국 음식은 맛있고 건강에 좋다. (delicious, is, Korean food, healthy, and)

→ _____

5 Brian은 음악을 좋아하지만, 노래하는 것을 좋아하지 않는다. (but, like, singing, doesn't, he)

→ Brian likes music, _____.

6 열심히 공부해라, 그러면 시험에 통과할 것이다. (and, will, the exam, study hard, you, pass)

→ _____

7 나는 그녀에게 여러 번 전화했지만, 그녀는 받지 않았다. (didn't, I, many times, her, she, called, but, answer)

→ _____

64

상관 접속사

A 우리말과 같은 뜻이 되도록 빈칸에 알맞은 말을 쓰시오.

1 Sylvia는 우유와 주스 둘 다 마시지 않는다.

→ Sylvia drinks _____ milk _____ juice.

2 그는 우리 아빠가 아니라 우리 오빠이다.

→ He is _____ my father _____ my brother.

3 너와 Jane 중 한 명이 욕실 청소를 해야 한다.

→ _____ you _____ Jane has to clean the bathroom.

4 그녀는 요리하는 것뿐만 아니라 먹는 것도 즐긴다.

→ She enjoys _____ _____ cooking _____ _____ eating.

5 Jim과 나는 둘 다 물리학에서 A를 받았다.

→ _____ Jim _____ I got an A in physics.

6 그의 음악은 유럽뿐만 아니라 아시아에서도 인기가 있다.

→ His music is popular in Asia _____ in Europe.

B 주어진 동사를 알맞은 형태로 바꿔 문장을 완성하시오.

1 Both my sister and my brother _____ good care of me. (take)

2 Either he or she _____ to tell them the truth. (need)

3 Neither he nor I _____ a special plan for the weekend. (have)

4 Not only he but also his parents _____ proud of you. (feel)

C 두 문장의 의미가 통하도록 주어진 접속사를 이용하여 문장을 완성하시오.

1 She is happy and she is confused, too.

→ She is _____. (both ~ and)

2 The movie is not interesting, and it is not boring, either.

→ The movie is _____. (neither ~ nor)

3 Children need healthy food, and adults need healthy food, too.

→ _____ need healthy food. (not only ~ but also)

→ _____ need healthy food. (as well as)

D 우리말과 같은 뜻이 되도록 주어진 단어를 이용하여 문장을 완성하시오.

1 그녀는 독일어와 불어 둘 다 잘 한다. (German, French)

→ She can speak _____ _____ _____ _____ well.

2 Steve는 지식뿐만 아니라 경험도 있다. (experience, knowledge)

→ Steve has _____ _____ _____ _____ _____.

3 우리는 아침과 점심 둘 다 먹지 않았다. (neither, breakfast, lunch)

→ We ate _____ _____ _____ _____.

4 내 동생과 나는 둘 다 캠프에 갈 것이다. (both, my brother, I)

→ _____ _____ _____ _____ _____ will go to the camp.

5 토요일이나 일요일 아무 때나 난 괜찮아. (either, Saturday, Sunday)

→ _____ _____ _____ _____ is fine with me.

6 Chris는 키가 클 뿐만 아니라 잘 생기기도 했다. (not only, tall, handsome)

→ Chris is _____ _____ _____ _____ _____ _____.

7 Roberto는 이탈리아 사람이 아니라 스페인 사람이다. (not, Italian, Spanish)

→ Roberto is _____ _____ _____ _____.

E 우리말과 같은 뜻이 되도록 주어진 단어를 배열하시오.

1 '예' 또는 '아니요' 둘 중 하나로 대답하시오. (either, answer, yes, no, or)

→ Please _____.

2 그녀는 시뿐만 아니라 소설도 쓴다. (writes, poems, she, as well as, novels)

→ _____

3 현명하게도, 그는 돈을 빌리지도 빌려주지도 않는다. (lends, money, nor, borrows, neither, he)

→ Wisely, _____.

4 그녀는 엄마와 아빠 둘 다 닮았다. (takes after, she, both, and, her mom, dad)

→ _____

5 그는 일주일 동안 먹지도 자지도 못했다. (could, he, eat, sleep, neither, nor)

→ _____ for a week.

6 가장 중요한 것은 돈이 아니라 건강이다. (the most important, not, health, is money, but, thing)

→ _____

7 나는 빨간 드레스뿐만 아니라 하얀 드레스도 마음에 든다. (not only, but also, a red dress, a white one)

→ I like _____.

종속 접속사

A 우리말과 같은 뜻이 되도록 알맞은 접속사를 써 넣으시오.

1 내가 새 스웨터를 빨고 난 후, 그것이 줄어들었다.

→ My new sweater shrank _____ I washed it.

2 방문하기 전에 저에게 전화해 주세요.

→ Please call me _____ you visit.

3 Peter는 아파서 학교에 가지 않았다.

→ Peter didn't go to school _____ he was sick.

4 그녀는 열심히 일하지 않으면 직장을 잃게 될 것이다.

→ _____ she doesn't work hard, she'll lose her job.

B 보기 에서 알맞은 말을 골라 빈칸에 써 넣으시오. [한 번씩만 쓸 것]

보기	before	because	when	if

1 What were you doing _____ I called you?

2 _____ I go to bed, I'll brush my teeth.

3 _____ the weather is fine, we'll go camping.

4 They trust Sarah _____ she is honest.

C 주어진 접속사를 이용하여 두 문장을 한 문장으로 만드시오.

1 You need my help. Let me know. (if)

→ _____, let me know.

2 Finish your homework, and then watch TV. (after)

→ Watch TV _____.

3 The boy saw his mother and he started crying. (when)

→ _____, he started crying.

4 It was hot. I turned on the air conditioner. (because)

→ I turned on the air conditioner _____.

5 The girl made a wish. She blew out the candles. (before)

→ The girl made a wish _____.

보기 에서 알맞은 표현을 골라 의미가 통하도록 문장을 완성하시오.

보기	because he is kind	if you meet Isabel	after everyone arrived
	before you speak	when I arrive at the airport	

1 I'll call you _____.

2 You'd better think carefully _____.

3 They started the meeting _____.

4 Please say hi to her for me _____.

5 Every student likes our teacher _____.

E 우리말과 같은 뜻이 되도록 주어진 단어를 이용하여 문장을 완성하시오.

1 그녀는 조깅을 할 때 물을 많이 마신다. (jog)

   → _____ _____ _____, she drinks a lot of water.

2 그가 너를 만난 후 그는 다른 사람이 되었다. (meet)

   → _____ _____ _____ _____, he became a different person.

3 네가 아직 배고프면 내가 너에게 더 가져다줄게. (still, hungry)

   → _____ _____ _____ _____ _____, I'll get you more.

4 네가 결정을 내리기 전에 모든 것에 대해 신중하게 생각하라. (decide)

   → Think about everything carefully _____ _____ _____.

5 나에게 충분한 돈이 없었기 때문에 나는 그 코트를 사지 못했다. (have, enough, money)

   → _____ _____ _____ _____ _____ _____,
      I couldn't buy the coat.

F 우리말과 같은 뜻이 되도록 주어진 단어를 배열하시오.

1 그는 점심을 먹은 후 산책을 갔다. (had, he, after, lunch)

   → He took a walk _____.

2 나는 초대받으면 그들의 결혼식에 갈 것이다. (invited, if, am, I)

   → I will go to their wedding _____.

3 그녀는 그 소식을 듣고 행복했다. (heard, when, the news, she)

   → She was happy _____.

4 우리 어두워지기 전에 집에 가는 것이 좋겠어. (gets, it, before, dark)

   → We'd better go home _____.

5 나는 해산물에 알레르기가 있어서 해산물을 먹지 않는다. (it, I'm, because, to, allergic)

   → I don't eat seafood _____.

Unit 67 주격 관계대명사

A 빈칸에 who와 which 중 알맞은 것을 써 넣으시오.

1 He is the man _____ saved my life.

2 I know the boy _____ lives next door.

3 She has a daughter _____ is a singer.

4 I bought a pair of jeans _____ was on sale.

5 The boy read a book _____ is about dinosaurs.

6 Do you have a blanket _____ is made of wool?

B 주어진 단어를 이용하여 현재 시제 문장을 완성하시오.

1 I have uncles who _____ in Hawaii. (live)

2 He has a dog that _____ him a lot. (like)

3 I work for a company that _____ toys. (make)

4 Do you know the woman who _____ wearing sunglasses? (be)

5 A refrigerator is a machine which _____ food fresh. (keep)

6 Do you know a restaurant which _____ Indian food? (serve)

C 두 문장을 관계대명사를 이용하여 한 문장으로 만드시오.

1 He likes a woman. She has long brown hair.

　　→ He likes a woman _____.

2 Yesterday, I visited a man. He is a math teacher.

　　→ Yesterday, I visited a man _____.

3 Kate is a student. She won first prize.

　　→ Kate is a student _____.

4 We are going to buy a house. The house is near the beach.

　　→ We are going to buy a house _____.

5 I saw a documentary. The documentary was about robots.

　　→ I saw a documentary _____.

6 Is there any bookstore? The bookstore is nearby.

　　→ Is there any bookstore _____?

우리말과 같은 뜻이 되도록 주어진 단어를 이용하여 문장을 완성하시오.

1 너는 운전하고 있는 그 여자를 아니? (drive)

→ Do you know the woman _____ _____ _____?

2 그들은 평화를 원하는 사람들이다. (want, peace)

→ They are the people _____ _____ _____.

3 이것들이 어린이들에게 좋은 책이에요. (be, good)

→ These are the books _____ _____ _____ for children.

4 나는 많은 상을 받은 영화를 봤다. (win, many awards)

→ I watched the movie _____ _____ _____ _____.

5 그녀는 스위스에서 만들어진 시계를 차고 있다. (make)

→ She is wearing a watch _____ _____ _____ in Switzerland.

6 우리는 한국에서 최고급 호텔에 묵었다. (be, the finest)

→ We stayed at the hotel _____ _____ _____ _____ in Korea.

7 나는 초등학교 때 나를 놀렸던 소년을 기억한다. (tease, me)

→ I remember the boy _____ _____ _____ in elementary school.

우리말과 같은 뜻이 되도록 주어진 단어를 배열하시오.

1 Rick은 20년 된 차를 운전한다. (is, a car, old, twenty, years, which)

→ Rick drives _____.

2 그녀는 사고를 낸 남자를 보았다. (the accident, the man, caused, who)

→ She saw _____.

3 그들은 눈동자 색이 다른 고양이를 기른다. (odd eyes, that, a cat, has)

→ They have _____.

4 내 여동생은 피아노를 연주하고 있는 소녀야. (who, the piano, is, the girl, playing)

→ My sister is _____.

5 나는 큰 주머니가 있는 외투를 찾고 있어요. (which, has, big pockets, a jacket)

→ I'm looking for _____.

6 나는 3개 국어를 하는 소년을 알고 있다. (who, three languages, a boy, speaks)

→ I know _____.

7 Susan은 나를 이해하는 유일한 친구이다. (that, me, understands, the only friend)

→ Susan is _____.

목적격 관계대명사

A 빈칸에 알맞은 관계대명사를 모두 쓰시오.

1 The boy _____ I met is Andy.

2 He lost the book _____ I lent him.

3 This is the cell phone _____ I want to have.

4 He is the teacher _____ many students like.

5 The subject _____ she likes the most is English.

6 I remember the boy _____ we saw in the library.

B 밑줄 친 부분을 생략할 수 있으면 ○, 생략할 수 없으면 ×표 하시오.

1 Ben is the boy who Miranda likes. _____

2 I have a cousin who lives in Moscow. _____

3 She has a dog that barks loudly at night. _____

4 Dad had a sandwich which tasted bitter. _____

5 The bike which he is riding now is not his. _____

6 I still cherish the letters that I received from her. _____

C 두 문장을 관계대명사를 이용하여 한 문장으로 만드시오.

1 This is the book. She has read it five times.

→ This is the book _____ .

2 The car was stolen. Angela bought it last month.

→ The car _____ was stolen.

3 The picture is very interesting. The girl drew it.

→ The picture _____ is very interesting.

4 He met a woman. He has known her for ten years.

→ He met a woman _____ .

5 That is the man. I want to introduce him to you.

→ That is the man _____ .

6 He is a movie star. Many teenagers want to meet him.

→ He is a movie star _____ .

우리말과 같은 뜻이 되도록 주어진 단어를 이용하여 문장을 완성하시오.

1 Harry는 내가 믿는 사람이다. (trust)

→ Harry is the man ＿＿＿＿＿＿＿＿ ＿＿＿＿＿＿＿＿ ＿＿＿＿＿＿＿＿.

2 나는 네가 이야기하고 있는 소녀를 알아. (talk)

→ I know the girl ＿＿＿＿＿＿＿ ＿＿＿＿＿＿＿ ＿＿＿＿＿＿＿ ＿＿＿＿＿＿＿ about.

3 나는 네가 지금 부르는 노래가 좋아. (sing)

→ I like the song ＿＿＿＿＿＿＿ ＿＿＿＿＿＿＿ ＿＿＿＿＿＿＿ ＿＿＿＿＿＿＿ now.

4 이것이 그녀가 나에게 만들어준 팔찌이다. (make)

→ This is the bracelet ＿＿＿＿＿＿＿ ＿＿＿＿＿＿＿ ＿＿＿＿＿＿＿ for me.

5 내가 소파에 둔 내 가방이 어디 있지? (put)

→ Where is my bag ＿＿＿＿＿＿＿ ＿＿＿＿＿＿＿ ＿＿＿＿＿＿＿ on the sofa?

6 내가 일주일 전에 너에게 보낸 편지 받았니? (send)

→ Did you receive the letter ＿＿＿＿＿＿＿ ＿＿＿＿＿＿＿ ＿＿＿＿＿＿＿ to you a week ago?

7 우리가 어제 봤던 여자가 우리의 새로운 선생님이야. (see)

→ The woman ＿＿＿＿＿＿＿ ＿＿＿＿＿＿＿ ＿＿＿＿＿＿＿ yesterday is our new teacher.

E 우리말과 같은 뜻이 되도록 주어진 단어를 배열하시오.

1 내가 좋아하는 소녀는 Brian을 좋아한다. (that, like, I, the girl)

→ ＿＿＿＿＿＿＿＿＿＿＿＿＿＿＿＿＿＿＿＿＿＿＿＿＿＿ likes Brian.

2 이것들은 엄마가 기른 토마토야. (Mom, which, the tomatoes, grew)

→ These are ＿＿＿＿＿＿＿＿＿＿＿＿＿＿＿＿＿＿＿＿＿＿＿.

3 그들은 내가 추천한 영화를 보았다. (I, the movie, recommended, that)

→ They saw ＿＿＿＿＿＿＿＿＿＿＿＿＿＿＿＿＿＿＿＿＿＿＿.

4 나는 우리 누나가 만든 음식을 좋아한다. (makes, which, the food, my sister)

→ I like ＿＿＿＿＿＿＿＿＿＿＿＿＿＿＿＿＿＿＿＿＿＿＿.

5 이것이 그녀가 지난주에 잃어버린 지갑이다. (that, the wallet, last week, she, lost)

→ This is ＿＿＿＿＿＿＿＿＿＿＿＿＿＿＿＿＿＿＿＿＿＿＿.

6 그가 런던에서 만났던 사람들은 매우 친절했다. (in London, who, he, the people, met)

→ ＿＿＿＿＿＿＿＿＿＿＿＿＿＿＿＿＿＿＿＿＿＿＿ were very nice.

7 Thompson 씨는 내가 가장 존경하는 교수님이시다. (whom, I, the most, respect, the professor)

→ Mr. Thompson is ＿＿＿＿＿＿＿＿＿＿＿＿＿＿＿＿＿＿＿＿.

Unit 69 소유격 관계대명사

A 보기 에서 알맞은 관계대명사를 골라 빈칸에 써 넣으시오. [한 번씩만 쓸 것]

[1-3] 보기 who that whose

1 I know a girl _____ name is Juliet.

2 Tim is the boy _____ sat next to me.

3 These are the questions _____ I can't solve.

[4-6] 보기 whom which whose

4 The woman _____ he was waiting for didn't show up.

5 She has the cell phone _____ I want to have.

6 Amanda has a car _____ color is red.

B 밑줄 친 부분을 바르게 고쳐 쓰시오.

1 I have a cat <u>that</u> legs are very short. _____

2 He is a singer <u>which</u> a lot of people like. _____

3 It is a rumor <u>whose</u> I heard from my neighbor. _____

4 Dad has already seen the film <u>whom</u> I will watch tonight. _____

5 This is the boy <u>who</u> sister is a famous actress. _____

C 두 문장을 관계대명사 whose를 이용하여 한 문장으로 만드시오.

1 Ann lost a book. Its cover is blue.

   → Ann lost a book _____ .

2 Jane met a man. His job is a police officer.

   → Jane met a man _____ .

3 I have a son. His dream is to become a pilot.

   → I have a son _____ .

4 A man called my name. His voice was so gentle.

   → A man _____ called my name.

5 Mac will marry a woman. Her father is a millionaire.

   → Mac will marry a woman _____ .

우리말과 같은 뜻이 되도록 주어진 단어를 이용하여 문장을 완성하시오.

1 코끼리는 코가 긴 동물이다. (nose, long)

　→ An elephant is an animal ＿＿＿＿＿ ＿＿＿＿＿ ＿＿＿＿＿ ＿＿＿＿＿.

2 꼬리가 짧은 개가 내 뒤를 쫓아오고 있다. (tail, short)

　→ The dog ＿＿＿＿＿ ＿＿＿＿＿ ＿＿＿＿＿ ＿＿＿＿＿ is running after me.

3 나는 형이 영화 감독인 친구가 있다. (brother)

　→ I have a friend ＿＿＿＿＿ ＿＿＿＿＿ ＿＿＿＿＿ a movie director.

4 나는 아들이 하버드에서 공부하는 여자를 안다. (study)

　→ I know a woman ＿＿＿＿＿ ＿＿＿＿＿ ＿＿＿＿＿ at Harvard.

5 그는 나에게 다리가 부러진 의자를 팔았다. (the chair, leg)

　→ He sold me ＿＿＿＿＿ ＿＿＿＿＿ ＿＿＿＿＿ ＿＿＿＿＿ was broken.

6 엄마는 손잡이가 은으로 만들어진 주전자를 샀다. (a kettle, handle)

　→ Mom bought ＿＿＿＿＿ ＿＿＿＿＿ ＿＿＿＿＿ ＿＿＿＿＿ was made of silver.

7 어머니가 캐나다 사람인 그 소녀들은 영어를 못한다. (the girls, mother)

　→ ＿＿＿＿＿ ＿＿＿＿＿ ＿＿＿＿＿ ＿＿＿＿＿ is Canadian don't speak English.

우리말과 같은 뜻이 되도록 주어진 단어를 알맞게 배열하시오.

1 지붕이 빨간 집을 찾아라. (roof, the house, is, whose, red)

　→ Find ＿＿＿＿＿＿＿＿＿＿＿＿＿＿＿＿＿＿.

2 그는 가격이 비싼 자전거를 가지고 있다. (whose, high, is, price, a bike)

　→ He owns ＿＿＿＿＿＿＿＿＿＿＿＿＿＿＿＿＿＿.

3 그녀는 냄새가 달콤한 꽃을 약간 샀다. (smell, sweet, some flowers, whose, was)

　→ She bought ＿＿＿＿＿＿＿＿＿＿＿＿＿＿＿＿.

4 Max는 어머니가 판사인 친구가 있다. (mother, a judge, a friend, is, whose)

　→ Max has ＿＿＿＿＿＿＿＿＿＿＿＿＿＿＿＿＿.

5 그녀는 디자인이 특이한 가방을 하나 발견했다. (design, a bag, was, whose, unique)

　→ She found ＿＿＿＿＿＿＿＿＿＿＿＿＿＿＿＿.

6 나는 미소가 따뜻하고 다정한 여인을 보았다. (a lady, warm and friendly, was, smile, whose)

　→ I saw ＿＿＿＿＿＿＿＿＿＿＿＿＿＿＿＿＿.

7 그는 나와 같은 학교를 다니는 여동생이 있는 소년이다. (whose, the same school, sister, the boy, goes to)

　→ He is ＿＿＿＿＿＿＿＿＿＿＿＿＿＿＿＿ as me.

MEMO

MEMO

MEMO

MEMO

MEMO

MEMO

THIS IS GRAMMAR

이것이 진화하는 New This Is Grammar다!

· 판에 박힌 형식적인 표현보다 원어민이 실제 일상 생활에서 바로 쓰는 생활 영문법
· 문어체뿐만 아니라 **구어체 문법을 강조한 회화, 독해, 영작을 위한** 실용 영문법
· 현지에서 더는 사용하지 않는 낡은 영문법 대신 **시대의 흐름에 맞춘** 현대 영문법

이 책의 특징

★ 실생활에서 쓰는 문장과 대화, 지문으로 구성된 예문 수록
★ 핵심 문법 포인트를 보기 쉽게 도식화 · 도표화하여 구성
★ 다양하고 유용한 연습문제 및 리뷰, 리뷰 플러스 문제 수록
★ 중 · 고등 내신에 꼭 등장하는 어법 포인트의 철저한 분석 및 총정리
★ 회화 · 독해 · 영작 실력 향상의 토대인 문법 지식의 체계적 설명

This Is Grammar (최신개정판) 시리즈

초급 1, 2
기초 문법 강화 + 내신 대비
예비 중학생과 초급자를 위해 영어의 기본적 구조인 형태, 의미, 용법 등을 소개하고, 다양한 연습문제를 제공하고 있다. Key Point에 문법의 핵심 사항을 한눈에 보기 쉽게 도식화·도표화하여 정리하였다.

중급 1, 2
문법 요약(Key Point) + 체계적 설명
중·고등 내신에 꼭 등장하는 문법 포인트를 철저히 분석하여 이해 및 암기가 쉽도록 예문과 함께 문법을 요약해 놓았다. 중급자들이 체계적으로 영문법을 학습할 수 있도록 충분한 콘텐츠를 제공하고 있다.

고급 1, 2
핵심 문법 설명 + 각종 수험 대비
중·고급 영어 학습자들을 대상으로 내신, 토익, 토플, 텝스 등 각종 시험을 완벽 대비할 수 있도록 중요 문법 포인트를 분석, 정리하였다. 다양하고 진정성 있는 지문들을 통해 풍부한 배경지식을 함께 쌓을 수 있다.

www.nexusEDU.kr
넥서스 초·중·고등 사이트

www.nexusbook.com
넥서스 홈페이지

책에 대해 궁금한 사항은 넥서스에듀 홈페이지 1:1 고객상담 게시판을 이용하세요.

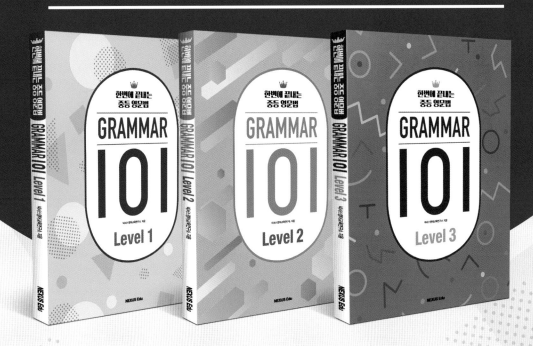

이것이 THIS IS 시리즈다!

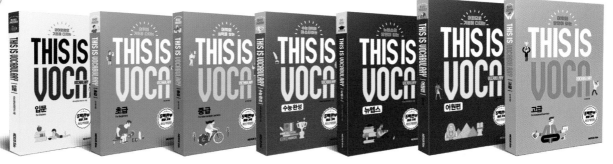

LEVEL CHART

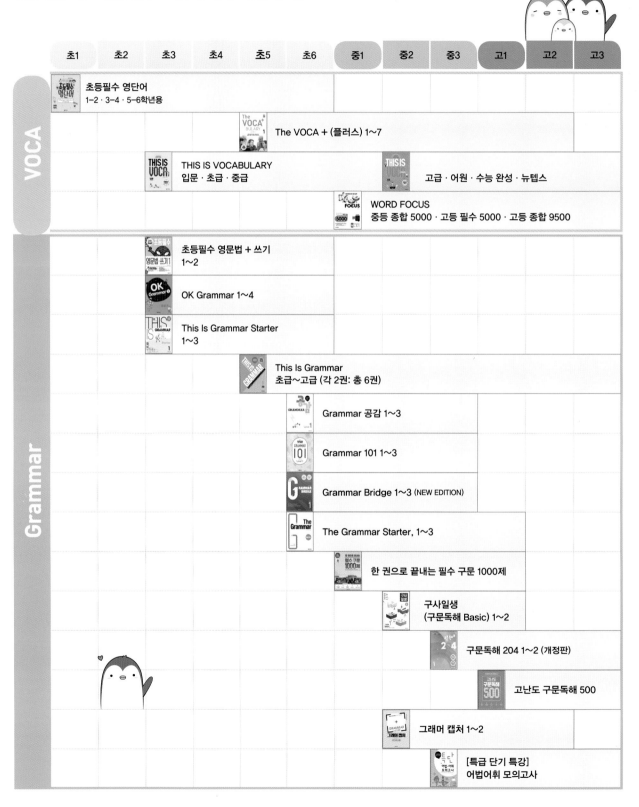

	초1	초2	초3	초4	초5	초6	중1	중2	중3	고1	고2	고3

VOCA

- 초등필수 영단어
  1–2 · 3–4 · 5–6학년용
- The VOCA + (플러스) 1~7
- THIS IS VOCABULARY
  입문 · 초급 · 중급
- THIS IS VOCA 고급 · 어원 · 수능 완성 · 뉴텝스
- WORD FOCUS
  중등 종합 5000 · 고등 필수 5000 · 고등 종합 9500

Grammar

- 초등필수 영문법 + 쓰기
  1~2
- OK Grammar 1~4
- This Is Grammar Starter
  1~3
- This Is Grammar
  초급~고급 (각 2권: 총 6권)
- Grammar 공감 1~3
- Grammar 101 1~3
- Grammar Bridge 1~3 (NEW EDITION)
- The Grammar Starter, 1~3
- 한 권으로 끝내는 필수 구문 1000제
- 구사일생
  (구문독해 Basic) 1~2
- 구문독해 204 1~2 (개정판)
- 고난도 구문독해 500
- 그래머 캡처 1~2
- [특급 단기 특강]
  어법어휘 모의고사

THIS IS GRAMMAR

Answers

넥서스영어교육연구소 지음

내신·토익·토플·텝스 등 각종 시험 완벽 대비, 이것이 현대 영문법의 결정판이다!

★ 원어민이 사용하는 생생한 문장들로 구성된 예문   ★ 단계별, 유형별로 구성된 연습문제와 리뷰문제

2

초급

NEXUS Edu

PART 9

Unit 33 EXERCISES
 p. 10~11

A

1	English	2	small
3	old	4	new, big, grassy
5	beautiful	6	many, difficult
7	hot, spicy, Korean	8	modern

해석

1 너는 영어사전이 있니?
2 나는 시드니에서 작은 아파트를 빌렸다.
3 데이비드는 옷장에서 오래된 상자를 하나 발견했다.
4 우리의 새 학교는 풀로 덮인 큰 축구장이 있다.
5 내 남자 친구가 나에게 아름다운 목걸이를 사 주었다.
6 그녀는 수업 시간에 어려운 질문들을 많이 한다.
7 나는 뜨겁고 매운 한국 음식을 정말로 좋아한다.
8 우리 어머니는 시내에 있는 현대식 사무실 건물에서 일하신다.

B

1 I'm getting <u>hungry</u>.

2 You look <u>tired</u> today.

3 That <u>stew</u> smells <u>delicious</u>!

4 The news made <u>her</u> <u>happy</u>.

5 <u>My sister's bedroom</u> is <u>yellow</u>.

6 The <u>two</u> <u>tall</u> <u>boys</u> are my brothers.

7 We saw <u>many</u> <u>wild</u> <u>animals</u> in the forest.

8 Did you buy a <u>new</u> <u>digital</u> <u>camera</u> at that store?

9 I took my <u>heavy</u> <u>jacket</u> off and felt <u>warm</u> <u>sunshine</u>.

10 <u>Heavy</u> <u>rain</u> and <u>strong</u> <u>winds</u> are expected this weekend.

해석

1 배가 슬슬 고프다.
2 너는 오늘 피곤해 보인다.
3 저 스튜에서 맛있는 냄새가 난다!
4 그 소식은 그녀를 행복하게 했다.
5 우리 언니의 침실은 노란색이다.
6 그 키 큰 두 명의 소년이 우리 형들이다.
7 우리는 숲에서 많은 야생 동물을 보았다.

8 너는 저 가게에서 새 디지털 카메라를 샀니?
9 나는 무거운 재킷을 벗고 따뜻한 햇살을 느꼈다.
10 이번 주말에 강한 비와 강한 바람이 예상된다.

C

1	the hungry	2	the sick
3	the poor	4	the homeless
5	the old	6	the unemployed

해석

1 우리 반은 굶주린 사람들을 위해 음식을 기부했다.
2 우리 언니는 간호사다. 그녀는 아픈 사람들을 돕는다.
3 나는 가난한 사람들을 돕기 위해서 돈을 기부할 것이다.
4 사라는 집이 없는 사람들을 위한 보호 시설을 짓는 데 자원했다.
5 젊은 사람들은 나이 든 사람들을 존경하고 도와야 한다.
6 정부는 실업자들에게 더 많은 일자리를 약속했다.

D

1 This perfume smells sweet.
2 the children scared
3 a dozen eggs
4 those old-fashioned black pants
5 three beautiful white swans
6 those heavy bags
7 a brand-new leather coat
8 this small glass box
9 these old cardboard milk cartons
10 five large windows

해석

1 이 향수는 달콤한 냄새가 난다.
2 그 귀신 이야기는 아이들을 무섭게 했다.
3 나는 계란 열두 개를 사러 가게에 갈 것이다.
4 저 구식 검은색 바지를 사지 마세요.
5 나는 연못에서 아름답고 하얀 백조 세 마리를 보았다.
6 제니퍼는 혼자서 저 무거운 가방들을 옮길 수 없다.
7 우리 이모가 나에게 가을용 새 가죽 코트를 주셨다.
8 나는 서랍에서 이 작은 유리 상자를 찾았다.
9 당신은 이 모든 오래된 우유팩을 재활용해야 한다.
10 우리 새 교실에는 밖을 내다볼 수 있는 큰 창문이 다섯 개 있다.

Unit 34 EXERCISES
 p. 14~15

A

1	easily, easy	2	quiet, quietly
3	angry, angrily	4	kind, kindly
5	honest, honestly	6	careless, carelessly
7	fluent, fluently		

해석

1 나는 그것을 쉽게 할 수 있다.
  이것은 쉬운 운동이다.
2 데이비드는 조용한 소년이다.

데이비드는 조용하게 말한다.

3 안젤라는 그의 무례한 행동에 화가 났다.
그녀는 화가 나서 그를 노려보았다.

4 그린 씨는 항상 그의 이웃들에게 친절하다.
그는 내가 지붕을 고치는 것을 친절하게 도와주었다.

5 나는 정직한 학생이다.
나는 선생님의 모든 질문에 정직하게 대답한다.

6 저스틴은 조심성 없는 오토바이 운전자이다.
그는 조심성 없이 보도에서 오토바이를 탄다.

7 언젠가 나는 영어를 유창하게 하는 사람이 될 것이다.
나는 밴쿠버에 있는 내 사촌들처럼 영어를 유창하게 말할 것이다.

 B

1 The girls dance well.

2 That skirt fits you beautifully.

3 We all really want to see you.

4 My father repaired the computer quickly.

5 Microwave ovens can cook food fast.

6 Fortunately, he quickly solved the problem.

7 The singer sings the anthem very proudly.

8 Our new English teacher, David, dresses very informally.

해석

1 그 소녀들은 춤을 잘 춘다.
2 저 치마는 너에게 잘 어울린다.
3 우리 모두는 정말 네가 보고 싶다.
4 우리 아버지가 컴퓨터를 빨리 수리하셨다.
5 전자레인지는 음식을 빠르게 조리할 수 있다.
6 운 좋게도, 그가 재빨리 그 문제를 해결했다.
7 그 가수는 애국가를 매우 자랑스럽게 부른다.
8 새로 오신 우리 영어 선생님인 데이비드는 옷을 매우 편하게 입는다.

C

1 happily
2 quickly
3 slow
4 beautiful
5 clear
6 nervously
7 safely

해석

1 제니퍼는 행복한 미소를 짓는다.
그녀는 행복하게 미소 짓는다.

2 데이비드는 나에게 빠른 대답을 했다.
그는 재빨리 나에게 대답했다.

3 내 어린 여동생은 매우 천천히 읽는다.
그녀는 책을 매우 느리게 읽는 사람이다.

4 사라는 댄스파티에 가려고 아름답게 차려 입었다.

그녀는 아름다운 드레스를 입었다.

5 마이클은 우리에게 영어를 명확하게 말한다.
그는 우리에게 명확한 예들을 제공한다.

6 대통령은 초조해 보였다.
그는 화가 난 군중에게 초조하게 말했다.

7 개리의 부모님은 그의 안전한 귀환을 기도했다.
그는 무사히 집에 돌아왔다.

D

1 nearly, near, near
2 high, highly, high
3 late, late, Lately
4 hardly, hard, hard
5 prettily, pretty, pretty

해석

1 나는 거의 다 끝마쳤다.
그 가게들은 꽤 가까이에 있다.
그는 그 문제를 가까운 장래에 해결할 것이다.

2 윌리엄은 높이 뛸 수 있다.
그는 매우 경쟁력 있는 선수이다.
대성당은 높은 천장을 가지고 있다.

3 늦지 마세요.
그 버스는 10분 늦게 운행되고 있다.
최근에 캐롤린은 종종 전 남자 친구를 우연히 만난다.

4 나는 너무 피곤하다. 나는 거의 걸을 수가 없었다.
플라스틱은 매우 단단하고 내구성이 있다.
학급의 많은 학생들이 낮은 점수를 받았다. 그 시험은 매우 어려웠다.

5 그 소녀들은 예쁘게 옷을 입고 있었다.
제이슨은 지금 아주 바쁘다.
너 그 드레스를 입으니 정말 예쁘다.

Unit 35 EXERCISES

p. 18~19

A

1 first
2 fifteenth
3 twenty-two
4 forty
5 two hundred
6 ninth
7 twelfth
8 thirty-third
9 eightieth
10 one million

B

1 classes, class
2 the second, four
3 ten, eighth
4 the third, the fifth
5 the fifth, five
6 three, second
7 thousand, fourth

해석

1 나는 하루에 일곱 개의 수업이 있다.
수학은 오늘 나의 다섯 번째 수업이다.

2 나는 우리 집에서 둘째이다.
나는 네 명의 형제자매가 있다.

3 나는 일 년에 10번 넘게 중국을 방문한다.
이것이 올해 여덟 번째 방문이다.

4 지구는 태양으로부터 세 번째 행성이다.
지구는 태양계에서 다섯 번째로 큰 행성이다.

5 네가 오늘 나에게 그 질문을 한 다섯 번째 사람이야!
매일 적어도 다섯 명이 나에게 그 질문을 한다.

6 그 교내 스포츠 대회의 상(賞)은 세 개였다.
나는 그 대회에서 2등을 했다.

7 오천 명이 넘는 사람들이 뉴욕 시 마라톤에 참여했다.
우리 형은 올해의 마라톤에서 4등을 차지했다.

C

1 two thirds
2 a half[one half]
3 twelve point seven five
4 two hundred (and) forty-five
5 three fifths
6 two ninths
7 (zero) point five four
8 eleven point nine nine

D

1 twelve, twenty-five
2 a, quarter, to, six
3 ten, to, five
4 half, past, one
5 five, before, eleven
6 six, thirty

해석

1 12시 25분이다.
2 6시 15분 전이다.
3 5시 십분 전이다.
4 1시 반이다.
5 11시 5분 전이다.
6 6시 30분이다.

E

1 September, the, second
2 the, eleventh, of, January
3 December, the, twenty-eighth
4 the, thirty-first, of, June
5 nineteen, ninety, six
6 two, thousand, five
7 nineteen, fifty
8 twenty, twelve

F

1 one third
2 three point six percent
3 Five hundred and twenty three
4 nineteen seventy nine
5 two-thirty/half past[after] two
6 first, twenty-fifth
7 one million

해석

1 그들은 벽의 삼분의 일을 페인트칠했다.
2 작년에 그의 소득이 3.6% 인상되었다.
3 523명의 사람들이 그 회의에 참석했다.

4 우리 할아버지는 1979년에 이 집을 지으셨다.
5 나는 미란다와 로스를 어제 2시 30분에 만났다.
6 내 첫 아이는 3월 25일에 태어났어.
7 그 노인은 백만 달러를 자선단체에 기부했다.

 Unit 36 **EXERCISES** p. 22~23

A

1 A few	2 much	3 many	4 many
5 a little	6 a few	7 a little	8 much

해석

1 며칠 전에 나는 꿈에서 너를 보았다.
2 시애틀은 일 년 내내 비가 많이 내린다.
3 메건은 한국에 친구가 많지 않다.
4 우리는 오늘 수업 시간에 새로운 단어를 많이 배웠다.
5 그녀는 부모님으로부터 약간의 용돈을 받았다.
6 나는 슈퍼마켓에서 몇 가지 물건을 사야 한다.
7 우리는 선생님의 약간의 도움으로 성공할 것이다.
8 나는 요즘 어머니를 도울 수 있는 여가 시간이 많지 않다.

B

1 a lot of, lots of, many
a lot of, lots of, much
2 a lot of, lots of, many, plenty of
a lot of, lots of, plenty of
3 a lot of, lots of, much
a lot of, lots of, many, plenty of
4 a lot of, lots of, much
a lot of, lots of, many

해석

1 너는 이 파티에 있는 많은 사람들을 알고 있니?
너는 저 사람들에 대한 많은 정보를 가지고 있니?
2 걱정하지 마. 우리는 많은 의자를 가지고 있어.
나는 어제 하루 종일 잤어. 잠을 많이 잤어.
3 서둘러. 우리에게는 시간이 많이 없어.
그녀는 똑똑해. 그녀는 아이디어를 많이 가지고 있어.
4 그들은 옷에 많은 돈을 쓰지 않는다.
나는 전시회에서 많은 그림을 보았다.

C

1 rain	2 apples	3 customers
4 cups	5 money	6 tourists

해석

1 어젯밤에 비가 많이 내렸다.
2 얼마나 많은 사과를 샀니?
3 몇 명의 손님들만이 들어왔다.
4 매일 나는 녹차를 몇 잔씩 마시려고 노력한다.
5 내 은행 계좌에 아주 약간의 돈만 남아 있다.
6 이 주변에 더는 관광객이 많지 않다.

D

1 some 2 any 3 some 4 some
5 any 6 some 7 any 8 some

해석

1 뮤직비디오를 좀 보자.
2 집에 애완동물이 있니?
3 나에게 돈 좀 빌려 줄래?
4 나를 위해 편지 몇 통을 부쳐 줄 수 있겠니?
5 너 없이 우리는 어떤 재미도 없을 거야.
6 나는 이 요리법을 위해 약간의 태국 양념이 좀 필요해.
7 우리는 파티를 위한 탄산음료가 전혀 없어.
8 에밀리는 한국에 관한 책 몇 권을 사고 싶어 한다.

E

1 a little 2 Few 3 little 4 a little

해석

1 내 물이 조금 남아 있어. 내 것 좀 마실래?
2 북한을 방문한 사람들은 거의 없다. 그들이 비자를 얻는 것은 어렵다.
3 그들은 한국에 관해 아는 것이 거의 없다. 그들은 지도에서 한국을 찾지 못했다.
4 나는 한국어를 조금 배웠다. 유창하지는 않지만, 의사소통은 할 수 있다.

F

1 much, sugar 2 many, children
3 a, few, minutes 4 few, people
5 little, time 6 a, little, orange, juice

REVIEW

p. 24~25

A

1 correctly, correct
2 badly, bad
3 immediately, immediate
4 shyly, shy
5 aggressively, aggressive
6 completely, complete

해설/해석

1 첫 번째 문장은 '정확하게 대답했다'라는 의미로 동사를 수식하는 부사 correctly가 적절, 두 번째 문장은 '정확한 답이다'라는 의미로 명사 answer를 수식하는 형용사 correct가 적절
너는 정확하게 대답했다.
그것은 정확한 답이다.
2 첫 번째 문장은 '변화가 절실히 필요하다'라는 의미로 동사를 수식하는 부사 badly가 적절, 두 번째 문장은 '건강에 나쁘다'라는 의미로 be동사 뒤에서 주어를 설명하는 형용사 bad가 적절
그녀는 변화가 절실히 필요하다.
흡연은 너의 건강에 나쁘다.
3 첫 번째 문장은 '경찰을 즉시 불렀다'라는 의미로 동사를 수식할

수 있는 부사 immediately가 적절, 두 번째 문장은 '반응이 즉각적이다'라는 의미로 be동사 뒤에서 주어인 response를 설명하는 형용사 immediate가 적절
나는 즉시 경찰을 불렀다.
그들의 반응은 즉각적이었다.
4 첫 번째 문장은 '수줍게 미소 지었다'라는 의미로 동사를 수식하는 부사 shyly가 적절, 두 번째 문장은 '그의 수줍은 미소에 화답했다'라는 의미로 명사 smile을 수식하는 형용사 shy가 적절
그 소년은 수줍게 미소 지으며 나에게 인사했다.
나는 미소를 지어서 그의 수줍은 미소에 화답했다.
5 첫 번째 문장은 '아이스하키를 공격적으로 한다'라는 의미로 동사를 수식하는 부사 aggressively가 적절, 두 번째 문장은 '매우 공격적인 선수'라는 의미로 명사 player를 수식하는 형용사 aggressive가 적절
지훈이는 아이스하키를 공격적으로 한다.
그는 팀에서 매우 공격적인 선수이다.
6 첫 번째 문장은 '완전히 부정확했다'라는 의미로 형용사를 수식하는 부사 completely가 적절, 두 번째 문장은 '실험은 완전한 실패'라는 뜻으로 명사 failure를 수식하는 형용사 complete가 적절
그들의 실험 데이터는 완전히 부정확했다.
그 실험은 대 실패였다.

B

1 some, any 2 any, some 3 any, some
4 any, some 5 any, some 6 any, some

해설/해석

1 some과 any 모두 '약간의'라는 뜻이지만, some은 주로 긍정문과 권유(부탁)문에, any는 주로 부정문과 의문문에 사용, 따라서, 첫 번째 빈칸은 긍정문이므로 some, 두 번째 빈칸은 부정문이므로 any가 적절
A: 스파게티를 만들자.
B: 좋아, 하지만 내 생각에 남은 토마토가 없어.
2 첫 번째 빈칸은 의문문이므로 any, 두 번째 빈칸은 긍정문이므로 some이 적절
A: 이번 주말에 무슨 계획 있니?
B: 나는 친구 몇 명을 만나 저녁 식사를 할 거야.
3 첫 번째 빈칸은 의문문이므로 any, 두 번째 빈칸은 긍정문이므로 some이 적절
A: 무엇을 해야 할지 모르겠어. 조언 좀 해줄래?
B: 그래, 내가 조언을 좀 해줄게.
4 첫 번째 빈칸은 의문문이므로 any, 두 번째 빈칸은 긍정문이므로 some이 적절
A: 엄마, 오렌지 주스 있어요?
B: 아니, 없어. 하지만 딸기 주스는 조금 있단다. 냉장고에 있어.
5 첫 번째 빈칸은 부정문이므로 any, 두 번째 빈칸은 권유(부탁)문으로 some이 적절
A: 나 너무 피곤해. 쉴 틈이 없어. 나를 좀 도와줄래?
B: 물론이야. 무슨 일이야?
6 첫 번째 빈칸은 부정문이므로 any, 두 번째 빈칸은 긍정문이므로 some이 적절
A: 우리 우유나 시리얼, 빵 아무것도 남아 있지 않아.
B: 그러면 내가 시장에 가야겠다. 우리는 내일 아침에 먹을 음식이 좀 필요해.

C

1 (1) pretty (2) well   2 (1) hardly (2) hard
3 (1) highly (2) high   4 (1) near (2) nearly
5 (1) late (2) Lately

> **해설/해석**

1 (1) '그것(드레스)은 매우 예쁘다'라는 의미로 be동사 뒤에서 주어를 설명하는 형용사 pretty가 적절 (2) '잘 쓰지 못 한다'라는 의미로 '잘'이라는 의미의 부사 well이 적절
    (1) 나는 춤출 때 입을 드레스를 샀다. 그것은 아주 예쁘다.
    (2) 그녀는 글을 매우 잘 쓰지 못해서 연습을 더 해야 한다.

2 (1) '거의 변하지 않았다'라는 의미로 '거의 ~하지 않다'라는 뜻의 부사 hardly가 적절 (2) '공은 너무 딱딱하다'라는 의미로 '딱딱한'이라는 형용사 hard가 적절
    (1) 내가 옛날에 다녔던 초등학교는 거의 변하지 않았다.
    (2) 나는 공을 찼는데 지금은 발이 아프다. 그 공은 너무 단단했다.

3 (1) '매우 민감하다'는 의미로 '아주'라는 뜻의 부사 highly가 적절 (2) '높이 쳤다'라는 의미로 '높이'라는 뜻의 부사 high가 적절
    (1) 너는 조심해야 해. 그녀는 그 문제에 대해 아주 민감해.
    (2) 그 아이는 공을 공중으로 높게 찼다.

4 (1) '나무 가까이로 걸어갔다'는 의미로 '가까이'라는 의미의 부사 near가 적절 (2) '정상에 거의 다 왔다'라는 의미로 '거의'라는 의미의 부사 nearly가 적절
    (1) 그는 나무 가까이 걸어갔다.
    (2) 지금 포기하지 마! 우리는 산 정상에 거의 다 왔어.

5 (1) '늦게 일어났다'는 의미로 '늦게'라는 뜻의 부사 late가 적절 (2) '최근에 고향에 돌아왔다'라는 의미로 '최근에'라는 뜻의 부사 Lately가 적절
    (1) 나는 오늘 아침에 늦게 일어났다. 평소에 나는 일찍 일어나기 때문에 놀랐다.
    (2) 최근에 알렉스는 자신의 고향으로 돌아갔다.

D

1 He jumped high and spiked a volleyball hard.
2 Where did you get these pretty cotton dresses?
3 She doesn't drink a lot of[lots of/much] cold water.
4 Please speak slowly. I can hardly understand you.
5 Steve had to wait for nearly an hour for his food.
6 I want to ask you a few questions about this course.
7 Neil Armstrong was the first man to walk on the moon.
8 There are over thirty students in this class.

> **해설/해석**

1 '높이 점프했다'로 '높이'라는 의미의 부사 high가 적절, '세게 스파이크 했다'라는 의미로 '세게'라는 의미의 부사 hard가 적절
    그는 높이 점프해서 배구공을 세게 내리쳤다.

2 「형용사+명사」 구조에서 여러 개의 형용사가 나열될 경우 「지시형용사+의견+재료」의 어순으로 쓰기 때문에 these(지시형용사) pretty(상태) cotton(재료) dresses가 적절
    너 이 예쁜 면 드레스들을 어디서 났니?

3 many는 셀 수 있는 명사를 수식하므로, 셀 수 없는 물질명사인

water를 수식할 수 있는 much나 불가산 명사와 가산 명사를 둘 다 수식할 수 있는 a lot of, lots of, plenty of가 적절
    그녀는 차가운 물을 많이 마시지 않는다.

4 '천천히 말해주세요'라는 의미로 동사를 수식하는 부사 slowly가 적절, '거의 이해할 수가 없다'라는 의미로 '거의 ~않다'라는 의미의 hardly가 적절
    천천히 말해 주세요. 나는 당신의 말을 거의 이해할 수가 없어요.

5 '거의 한 시간을 기다려야 했다'라는 의미로 '거의'라는 의미의 부사 nearly가 적절
    스티브는 자신의 음식을 거의 한 시간 동안 기다려야 했다.

6 a little은 셀 수 없는 명사를 수식하므로, 셀 수 있는 명사를 수식하는 a few가 적절
    나는 당신에게 이 강좌에 대해 몇 가지 질문을 하고 싶어요.

7 '달에 발을 내디딘 첫 번째 사람이었다'라는 의미로 순서를 나타내는 서수 first가 적절
    닐 암스트롱은 달 위를 걸은 최초의 사람이었다.

8 '학생이 30명이 넘는다'는 의미로 수를 세는 표현인 기수 thirty가 적절
    이 수업은 학생들이 30명이 넘는다.

REVIEW PLUS
p. 26

1 ③   2 ④   3 ②
4 (1) twenty million (2) short (3) hardly

> **해설/해석**

1 ③ 동사 looks 뒤에 funnily가 아니라 주어 Your sister를 설명하는 형용사 funny가 적절
    ① 그는 공을 힘껏 쳤지만 파울이었다.
    ② 그는 매일 그녀의 집에 신문을 배달한다.
    ③ 네 누나가 걸 스카우트 유니폼을 입으니 우스꽝스럽게 보인다.
    ④ 우리 개는 나이가 들면서, 조금씩 비틀거리며 걷는다.
    ⑤ CN 타워에서 본 전망은 정말 웅장했다.

2 ① 동사를 수식하는 역할을 하는 것은 형용사가 아닌 부사이므로 nice가 아닌 nicely가 적절 ② homework는 셀 수 없는 명사이므로 many가 아닌 much가 적절 ③ ideas는 셀 수 있는 명사이므로 little이 아닌 few가 적절 ⑤ hundred는 앞에 두 개 이상의 숫자가 와도 단수형을 취하므로 two hundreds가 아닌 two hundred가 적절
    ① 그들은 자신들의 새집에 잘 정착했다.
    ② 한나는 오늘 해야 할 숙제가 많지 않다.
    ③ 나는 핼러윈 파티에 대한 재미난 생각이 약간 있다.
    ④ 조나단은 매우 신중하게 그 일을 했다.
    ⑤ 이 동물원에는 200종(種) 이상의 동물이 있다.

3 ②에서 time은 셀 수 없는 명사이고, '이번 주말에 잠깐 시간을 낼 수 있어요?'라는 의미이므로 a few가 아니라 a little, some 등이 적절
    ① A: 네 형은 어떤 사람이니?
       B: 그는 다정하고 외향적이야. 그는 정말 마음이 따뜻한 사람이야.
    ② A: 너 이번 주말에 시간이 있니?
       B: 응, 그런 것 같아. 나는 대개 토요일에 집에 있어.
    ③ A: 정말 무서운 비행이었어!
       B: 정말 그랬어. 안전하게 도착해서 다행이야.

④ A: 마이클과 사라가 처음으로 도착했어.
　　B: 놀랍지 않은걸. 또 그들은 보통 일찍 자리를 떠나.
⑤ A: 너는 라디오로 대통령의 연설을 들었니?
　　B: 아니. 나는 요즘 뉴스를 거의 듣지 않아.

4　(1) hundred나 million 등은 앞에 one이 아닌 다른 숫자가 와도 복수형을 쓰지 않으므로 twenty million이 적절 (2) '잠깐, 짧은' 이라는 의미로 뒤에 오는 boat cruise를 수식하는 형용사 short가 적절 (3) '친구들이 당신의 말소리를 거의 들을 수 없을 것이다' 라는 의미이므로 '거의 ~않다'라는 뜻을 가진 hardly가 적절
나이아가라 폭포는 거대한 폭포이다. 그것은 캐나다와 미국 사이에 자연적인 국경을 만든다. 놀랄 것 없이, 나이아가라 폭포는 대단히 유명해서 매년 2천만 명의 관광객들이 방문한다. 폭포 아래쪽에서 짧게 보트 유람을 할 수도 있다. 하지만 폭포는 너무 시끄럽다. 그래서 큰 소리로 이야기해야 하며, 그렇지 않으면 친구들이 당신의 말을 거의 들을 수 없을 것이다!

  EXERCISES p. 30~31

A

1　wiser, wisest
2　more, most
3　cheaper, cheapest
4　prettier, prettiest
5　younger, youngest
6　better, best
7　hotter, hottest
8　easier, easiest
9　slower, slowest
10　warmer, warmest
11　earlier, earliest
12　more useful, most useful
13　faster, fastest
14　larger, largest
15　harder, hardest
16　bigger, biggest
17　more slowly, most slowly
18　better, best
19　less, least
20　heavier, heaviest
21　more popular, most popular
22　worse, worst
23　weaker, weakest
24　more important, most important
25　sadder, saddest
26　more expensive, most expensive
27　longer, longest
28　more difficult, most difficult
29　worse, worst
30　more, most

B

1　②　　2　⑤　　3　②　　4　④　　5　①

C

1　③　　2　④

D

1　prettier　　　　2　more polite
3　more easily　　4　worse
5　more crowded　6　older

해석

1　너의 머리 모양이 마음에 들어. 평소보다 더 예뻐 보여.
2　자넷은 매우 예의 바르게 행동한다. 그녀는 언니보다 더 예의 바르다.
3　그녀는 첫 번째 문제보다 두 번째 문제를 더 쉽게 풀었다.
4　하루 종일 비가 내렸다. 오늘의 날씨는 어제의 날씨보다 더 나쁘다.
5　로스앤젤레스에는 사람들이 많다. 그곳은 시애틀보다 더 혼잡하다.
6　우리 어머니는 50세이시고, 우리 아버지는 52세이시다. 우리 아버지는 우리 어머니보다 나이가 더 많으시다.

E

1　hardest　　2　hottest
3　best　　　4　fattest
5　most　　　6　most enjoyable

해석

1　그는 매우 부지런하다. 그는 그 팀에서 가장 열심히 일한다.
2　어제는 38도였다. 올해 들어 가장 더운 날이었다.
3　그녀는 한국에서 가장 훌륭한 가수이다. 그녀의 목소리는 정말 아름답다.
4　스티브는 항상 무언가를 먹는다. 그는 마을에서 가장 뚱뚱한 사람이다.
5　제인은 매우 부자이다. 그녀는 나의 친구들 중에서 가장 많은 돈을 가지고 있다.
6　나는 즐거운 시간을 보냈다. 내 인생에서 가장 즐거운 휴가였다.

F

1　She spoke more slowly for me.
2　This is the happiest moment of my life.
3　The news was sadder than I expected.
4　This computer is cheaper than that one.
5　He has the least interest in politics of all.
6　His family is the most important thing to him.

해석

1　그녀는 나를 위해 더 천천히 얘기했다.
2　지금이 내 인생에서 가장 행복한 순간이다.
3　그 소식은 내가 예상했던 것보다 더 슬펐다.
4　이 컴퓨터는 저것보다 더 값이 싸다.
5　그는 모든 것 중에서 정치에 가장 관심이 없다.
6　그에게는 가족이 가장 중요하다.

A

1 yours
2 him, he
3 she
4 him, he did
5 my sister, my sister does

해석

1 우리 부모님은 너의 부모님만큼 엄격하시다.
2 나는 그가 할 수 있는 것만큼 윗몸 일으키기를 많이 할 수 있다.
3 나는 보통 그녀만큼 많이 자지 않는다.
4 샘은 그가 대답했던 만큼 그 질문에 잘 대답했다.
5 나는 여동생만큼 할머니를 자주 방문한다.

B

1 as smart as
2 as sweet as
3 as carefully as
4 as happily as
5 as much money as

해석

1 개는 돌고래만큼 영리하지 않다.
2 아이스크림은 초콜릿만큼 달다.
3 제인은 유진이만큼 신중하게 행동한다.
4 그녀의 아기는 그녀처럼 행복하게 미소를 짓는다.
5 나는 그녀가 쓰는 것만큼 돈을 많이 쓴다.

C

1 Butterflies are as colorful as ladybugs (are).
   Moths aren't as colorful as ladybugs (are).
2 Andrew's computer is as new as my computer[mine] (is).
   Philip's computer isn't as new as my computer[mine] (is).
3 Sunmi got here as early as Brandon (did).
   Seongjin didn't get here as early as Brandon (did).

해석

1 무당벌레는 화려하다. 나비 역시 화려하다.
   → 나비는 무당벌레만큼 화려하다.
   무당벌레는 화려하다. 나방은 평범하게 생겼다.
   → 나방은 무당벌레만큼 화려하지 않다.
2 내 컴퓨터는 새것이다. 앤드류의 컴퓨터 역시 새것이다.
   → 앤드류의 컴퓨터는 내 컴퓨터만큼 새것이다.
   내 컴퓨터는 새것이다. 필립의 컴퓨터는 오래되었다.
   → 필립의 컴퓨터는 내 컴퓨터만큼 새것이 아니다.
3 브랜든은 여기에 일찍 왔다. 선미 역시 여기에 일찍 왔다.
   → 선미는 브랜든만큼 여기에 일찍 왔다.
   브랜든은 여기에 일찍 왔다. 승진은 여기에 일찍 오지 않았다.
   → 승진은 브랜든만큼 여기에 일찍 오지 않았다.

A

1 tidier, as tidy
2 bigger, as big
3 as hard, harder
4 fresh, fresher
5 many novels, more novels

해석

1 내 방은 우리 언니의 방보다 깔끔하다.
   우리 언니 방은 내 방만큼 깔끔하지 않다.
2 호주는 뉴질랜드보다 크다.
   뉴질랜드는 호주만큼 크지 않다.
3 우리 오빠는 우리 언니만큼 열심히 일하지 않는다.
   우리 언니는 우리 오빠보다 열심히 일한다.
4 커피는 허브 차만큼 신선하지 않았다.
   허브 차는 커피보다 신선했다.
5 조슈아는 에밀리만큼 많은 소설을 읽지 않았다.
   에밀리는 조슈아보다 더 많은 소설을 읽었다.

B

1 better, good
2 old, older
3 more quietly, quietly
4 easier, easy

해석

1 이 지도는 저것보다 더 좋다.
   → 저 지도는 이것만큼 좋지 않다.
2 내 교복은 너의 것만큼 오래 되지 않았다.
   → 네 교복은 내 것보다 오래 되었다.
3 미셸은 사만다보다 더 조용히 말했다.
   → 사만다는 미셸만큼 조용히 말하지 않았다.
4 내 영어 수업은 내 일본어 수업보다 쉽다.
   → 내 일본어 수업은 내 영어 수업만큼 쉽지 않다.

C

1 colder
2 more
3 taller
4 more quickly

해석

1 겨울에 모스크바는 서울보다 춥다.
2 제인은 아담보다 커피를 더 많이 마셨다.
3 소나무는 오크나무보다 더 키가 크다.
4 니콜은 나보다 그 질문에 더 빨리 대답했다.

A

1 softer, softest, soft
2 biggest, big, bigger
3 more stylish, most stylish, stylish

해석

1 이 소파는 저 의자보다 푹신하다.
   → 이 소파는 이 방에서 앉기에 가장 푹신한 곳이다.
   → 저 의자는 이 소파만큼 푹신하지 않다.

2 런던은 영국에서 가장 큰 도시이다.
→ 영국에 있는 어떤 도시도 런던만큼 크지 않다.
→ 영국에 있는 어떤 도시도 런던보다 크지 않다.
3 아람은 헤일리와 수보다 더 세련됐다.
→ 아람은 그들 중에서 가장 세련됐다.
→ 헤일리와 수는 아람만큼 세련되지 않다.

B

1 largest   2 coldest   3 dirtiest
4 tallest   5 oldest

해석

1 그린란드는 매우 크다. 그곳은 세계에서 가장 큰 섬이다.
2 어제는 정말로 추웠다. 그날은 일 년 중에서 가장 추운 날이었다.
3 베스는 절대 자신의 방을 청소하지 않는다. 그곳은 기숙사에서 가장 지저분한 방이다.
4 메건은 반에게 가장 키가 큰 소녀이다. 그녀는 키가 175센티미터이다.
5 미륵사는 백제시대에 지어졌다. 그곳은 한국에서 가장 오래된 절이다.

1 hotter than any other part of the day
2 No, busier than
3 No, as fast as
4 No, as loud as
5 more dangerous than any other sport

해석

1 정오는 하루 중 가장 더운 때다.
→ 정오는 다른 어떤 때보다 가장 덥다.
2 타일러는 사무실에서 가장 바쁜 사람이다.
→ 사무실에 있는 어떤 사람도 타일러보다 바쁘지 않다.
3 아만다는 팀에서 가장 빠른 달리기 선수이다.
→ 팀에 있는 어떤 달리기 선수도 아만다만큼 빠르지 않다.
4 흰수염고래가 지구상에서 가장 시끄러운 동물이다.
→ 지구상의 어떤 동물도 흰수염고래만큼 시끄럽지 않다.
5 스카이다이빙은 세계에서 가장 위험한 운동이다.
→ 스카이다이빙은 세계의 다른 어떤 운동보다 더 위험하다.

REVIEW

A

1 smaller than   2 older than
3 longer than   4 heavier than
5 more interesting than 6 more expensive than

해설/해석

1 앞뜰이 뒤뜰보다 작으므로 smaller than이 적절
뒤뜰은 넓다. 앞뜰은 좁다. → 앞뜰은 뒤뜰보다 좁다.
2 아버지가 어머니보다 연세가 많으므로 older than이 적절
엄마는 마흔 살이시다. 아빠는 마흔세 살이시다. → 아빠는 엄마보다 나이가 많다.
3 언니의 머리 길이가 오빠의 머리 길이보다 길기 때문에 longer than이 적절

우리 오빠는 머리는 짧다. 우리 언니는 머리가 길다. → 우리 언니의 머리는 우리 오빠의 머리보다 길다.
4 이웃집 고양이가 우리 집 고양이보다 무거우므로 heavier than이 적절
우리 고양이는 2킬로그램이 나간다. 우리 이웃의 고양이는 5킬로그램이 나간다. → 우리 이웃의 고양이가 우리 고양이 보다 무겁다.
5 저 책이 재미있으므로 more interesting than이 적절, interesting은 2음절 이상의 형용사이므로, 비교급을 만들 때 앞에 more를 붙임
이 잡지는 지루하지만, 저 책은 흥미롭다. → 저 책이 이 잡지보다 더 재미있다.
6 수박이 바나나보다 비싸므로 more expensive than이 적절, expensive는 2음절 이상의 형용사이므로, 비교급을 만들 때 앞에 more를 붙임
수박은 비싸다. 바나나는 싸다. → 수박은 바나나보다 비싸다.

1 as slim as   2 as well as
3 as long as   4 as strong as
5 as often as   6 as exciting as

해설/해석

1 '패션모델만큼 날씬하다'라는 의미가 자연스러우므로 slim
웬디는 패션모델만큼 날씬하다.
2 '나는 사라만큼 노래를 잘한다'라는 의미가 자연스러우므로 well이 적절
나는 노래하는 것을 아주 좋아한다. 나는 사라만큼 노래를 잘한다.
3 '9번가는 10번가만큼 길다'라는 의미가 자연스러우므로 long이 적절
9번가(街)는 10번가(街)만큼 길다.
4 '앤드루는 아버지만큼 힘이 세다'라는 의미가 자연스러우므로 strong이 적절
앤드루는 열심히 운동한다. 그는 그의 아버지만큼 힘이 세다.
5 '우리는 당신만큼 자주 박물관에 간다'라는 의미가 자연스러우므로 often이 적절
우리는 박물관에 가는 것을 좋아한다. 우리는 당신만큼 자주 박물관에 간다.
6 '야구가 축구만큼 재미있다'라는 의미가 자연스러우므로 exciting이 적절
나는 야구와 축구 둘 다 좋아한다. 나는 야구가 축구만큼 재미있는 것 같다.

C

1 fresher   2 larger   3 youngest
4 best   5 more slowly   6 worst

해설/해석

1 '이 토마토들은 저 오렌지들보다 더 싱싱해 보인다'라는 의미가 자연스러우므로 fresher가 적절
이 토마토들은 저 오렌지들보다 싱싱해 보인다.
2 '그것은 저것보다 크다'라는 의미가 자연스러우므로 larger가 적절
이 모니터는 정말 크다. 그것은 저것보다 크다.

3 '1등은 그 반에서 가장 어린 아이에게 돌아갔다'라는 의미가 자연스러우므로 youngest가 적절
1등은 반에서 가장 어린 아이에게 돌아갔다.

4 '그녀는 우리 가족 중에서 가장 요리를 잘한다'라는 의미가 자연스러우므로 best가 적절
우리 언니는 훌륭한 요리사이다. 그녀는 우리 가족 중에서 가장 요리를 잘한다.

5 '그는 나보다 천천히 일했다'라는 의미가 자연스러우므로 more slowly가 적절
마이클은 나보다 늦게 끝났다. 그는 나보다 천천히 일했다.

6 '가장 나쁜 필체를 가졌다'라는 의미가 자연스러우므로 worst가 적절
벤은 교실에서 가장 읽기 힘든 필체를 가졌다. 나는 그의 필체를 읽지 못한다.

1 smaller   2 much   3 biggest
4 friendlier   5 strongest   6 old

해설/해석

1 달이 지구보다 작다는 사실과 비교급 구문(smaller than)에 유의
달은 지구보다 작다.

2 '내가 그것을 좋아하는 것만큼'라는 의미가 자연스럽고 빈칸 앞뒤에 as ~ as가 있으므로 원급 much가 적절
나는 내가 그것을 좋아하는 것만큼 그녀도 그것을 좋아하길 바란다.

3 '세계에서 가장 큰 나라다'라는 의미가 자연스러우므로 biggest가 적절
러시아는 세계에서 가장 큰 나라이다.

4 빈칸 뒤에 than이 있고, '더 다정하다'라는 의미가 자연스러우므로 friendlier가 적절
나는 개를 좋아한다. 나는 개가 고양이보다 더 다정하다고 생각한다.

5 strong은 1음절 단어이므로 최상급은 strongest가 적절
넓적다리뼈가 인체에서 가장 강한 뼈이다.

6 앞에서 나이가 같다고 했으므로 old가 적절
베키와 신디는 나이가 같다. 베키는 신디만큼 나이를 먹었다.

1 fewer   2 the, newest
3 the, tallest   4 taller, than
5 shorter, than   6 many
7 as, new, as   8 as, old, as
9 as, old, as

해설/해석

1 상하이 세계 금융 센터가 시어스 타워보다 층수가 적으므로 fewer가 적절
상하이 세계 금융 센터는 시어스 타워보다 적은 층을 가지고 있다.

2 상하이 세계 금융 센터가 다른 건물에 비해 가장 최근에 지어진 건물이므로 the newest가 적절
상하이 세계 금융 센터는 이 다섯 개의 빌딩들 중에서 가장 새것이다.

3 타이베이 101이 가장 높은 건물이므로 the tallest가 적절

타이베이 101은 이 목록에서 가장 높은 빌딩이다.

4 '이 목록에서 어떤 건물도 타이베이 101보다 높은 것은 없다'는 뜻이 되어야 하므로 「no other 단수 명사 ~ 비교급 than」 구문을 활용하여 빈칸에 taller than이 들어가는 것이 적절
이 목록에서 타이베이 101만큼 높은 빌딩은 없다.

5 시어스 타워가 페트로나스 타워들보다 10미터 낮으므로 shorter than이 적절
시어스 타워는 페트로나스 타워들보다 10미터가 낮다.

6 두 건물의 층수가 같으므로 원급 비교 구문을 활용하여 many가 적절
페트로나스 타워 1은 페트로나스 타워 2만큼 많은 층을 가지고 있다.

7 '여기에 있는 어떤 건물도 상하이 세계 금융 센터보다 최근에 지어진 것은 없다'라는 뜻이 되어야 하므로, 「no (other) 단수 명사 ~ as 원급 as」 구문을 활용하여 as new as가 적절
여기에 있는 어떤 빌딩도 상하이 세계 금융 센터만큼 새것은 없다.

8 두 건물 모두 1998년도에 세워졌으므로 원급 비교 구문인 as old as가 적절
페트로나스 타워 1은 페트로나스 타워 2만큼 오래되었다.

9 '이 리스트에 있는 어떤 건물도 시어스 타워보다 오래된 것은 없다'는 뜻이므로, 「no (other) 단수 명사 ~ as 원급 as」 구문을 활용하여 as old as가 적절
이 목록에 있는 어떤 빌딩도 시카고에 있는 시어스 타워만큼 오래되지는 않았다.

REVIEW PLUS
p. 40

A

1 ①   2 ②   3 ①

해설/해석

1 ① 비교 대상은 같은 것이어야 하므로 you가 아니라 yours (is)가 적절
① 내 기침이 너의 기침보다 심하다.
② 이 방은 저 방보다 따뜻하다.
③ 타일러는 스테파니보다 훌륭한 학생이다.
④ 알렉스 브라운은 역사상 가장 위대한 골프 선수이다.
⑤ 캡틴 쿡은 콜럼버스보다 더 멀리 항해했다.

2 ② 「as 원급 as」의 형태이므로 more가 아니라 much가 적절
① 나는 그만큼 똑똑하다.
② 나는 너만큼 많이 먹을 수 있다.
③ 기차는 버스보다 빨리 달린다.
④ 이것이 시험에서 가장 쉬운 문제이다.
⑤ 나일 강은 세계에서 가장 긴 강이다.

3 ① 「비교급+than」의 형태이므로 neat가 아니라 neater가 적절
① 그녀의 방은 내 방보다 깨끗하다.
② 그는 달팽이만큼 천천히 움직인다.
③ 우리 고양이는 너의 개보다 뚱뚱하다.
④ 원숭이는 어린아이들만큼 호기심이 많다.
⑤ 네 시계가 내 것보다 더 비싸다.

B

1 ③   2 ④   3 ④

1 ① '가장 싼'이라는 의미로 cheaper가 아니라 최상급인 cheapest가 적절 ② 두 대상을 서로 비교하는 문장이므로 clear가 아니라 비교급인 clearer가 적절 ④ beautifully는 4음절 단어이므로 beautifullier가 아니라 more beautifully가 적절 ⑤ 두 대상을 서로 비교하는 문장이므로 the best가 아니라 비교급인 better가 적절
  ① 이것이 프랑스로 가는 가장 저렴한 표이다.
  ② 이 사진은 저것보다 더 선명하다.
  ③ 안젤리나는 브라이언만큼 유명하다.
  ④ 민아는 그녀의 언니보다 더 아름답게 노래한다.
  ⑤ 오늘 날씨보다 어제 날씨가 더 좋았다.

2 ① my towel과 your towel을 비교하는 것이므로 you가 아니라 your towel을 받는 소유대명사 yours (is)가 적절 ② 두 배우가 모두 연기를 잘한다는 의미가 되려면 as best as가 아니라 '～만큼 …한'이라는 「as+원급+as」 형태인 as well as가 적절 ③ '나는 당신보다 더 멀리 수영할 수 있다'는 의미가 되어야 하므로 does가 아니라 can이 적절 ⑤ '내 남동생이 우리 가족 중에서 가장 어리다'라는 의미가 되어야 하므로 younger가 아니라 최상급인 youngest가 적절
  ① 내 타월은 네 것보다 더 부드럽다.
  ② 제니퍼는 제시카만큼 연기를 잘한다.
  ③ 나는 너보다 더 멀리 수영할 수 있다.
  ④ 우리는 필요한 것보다 더 많은 칠리소스를 가지고 있다.
  ⑤ 내 남동생은 우리 가족 중 가장 어리다.

3 ① '더 빠른'이라는 의미이므로 fast가 아니라 비교급인 faster가 적절 ② '이것이 그 가게에 있는 최신 모델이다'라는 의미가 자연스러우므로 later가 아니라 latest가 적절 ③ big은 1음절 단어이므로 most big이 아니라 the biggest가 적절 ⑤ 원급과 비교급을 이용한 최상급 표현으로 more interesting as가 아니라 as interesting as 또는 more interesting than이 적절
  ① 치타는 사슴보다 빨리 달린다.
  ② 이것이 그 가게에서 가장 최신 모델이다.
  ③ 아시아는 세계에서 가장 큰 대륙이다.
  ④ 그녀는 한국에서 다른 어떤 가수보다 더 인기가 많다.
  ⑤ 프랑스에서 파리만큼 흥미로운 도시는 없다.

PART 11

 Unit **41** EXERCISES p. 43

A

1 (b) 조언
2 (c) 경고, 금지
3 (d) 요청
4 (a) 안내
5 (d) 요청

1 포기하지 마! 다시 시도해 봐.
2 동물들에게 먹이를 주지 마시오.
3 창문 좀 열어 주세요.
4 두 블록 직진하십시오.

5 저에게 오천 원만 빌려 주세요.

B

1 Fasten your seat belt.
2 Be polite to others.
3 Turn on the air conditioner.
4 Look both ways before crossing the street.

1 안전벨트를 착용하시오.
2 다른 사람들에게 예의 바르게 행동하시오.
3 에어컨을 켜시오.
4 길을 건너기 전에 양쪽을 모두 살펴보시오.

C

1 Don't worry about that.
2 No talking loudly in the library.
3 Don't turn on your cell phone.
4 Never speak to me like that again.
5 Never walk around alone at night.

1 그것에 관해서 걱정하지 마라.
2 도서관에서 큰 소리로 말하지 마라.
3 휴대 전화를 켜지 마라.
4 절대로 다시 그렇게 말하지 마라.
5 절대로 밤에 혼자 돌아다니지 마라.

 Unit **42** EXERCISES p. 45

A

1 How
2 a funny man
3 honest
4 What
5 What
6 a strange-looking animal

1 저 건물은 정말 높구나!
2 그는 정말 재미있는 사람이야!
3 너는 정말 정직하구나!
4 그것들은 정말 환상적인 이야기들이야!
5 그녀는 정말로 독특한 헤어스타일 가지고 있구나!
6 그것은 정말 이상하게 생긴 동물이야!

B

1 (he was)
2 (it is)
3 (you are)
4 (you have)

1 그는 정말 어리석구나!
2 그것은 정말 좋은 생각이구나!
3 너는 정말 귀찮은 사람이구나!
4 너는 발이 정말 크구나!

C

1 a clean beach it is, clean it is
2 a fantastic field trip it was, fantastic it was
3 smelly animals they are, smelly they are
4 an interesting website it was, interesting it was
5 expensive sunglasses these are, expensive these are

해석

1 그곳은 매우 깨끗한 해변이다.
2 그것은 매우 환상적인 현장 학습이었다.
3 그들은 매우 냄새가 나는 동물들이다.
4 그것은 매우 재미있는 웹사이트였다.
5 이것들은 매우 비싼 선글라스이다.

Unit 43 EXERCISES
p. 48~49

A

1 Let's	2 Let's	3 Let's not
4 Let's not	5 Let's	6 Let's

해석

1 나 지루해. 비디오 게임 하자.
2 나 너무 배가 고파! 국수를 좀 만들자.
3 엄마가 피곤해 보이셔. 지금은 귀찮게 하지 말자.
4 아기가 자고 있어. 소음을 내지 말자.
5 여기는 정말 덥다. 에어컨을 켜자.
6 에밀리는 몸이 별로 좋지 않아. 그녀에게 약을 좀 갖다 주자.

B

1 try, trying
2 sing, sing, singing
3 doing, do
4 do, doing, do

해석

1 저기 새로 생긴 식당에 가보자.
2 지금 모두 다 같이 노래를 부르자.
3 숙제를 나중에 하는 게 어때?
4 조깅을 하기 전에 스트레칭을 좀 하자.

C

1 Let's buy her a pair of boots.
2 Let's watch the baseball game on TV.
3 What about doing something fun this weekend?
4 Shall we tell Julie the good news?
5 Why don't we meet after school?

해석

1 그녀에게 부츠를 한 컬레 사주는 게 어때?
2 우리 TV로 야구 경기를 볼까요?
3 이번 주말에 뭔가 재미있는 것을 하자.
4 우리 줄리에게 그 좋은 소식을 말하는 게 어때?
5 방과 후에 만나는 게 어때?

D

1 Let's jump
2 Shall we play
3 Let's cook
4 How about going out
5 Why don't we take
6 What about throwing

해석

1 A: 물속으로 뛰어들자!
  B: 아니, 하지 말자. 위험해 보여.
2 A: 우리 지금 컴퓨터 게임 할까?
  B: 미안하지만, 안 돼. 나 지금 조금 바빠.
3 A: 엄마 아빠의 기념일을 맞아 아침 식사를 준비하자.
  B: 정말 좋은 생각이야! 무엇을 요리할까?
4 A: 밖에 나가서 축구를 하는 게 어때?
  B: 좋은 생각이 아닌 것 같아. 곧 비가 내릴 거야.
5 A: 날씨가 정말 좋구나! 우리 산책하는 게 어때?
  B: 그거 좋겠네.
6 A: 짐의 생일이 다가오고 있어. 그를 위해 파티를 열어주는 게 어때?
  B: 그거 좋은 생각이야! 짐이 기뻐야 할 거야.

E

1 ① 2 ③ 3 ② 4 ④

해석

1 A: 수영장에 가는 게 어때?
  B: _____
  ① 내가 수영을 좋아하거든.
  ② 가지 말자. 난 피곤해.
  ③ 나는 좋아.
  ④ 좋은 생각이야.
2 A: 오늘 밤 트레이시를 초대해서 함께 하자.
  B: _____
  ① 좋은 생각이야.
  ② 안 될 게 뭐 있어?
  ③ 그것을 듣게 되어 유감이에요.
  ④ 난 그러고 싶지 않아.
3 A: 우리 숙제는 나중에 하고 대신 영화를 볼까요?
  B: _____
  ① 좋아요.
  ② 네, 우리는 그래요.
  ③ 그건 좋은 생각이 아니에요.
  ④ 좋은 제안이에요!
4 A: 다음 겨울 방학에 뉴질랜드에 있는 네 사촌을 방문하는 게 어떠니?
  B: _____
  ① 아주 좋겠는데요!
  ② 그것 참 멋진 생각이구나!
  ③ 왜! 좋아요.
  ④ 그들은 너무 바빠서 도와줄 수 없어요.

Unit 44 EXERCISES
p. 52~53

A

1 Whose	2 Who	3 What
4 Why	5 How	6 When

해석

1 A: 이 부츠는 누구의 것이니?
　B: 그것들은 내 거야.
2 A: 파티에 있던 그 소녀는 누구였니?
　B: 그녀는 초등학교 때 내 가장 친한 친구였어.
3 A: 네가 가장 좋아하는 운동은 무엇이니?
　B: 수영이야.
4 A: 너는 왜 지붕에 올라갔니?
　B: 나는 별을 가까이에서 보고 싶었어.
5 A: 네 성은 어떻게 쓰니?
　B: K-I-M이라고 써.
6 A: 우체국은 몇 시에 문을 여니?
　B: 9시에 문을 열어.

B

1 What　　2 Which　　3 When
4 Where　　5 How　　6 Who　　7 Why

해석

1 A: 너는 어젯밤에 무엇을 공부했니?
　B: 나는 영어와 미술사를 공부했어.
2 A: 어떤 자전거가 네 것이니?
　B: 저기에 있는 은색 산악자전거야.
3 A: 다음 병원 예약 시간이 언제인가요?
　B: 목요일 3시예요.
4 A: 지하철역 입구가 어디에 있나요?
　B: 바로 저기에 있어요.
5 A: 지난주 런던의 날씨는 어땠나요?
　B: 비가 많이 내렸어요.
6 A: 영어 캠프에서 네가 가장 좋아하는 선생님은 누구였니?
　B: 타일러 선생님이야. 그분은 항상 우리를 웃게 만들었어.
7 A: 어젯밤에 왜 그렇게 늦게 슈퍼마켓에 갔니?
　B: 배가 고파서 간식을 좀 사러 갔었어.

C

1 What is　　　　　2 Who painted
3 When did you buy　4 Whose textbook
5 Which do you　　　6 Where are they

해석

1 A: 네가 가장 좋아하는 색은 뭐니?
　B: 내가 가장 좋아하는 색은 파란색이야.
2 A: 누가 지붕을 페인트칠했니?
　B: 우리 아버지께서 지붕을 페인트칠하셨어.
3 A: 너는 언제 네 차를 샀니?
　B: 나는 작년에 내 차를 샀어.
4 A: 이것은 누구 교과서니?
　B: 그 교과서는 수의 것이야.
5 A: 너는 빨간색과 파란색 중 어떤 것을 더 좋아하니?
　B: 나는 빨간색이 더 좋아.
6 A: 그들은 어디서 파티를 하고 있니?
　B: 그들은 헬렌의 아파트에서 파티를 하고 있어.

D

1 When, did, you, hurt

2 What, did, you, eat
3 Where, did, they, go
4 How, did, you, solve
5 Who, stars
6 Why, were, you, absent, from
7 Which, do, you, like, better

Unit 45 EXERCISES

p. 56~57

A

1 we　　　2 it　　　3 you
4 it　　　5 I　　　6 she　　7 we

해석

1 우리가 맞지, 그렇지 않니?
2 오늘은 화요일이 아니지, 그렇지?
3 기차를 놓치지 마, 알겠니?
4 밖이 정말 추워, 그렇지 않니?
5 내가 이 컴퓨터를 사용해도 되지, 그렇지 않니?
6 제인은 벌써 왔지, 그렇지 않니?
7 바비큐 파티를 하자, 응?

B

1 is　　　2 will　　　3 shall
4 isn't　　5 don't　　6 does　　7 can

해석

1 그건 중요하지 않지, 그렇지?
2 늦지 마, 응?
3 동그랗게 앉자, 응?
4 날씨가 끔찍하지, 그렇지 않니?
5 너는 그녀를 정말 사랑하지, 그렇지 않니?
6 그것은 한 시간이 걸리지 않지, 그렇지?
7 그녀는 골프를 못 치지, 그렇지?

C

1 isn't it　　　　2 didn't you
3 will you　　　4 doesn't he
5 will you　　　6 won't you
7 can't you　　　8 did he

해석

1 수요일이지, 그렇지 않니?
2 네가 일등을 했지, 그렇지 않니?
3 다른 사람들에게 친절하게 대해, 응?
4 그는 캐나다에서 왔어, 그렇지 않니?
5 공공장소에서 뛰어다니지 마, 응?
6 너는 내가 청소하는 것을 도와줄 거지, 그렇지 않니?
7 너는 영어와 일본어를 할 수 있지, 그렇지 않니?
8 제이콥은 정답을 몰랐지, 그렇지?

1 Can't Sarah drive a car?
2 Don't you remember me?
3 Didn't James go on the field trip?
4 Aren't you the youngest child in your family?

해석

1 사라는 차를 운전할 수 있다.
  → 사라는 차를 운전할 수 없니?
2 너는 나를 기억한다.
  → 너는 나를 기억하지 못하니?
3 제임스는 현장 학습을 갔다.
  → 제임스는 현장 학습을 가지 않았니?
4 너는 가족 중 막내이다.
  → 너는 가족 중 막내가 아니니?

1 Yes, it, is   2 No, I, don't
3 No, I, won't   4 Yes, I, did

해석

1 A: 바깥 날씨가 좋지 않니?
  B: 아니, 좋아. 너 모자를 가지고 가야 해.
2 A: 너 중국 음식 좋아하지 않니?
  B: 응, 안 좋아해. 나는 피자를 먹는 게 낫겠어.
3 A: 너 우리 북 클럽에 가입하지 않을래?
  B: 응, 안 할래. 나 책 읽는 거 좋아하지 않아.
4 A: 너 그 농구 경기 보지 않았니?
  B: 아니, 봤어. 아주 재미있었어.

1 Is it yours or your sister's?
2 Which do you prefer, meat or fish?
3 Will you buy jeans or a skirt?
4 Which do you like better, pop music or classical music?

EXERCISES

p. 59

1 Is   2 is   3 is
4 Are   5 are   6 were

해석

1 여기에 전화기가 있나요?
2 차고에 차가 한 대 있다.
3 벤치에 여자가 한 명 있다.
4 여기 재미있게 할 수 있는 것들이 있나요?
5 밴쿠버에는 멋진 공원들이 많이 있다.
6 파티에 스낵과 음료수가 많이 있었다.

1 There is   2 There are

3 There is   4 There are
5 There is

해석

1 그녀가 회복할 가망은 없다.
2 12명이 그 방에 있다.
3 이 근처에 역사박물관이 있다.
4 주차장에 자동차가 두 대뿐이다.
5 주방 벽에 달력이 걸려 있다.

1 Is there a supermarket near your house?, Yes, there is.
2 Are there new magazines to read in the library?, Yes, there are.
3 Is there a movie theater inside the department store?, No, there isn't.
4 Are there many strange-looking fish to see at the Sydney Aquarium?, Yes, there are.

해석

1 너의 집 근처에 슈퍼마켓이 있다.
  Q: 너의 집 근처에 슈퍼마켓이 있니?
  A: 응, 그래. 그것은 우리 집 바로 옆에 있어.
2 도서관에 읽을 만한 신간 잡지가 있다.
  Q: 도서관에 읽을 만한 신간 잡지가 있니?
  A: 응, 그래. 잡지 코너는 여기야.
3 그 백화점 안에 영화관이 있다.
  Q: 그 백화점 안에 영화관이 있니?
  A: 아니, 그렇지 않아. 너는 그 백화점에서 영화를 볼 수 없어.
4 시드니 수족관에는 구경할 만한 이상하게 생긴 물고기들이 많이 있다.
  Q: 시드니 수족관에는 구경할 만한 이상하게 생긴 물고기가 많이 있니?
  A: 응, 그래. 그곳에서 재미있는 물고기들을 많이 볼 수 있어.

REVIEW

p. 60~61

1 Be   2 What   3 isn't
4 How   5 Send   6 Don't
7 having   8 visiting   9 or

해설/해석

1 '~하라, ~하세요'라는 뜻으로 요청, 안내, 경고, 조언 등을 할 때 사용하는 명령문은 동사원형으로 시작하며, 괄호 뒤에 quiet이 있으므로 Be가 적절
  수업 중에는 조용히 해라.

2 감탄문은 '참 ~하구나!'라는 의미로 말하는 사람의 감탄을 표현하는 문장이다. 명사를 강조할 때는 「What(+a/an)+형용사+명사(+주어+동사)!」의 형식을 취하므로 What이 적절
  그것은 정말 영리한 생각이구나!

3 부가의문문을 만들 때는 긍정문 뒤에는 부정으로, 부정문 뒤에는 긍정으로 물으며, 주어는 대명사로 받고, be동사와 조동사는 그대로 사용하고 일반동사는 시제나 수에 맞춰 do/does/did를 사용하므로 isn't가 적절

로버트는 말을 너무 빨리 하고 있어, 그렇지 않니?

4 형용사나 부사를 강조하는 감탄문은 「How+형용사/부사(+주어+동사)」의 형식으로 표현하므로 How가 적절
네 강아지는 정말 작고 귀엽구나!

5 요청을 할 때 사용하는 명령문은 동사원형으로 시작
파리에서 내게 엽서 보내.

6 '~하지 마라'라는 의미의 부정명령문은 「Don't+동사원형」
그에게 일을 너무 많이 주지 마세요.

7 how를 이용한 제안문 「How about ~ing?」
마이클의 생일 파티를 여기서 하는 게 어때요?

8 what을 이용한 제안문 「What about ~ing?」
일요일에 우리와 같이 캐리비안 파크에 가는 게 어때요?

9 정해진 대상 중 선택을 요구하는 선택의문문은 or를 사용
너는 록 음악과 고전 음악 중에 어떤 것이 더 좋니?

(1) Why don't we　　　**(2)** Where
(3) How　　　　　　　**(4)** When

해설/해석

(1) 제안하는 문장이므로 Why don't we가 적절

(2) 장소에 대한 질문이므로 의문사 Where가 적절

(3) 방법에 대한 질문이므로 의문사 How가 적절

(4) 시간에 대한 질문이므로 의문사 When이 적절

A: 오늘 저녁에 뭐 하고 싶어?
B: 우리 '햄릿'을 보는 게 어때?
A: 좋아. 어디에서 공연되니?
B: 국립 극장에서 해.
A: 정말? 너 어떻게 알아?
B: 어제 내가 인터넷에서 찾아보았어.
A: 잘했어. 우리 언제 만날까?
B: 6시 30분에 안내 데스크에서 만나자.

C

(1) How　　　**(2)** Where　　　**(3)** When
(4) What　　　**(5)** who

해설/해석

(1) 안부를 묻는 질문이므로 How가 적절

(2) 어디에 있었는지를 물어보는 질문이므로 Where가 적절

(3) 언제 돌아왔는지 묻는 질문이므로 When이 적절

(4) 무엇을 했는지 물어보는 질문이므로 What이 적절

(5) 유나가 누구인지를 묻는 질문이므로 who가 적절

A: 안녕, 대니얼. 어떻게 지내?
B: 좋아, 고마워.
A: 오랜만이야. 어디 갔었니?
B: 방학 동안에 하와이에 갔었어.
A: 언제 돌아왔는데?
B: 어제. 너는? 방학 동안 무엇을 했니?
A: 나는 집에 가서 거의 한달 동안 있었어. 유나도 데려갔어.
B: 멋지다! 그런데 유나가 누구니?

A: 내 사촌이야. 우리 둘 다 좋은 시간을 보냈어.

D

1 Clean up your room.
2 Don't walk on the grass.
3 How handsome the man is!
4 You're Jason Brown, aren't you?
5 There are a lot of people here.
6 Let's not go out for a bike ride tonight.
7 How about learning jazz dancing together?

해설/해석

1 명령문은 동사원형으로 시작하므로 Clean이 적절
네 방 좀 청소해.

2 부정명령문은 「Don't[Do not]+동사원형」의 형태로 walk가 적절
잔디를 밟지 마시오.

3 형용사나 부사를 강조하는 감탄문은 「How+형용사/부사(+주어+동사)」의 형식으로 표현하므로 How가 적절
그 남자는 정말 잘 생겼구나!

4 부가의문문을 만들 때는 긍정문 뒤에는 부정으로, 부정문 뒤에는 긍정으로 물으며, 주어는 대명사로 받고, be동사와 조동사는 그대로 사용하므로 aren't you가 적절
당신이 제이슨 브라운이죠, 그렇지 않나요?

5 뒤에 복수명사가 왔기 때문에 복수동사 are가 적절
여기에 많은 사람들이 있다.

6 「Let's+동사원형」의 부정은 「Let's not+동사원형」
오늘 밤에 자전거 타러 가지 말자.

7 how를 이용한 제안문 「How about ~ing?」
같이 재즈 댄스 배우는 게 어때?

E

1 Whose, scarf
2 Don't, you, like
3 Where, will, you, stay
4 What, an, easy, question
5 Do, your, homework
6 There, is, a, hotel
7 quit, her, job, didn't, she

해설

1 '누구의'라는 의미로 소유를 나타내는 의문사는 whose

2 '~하지 않니?'라는 의미를 나타내는 일반동사의 부정의문문은 Don't[Doesn't]로 시작

3 장소에 대한 질문이므로 의문사 Where가 적절

4 명사를 강조하는 감탄문 「What(+a/an)+형용사+명사(+주어+동사)」

5 명령문은 동사원형으로 시작하는데 '숙제를 하다'라는 표현은 do one's homework이므로 Do가 적절

6 '~가 있다'라는 의미는 「There is+단수명사」

7 부가의문문을 만들 때는 긍정문 뒤에는 부정으로, 부정문 뒤에는

긍정으로 물으며, 주어는 대명사로 받고, be동사와 조동사는 그대로 사용하고 일반동사는 시제나 수에 맞춰 do/does/did를 사용한다. '일을 그만 두었다'라는 의미가 되어야 하므로 quit her job과, quit이 과거시제 긍정문이므로 didn't she가 적절

REVIEW PLUS
p. 62

1 ①   2 ①   3 ③
4 (1) don't you (2) there is (3) Isn't (4) why don't you
(5) When

해설/해석

1 부가의문문을 만들 때는 긍정문 뒤에는 부정으로, 부정문 뒤에는 긍정으로 물으므로 won't가 아니라 will이 적절
  ① 우리 아빠에게 말하지 않을 거지, 응?
  ② 오늘 오후에 무엇을 할 거니?
  ③ 이 근처에 카페가 있나요?
  ④ 나 기다리지 마. 오늘 밤에 집에 늦게 들어올 거야.
  ⑤ 근처에 현금 자동 인출기가 있나요? 제가 현금이 좀 필요해요.

2 ② 문장의 주어가 your new boyfriend이므로 동사는 are가 아니라 is가 적절 ③ 「Let's ~」 구문에서 Let's 다음에는 동사원형이 와야 하므로 watching이 아니라 watch가 적절 ④ 「There is/are ~」 구문의 주어는 there가 아니라 be동사 뒤에 있는 명사이므로 그 명사의 단/복수에 따라 be동사의 형태도 달라진다. 주어가 many tall trees이므로 is가 아니라 are가 적절 ⑤ 주어진 문장이 긍정문이므로, 부가의문문은 do가 아니라 don't가 적절
  ① 내 방에서 나가, 제이콥!
  ② 네 새 남자 친구는 몇 살이니?
  ③ 이번 주에 영화를 보러 가자.
  ④ 우리 집 근처에 큰 나무들이 많이 있다.
  ⑤ 자동차도 환경을 오염시키지, 그렇지 않니?

3 ③ How를 이용한 제안문은 「How about+-ing~?」이므로 help가 아니라 helping이 적절
  ① A: 이 지역에 좋은 이탈리아 식당이 있나요?
    B: 아니요, 없어요. 시내로 나가는 게 어때요?
  ② A: 데이비드가 손에 무엇을 가지고 있니?
    B: 커다란 눈덩이야. 모두들 도망가!
  ③ A: 타일러, 주방이 너무 지저분해. 내가 치우는 것을 도와줄래?
    B: TV에서 좋은 영화를 해. 너 혼자서 할 수 있지, 그렇지 않니?
  ④ A: 저스틴! 너 수프를 여기저기에 흘리고 있어. 더 큰 그릇을 사용하는 게 어떠니?
    B: 알았어요, 엄마. 더 큰 그릇이 어디에 있어요?
  ⑤ A: 좋은 아침이에요, 여러분. 자리에 앉아서 135쪽을 펴세요.
    B: 존슨 선생님, 게임 해요!

4 (1) 주어진 문장이 긍정문이고, 주어는 you이고 deliver는 일반동사로 부가의문문은 don't you가 적절 (2) 주어가 an extra $10 charge로 단수이므로 there is가 적절 (3) '~하지 않나요?'라는 부정의문문이 되려면 Isn't가 적절 (4) 문맥상 제안하는 문장이 되어야 하고, 뒤에 동사원형이 왔으므로 why don't you가 적절 (5) 언제 준비되는지를 묻고 있으므로 When이 적절
  A: 안녕하세요? 밀라노 피자인가요?
  B: 네, 그런데요. 무엇을 도와 드릴까요?
  A: 피자를 세 판 주문하려고 해요. 배달되죠, 그렇지 않나요?
  B: 네, 그래요. 하지만 배달 시 10달러 추가 비용이 있어요.
  A: 10달러요! 그건 너무 비싸지 않나요?
  B: 글쎄요, 직접 가져가시는 게 어떠세요?

A: 그게 더 낫겠네요. 언제 다 만들어질까요?
B: 45분쯤 후에 오세요. 그때 다 되어 있을 거예요.

PART 12

Unit 47 EXERCISES
p. 65

Ⓐ
1 전   2 부   3 부, 전
4 전, 부   5 부, 전   6 부, 전

해석

1 그는 나에게 항상 재미있는 이야기를 해준다.
2 나는 형에게 부탁을 하려고 전화했다.
3 켈리는 에밀리에게 자신의 파티에 와달라고 요청했다.
4 나는 친구들과 함께 놀기 위해서 공원에 갔다.
5 우리 어머니는 상점 지배인과 이야기할 것을 요청했다.
6 라이언의 아빠는 이번 토요일에 라이언과 함께 동물원에 가기로 약속했다.

Ⓑ
1 not to be   2 to be   3 to become
4 to see   5 not to get   6 to change

해석

1 그는 나에게 다시는 늦지 말라고 경고했다.
2 그의 꿈은 유명한 가수가 되는 것이다.
3 그의 목표는 차기 회장이 되는 것이다.
4 나는 로키 산맥을 보는 것을 고대하고 있다.
5 아이는 다치지 않으려고 칼을 조심해서 사용했다.
6 그녀는 이번 주말에 그녀의 머리 모양을 바꾸기로 결정했다.

Ⓒ
1 (a) Mr. Kim didn't tell me to stand up.
  (b) Mr. Kim told me not to stand up.
2 (a) I don't want to remember that night.
  (b) I want not to remember that night.
3 (a) We didn't plan to watch the movie tonight.
  (b) We planned not to watch the movie tonight.

해석

1 (a) 김 씨는 나에게 일어서라고 말했다.
    → 김 씨는 나에게 일어서라고 말하지 않았다.
  (b) 김 씨는 나에게 일어서라고 말했다.
    → 김 씨는 나에게 일어나지 말라고 말했다.
2 (a) 나는 그날 밤을 기억하고 싶다.
    → 나는 그날 밤을 기억하고 싶지 않다.
  (b) 나는 그날 밤을 기억하고 싶다.
    → 나는 그날 밤을 기억하지 않길 원한다.
3 (a) 우리는 오늘 밤에 그 영화를 보기로 계획했다.

→ 우리는 오늘 밤에 그 영화를 보기로 계획하지 않았다.
(b) 우리는 오늘 밤에 그 영화를 보기로 계획했다.
  → 우리는 오늘 밤에 그 영화를 보지 않기로 계획했다.

Unit 48 EXERCISES
p. 67

A

1 Physical fitness, To exercise regularly
2 spaghetti, to eat Italian food
3 a new car, to drive to the sea
4 a talented soccer player, to play soccer for Manchester United

해석

1 신체 건강 유지가 내 목표이다.
  규칙적으로 운동을 하는 것이 중요하다.
2 나는 스파게티를 좋아한다.
  나는 이탈리아 음식을 먹기를 원한다.
3 매튜는 새 차를 샀다.
  그의 여자 친구는 바다로 드라이브 가기를 원한다.
4 재훈이는 재능 있는 축구 선수이다.
  재훈이의 꿈은 맨체스터 유나이티드에서 축구를 하는 것이다.

B

1 목적어   2 보어   3 주어
4 주어   5 목적어

해석

1 최 씨는 나에게 만나자고 했다.
2 그녀의 소망은 1등 상을 받는 것이다.
3 학급 친구를 못살게 구는 것은 나쁘다.
4 새로운 곳을 방문하는 것은 신이 나는 일이다.
5 라이언은 나를 홀로 남겨 두지 않겠다고 약속했다.

C

1 It is easy to spend money.
2 It is fun to watch baseball games.
3 It is important to have close friends.
4 It is bad for your teeth to drink soda.
5 It is difficult to pronounce foreign words.
6 It is dangerous to walk alone late at night.

해석

1 돈을 쓰는 것은 쉽다.
2 야구 경기를 보는 것은 재미있다.
3 친한 친구들이 있는 것은 중요하다.
4 탄산음료를 마시는 것은 이에 좋지 않다.
5 외국어를 발음하는 것은 어렵다.
6 밤늦게 혼자 걷는 것은 위험하다.

Unit 49 EXERCISES
p. 69

A

1 to tell   2 to say   3 to drink
4 to eat   5 to read

해석

1 나는 얘기해 줄 농담이 하나 있어.
2 우리는 말할 것이 있다.
3 나는 우리가 마실 차를 좀 만들었다.
4 그녀는 먹을 신선한 과일을 좀 샀다.
5 나는 읽을 재미있는 잡지를 발견했다.

B

1 보관할 상자   2 할 일   3 이야기할 친구
4 잠잘 시간   5 묵을 호텔

C

1 She needs a new dress to wear.
2 The kids want something to drink.
3 I don't have any money to lend you.
4 There are many attractive places to visit in Korea.

해석

1 그녀는 새 드레스가 필요하다. → 그녀는 입을 새 드레스가 필요하다.
2 아이들은 무언가를 원한다. → 아이들은 마실 무언가를 원한다.
3 나는 돈이 없다. → 나는 너에게 빌려줄 돈이 없다.
4 한국에는 매력적인 장소가 많다. → 한국에는 방문할 매력적인 장소가 많다.

Unit 50 EXERCISES
p. 71

A

1 들기에   2 만나게 되어
3 도와주다니   4 만들기 위해서

B

1 단순 형용사 수식   2 결과   3 판단의 근거
4 목적   5 감정의 원인

해석

1 내 이름은 발음하기가 조금 어렵다.
2 줄리아는 자라서 인기 있는 가수가 되었다.
3 그들이 결승 진출전에서 이기다니 운이 좋았다.
4 그녀는 새 옷을 사기 위해 쇼핑하러 갔다.
5 너에게 그렇게 많은 초과 근무를 하게 해서 미안해.

C

1 I was pleased to receive your letter.
2 The kids are happy to have new toys.
3 I bought the treadmill to lose weight.
4 I went to the store to buy some snacks.

1 나는 너의 편지를 받게 되어서 기뻤다.
2 아이들은 새 장난감을 가지게 되어서 행복하다.
3 나는 체중을 줄이기 위해 러닝머신을 샀다.
4 나는 간식을 좀 사려고 가게에 갔다.

Unit 51 EXERCISES

p. 73

1 to watch   2 to wear   3 too
4 to study   5 fast enough

해석

1 그녀는 너무 어려서 그 영화를 볼 수 없다.
2 오늘은 반바지를 입어도 될 정도로 충분히 따뜻해.
3 이곳은 너무 시끄러워서 전화 통화를 할 수 없다.
4 데이비드는 종종 공부를 하려고 밤늦게까지 잠을 자지 않는다.
5 제이슨은 수영 대회에서 우승을 할 정도로 충분히 빨리 헤엄쳤다.

B

1 rich enough to afford a new car
2 brave enough to bungee jump
3 too loud to hear the announcement
4 too tired to get up this morning
5 so tall that she can join the volleyball team
6 so busy that he couldn't play with his children

해석

1 나는 부유해서 새 차를 살 수 있다.
2 알렉스는 용감해서 번지점프를 할 수 있었다.
3 우리 반 친구들이 너무 시끄러워서 공지사항을 들을 수가 없다.
4 그는 너무 피곤해서 오늘 아침에 일어날 수 없었다.
5 사라는 배구팀에 들어갈 만큼 충분히 키가 크다.
6 그는 너무 바빠서 아이들과 놀 수 없었다.

C

1 enough, time, to, finish
2 in, order, to, buy
3 enough, money, to, buy

REVIEW

p. 74~75

A

1 too   2 not to be
3 to celebrate 4 enough time
5 to get

해설/해석

1 '너무 어려서 오토바이를 탈 수 없다'라는 의미가 되어야 하므로 '너무 ~해서 …할 수 없다'라는 뜻의 「too+형용사/부사+to+동사원형」
  린다는 너무 어려서 오토바이를 탈 수 없다.

2 to부정사의 부정은 「not+to+동사원형」
  나는 회의에 늦지 않으려고 택시를 탔다.

3 '축하하기 위해서'라는 의미로 to부정사의 부사적 쓰임에 해당하므로 to celebrate가 적절
  내 생일을 축하하기 위해서 우리는 특별한 만찬을 가졌다.

4 '면접을 준비할 만큼 충분한 시간'이라는 의미가 되어야 하므로 「enough+명사+to+동사원형」 구문
  나는 면접을 준비할 충분한 시간이 없어.

5 to부정사는 「to+동사원형」
  그녀는 졸업식에 장미꽃을 받기를 기대했다.

B

1 to close   2 to wash   3 to meet
4 to help   5 to finish 6 to become

해설/해석

1 '문을 닫는 것을 잊어버렸다'라는 의미가 자연스러우므로 to close가 적절
  나는 문을 닫는 것을 잊어버렸다.

2 '아버지 차를 세차하는 것에 동의했다'라는 의미가 자연스러우므로 to wash가 적절
  나는 우리 아버지 차를 세차하는 것에 동의했다.

3 '나를 만나기에는 너무 바쁘다'라는 의미가 되어야 하므로 to meet이 적절
  그녀는 오늘 밤 너무 바빠서 나를 만날 수 없다.

4 '내 숙제를 도와주러 왔다'라는 의미가 자연스러우므로 목적을 나타내는 to부정사 to help가 적절
  그는 내 숙제를 도와주기 위해서 왔다.

5 '끝내야 할 보고서'라는 의미로 report를 수식하는 to부정사 to finish가 적절
  우리는 다음 주까지 끝내야 할 보고서가 있다.

6 '미용사가 되기로 결심했다'라는 의미가 자연스러우므로 to become이 적절
  우리 형은 미용사가 되기로 결심했다.

C

1 It is not easy to grow plants at home.
2 It is rude to leave without saying goodbye.
3 I traveled to LA in order to meet my aunt's family.
4 I am old enough to take care of my sister.
5 I was too tired to go to the mall this evening.
6 Jennifer went to the hospital in order to visit her injured friend.

해설/해석

1 to부정사가 문장의 주어로 쓰여 to부정사 주어를 가주어 it으로 대체한 가주어 진주어 구문으로 to부정사 주어를 뒤로 보내고, 그 자리에 가주어 it 사용
  집에서 식물을 기르는 것은 쉽지 않다.

2 가주어 진주어 구문으로 to부정사 주어를 뒤로 보내고, 그 자리에 가주어 it 사용

작별 인사도 하지 않고 가는 것은 무례하다.

3 「in order to+동사원형」 ~하기 위해서

나는 이모 가족을 만나려고 로스앤젤레스에 갔다.

4 '~할 만큼 충분한 …'이라는 의미의 「so+형용사+that+주어+can+동사원형」은 「형용사+enough+to+동사원형」으로 바꿔 쓸 수 있음

나는 내 여동생을 돌볼 수 있을 정도로 자랐다.

5 '너무 ~해서 …할 수 없다'라는 의미의 「so+형용사+that+주어+can't+동사원형」은 「too+형용사+to+동사원형」으로 바꿔 쓸 수 있음

나는 너무 피곤해서 오늘 저녁에 쇼핑몰에 갈 수 없었다.

6 「in order to+동사원형」 ~하기 위해서

제니퍼는 다친 친구를 방문하려고 병원에 갔다.

1 It's time to go to bed.
2 This sofa is too heavy to lift.
3 English is interesting to learn.
4 I'm hungry enough to eat a horse!
5 He arrived early in order to get a good seat.
6 We don't have enough time to wait for him.

해설/해석

1 '잠자리에 들 시간'이라는 뜻으로, time을 수식할 수 있는 to부정사가 와야 하므로 time to go가 적절

잠자러 갈 시간이다.

2 '너무 ~해서 …할 수 없다'라는 의미의 「too+형용사+to+동사원형」 구문이므로 to lift가 적절

이 소파는 너무 무거워 들어 올릴 수 없다.

3 '영어는 배우기에 재미있다'라는 의미로 형용사 interesting을 꾸며 주는 to부정사가 적절

영어는 배우기에 흥미롭다.

4 '말을 먹을 수 있을 만큼 배고프다'라는 의미로 '~할 만큼 충분한 …'이라는 구문 「형용사+enough to+동사원형」 구문

나는 말을 먹을 만큼 충분히 배가 고프다!

5 '~하기 위해서'라는 목적을 나타내는 to부정사의 부사적 쓰임

그는 좋은 자리에 앉기 위해서 일찍 도착했다.

6 '그를 기다릴만한 충분한 시간'이라는 의미가 되어야 하므로 enough time to wait이 적절

우리는 그를 기다릴 만한 충분한 시간이 없다.

1 difficult, to, understand
2 so, happy, to, have, a, friend
3 need, someone, to, look, after
4 refreshing, to, jog, along, the, riverside
5 cooked, dinner, to, impress, his, parents
6 scarves, to, keep, warm

해설

1 앞에 오는 형용사를 수식하는 to부정사의 부사적 쓰임

2 '~하게 되어'라는 의미로 감정의 원인을 나타내는 to부정사의 부사적 쓰임

3 앞에 나온 명사나 대명사를 수식하는 to부정사의 형용사적 쓰임

4 가주어 진주어 구문으로 to부정사 주어를 뒤로 보내고, 그 자리에 가주어 it 사용

5 '~하기 위해서'라는 의미로 목적을 나타내는 to부정사의 부사적 쓰임

6 '~하기 위해서'라는 의미로 목적을 나타내는 to부정사의 부사적 쓰임

REVIEW PLUS
p. 76

Ⓐ

③

해설/해석

③ to부정사는 「to+동사원형」의 형태이므로 to going이 아니라 to go가 적절

① 너 나와 함께 가길 원하니?
② 점심을 가져가는 것을 잊지 마라.
③ 그들은 내년에 외국에 가려고 한다.
④ 그녀는 정말 친절하고 관대한 것 같다.
⑤ 너는 더 좋은 점수를 받으려면 열심히 공부해야 해.

Ⓑ

②

해설/해석

② '공부를 열심히 하는 것과 좋은 교육을 받는 것은 중요하다'라는 의미로 '공부를 열심히 하는 것'과 '좋은 교육을 받는 것'이 모두 가주어 it을 받을 수 있도록 for study가 아니라 to study가 되어야 함

① A: 너는 과학 리포트를 제시간에 제출했니?
B: 아니, 그러지 못했어. 나는 어젯밤에 너무 지쳐서 그것을 끝낼 수 없었어.
② A: 공부를 열심히 하는 것과 훌륭한 교육을 받는 것은 중요해.
B: 나도 동의하지만, 아이들은 밖에서 놀기도 해야 해.
③ A: 현관문이 너무 좁아서 TV가 들어갈 수가 없어.
B: 우리가 문을 떼어낼 수 있을까? 그러면 아마 딱 맞을 거야.
④ A: 주로 무슨 운동을 하니?
B: 주말에 장거리로 자전거를 타.
⑤ A: 어이! 나를 밀지 마, 니콜!
B: 진정해, 얘들아. 앉을 자리는 충분히 있어.

Ⓒ

1 to go　　**2** to make　　**3** to read
4 to help　　**5** to be

해설/해석

1 '언젠가는 케임브리지 대학에 가고 싶다'라는 의미가 되어야 하므로 to go가 적절

나는 언젠가 케임브리지 대학에 들어가기를 원한다.

2 '당신을 화나게 할 생각은 없었다'라는 의미가 되어야 하므로 to

make가 적절

죄송합니다. 우리는 당신을 그렇게 화나게 할 의도가 없었어요.

3 '세 살 때 읽는 것을 배웠다'라는 의미이므로 to read가 적절

스테파니는 그녀가 세 살 때 읽는 것을 배웠다.

4 '여행 가방을 운반하는 것을 돕겠다고 했으나 그녀는 거절했다'라는 의미이므로 to help가 적절

나는 그녀에게 가방 들어주는 것을 제안했지만, 그녀는 거절했다.

5 '아픈 척하다'라는 의미가 되어야 하므로 to be가 적절

제이콥은 걱정하지 마. 그는 아픈 척하고 있을 뿐이야.

 D

(1) too (2) to save (3) To live (4) enough

> 해설/해석

(1) '우리는 몸에 좋은 식사를 준비하기에는 너무 바쁘다'라는 의미가 되어야 하므로 「too+형용사+to+동사원형」 구문 사용 (2) '우리는 시간을 절약하기 위해 패스트푸드를 사는 경향이 있다'라는 뜻으로 목적을 나타내므로 to부정사가 적절 (3) '건강한 삶을 살기 위해서'라는 뜻으로 목적을 나타내므로 to부정사가 적절 (4) '운동할 수 있는 충분한 시간'이라는 뜻으로 '~하기에 충분한 …'이라는 의미의 「enough+명사+to+동사원형」 구문 사용

더 건강한 삶을 살기 위해서 여러분은 무엇을 할 수 있을까요? 우리는 건강한 식사를 준비하기에는 너무 바쁘기 때문에 시간을 절약하기 위해 패스트푸드를 사먹는 경향이 있습니다. 패스트푸드는 소금을 너무 많이 함유하고 있어서 건강한 해결책이 아닙니다. 건강한 삶을 살기 위해서, 당신은 음식을 현명하게 선택해야만 합니다. 여덟에서 열 움큼의 과일과 야채를 매일 먹고 운동할 충분한 시간을 찾도록 노력하세요.

PART 13

 3 나는 경기에서 이기지 못 할까 봐 두렵다.
4 아이들은 모래성을 쌓는 것을 좋아했다.
5 우리는 다른 도시로 이사 가는 것에 대해 말했다.

C

1 (a) 말하는 것 (동명사)   (b) 말하는 (현재분사)
2 (a) 가고 있는 (현재분사)   (b) 가는 것 (동명사)
3 (a) 읽는 것 (동명사)   (b) 읽고 있는 (현재분사)
4 (a) 춤추는 (현재분사)   (b) 춤추는 것 (동명사)
5 (a) 청소하고 있는 (현재분사) (b) 청소하는 것 (동명사)

> 해석

1 (a) 나는 친구들과 말하는 것을 좋아한다.
  (b) 우리 이웃은 말하는 앵무새를 가지고 있어!
2 (a) 나는 슈퍼마켓에 가는 중이야.
  (b) 어린이들은 동물원에 가는 것을 좋아한다.
3 (a) 내 취미는 영어 소설을 읽는 것이다.
  (b) 우리 아버지는 신문을 읽고 계신다.
4 (a) 봐! 춤추는 곰이야.
  (b) 캠프파이어 주변에서 춤추는 것은 매우 낭만적이다.
5 (a) 그들은 지금 그 집을 청소하고 있다.
  (b) 내 강아지를 따라다니며 청소를 하는 것은 귀찮은 일이다.

Unit 53 EXERCISES   p. 81

A

1 (a) James   (b) Cooking rice
2 (a) fish and chips   (b) eating lunch
3 (a) a famous photographer (b) riding horses
4 (a) rock music   (b) meeting

> 해석

1 (a) 제임스는 레스토랑 주방장이다.
  (b) 밥을 짓는 것은 쉽지 않다.
2 (a) 피쉬앤칩스 주세요.
  (b) 그들은 점심 식사를 마쳤다.
3 (a) 그는 유명한 사진사가 되었다.
  (b) 사라의 취미는 말을 타는 것이다.
4 (a) 너는 록 음악에 흥미가 있니?
  (b) 나는 너를 만나는 것을 고대하고 있다.

B

1 보어   **2** 목적어   **3** 목적어
4 목적어   **5** 주어   **6** 주어

> 해석

1 내가 가장 좋아하는 경기는 요트 경기이다.
2 토니는 추리 소설을 읽는 것을 즐긴다.
3 모든 사람들은 줄을 길게 서서 기다리는 것을 싫어한다.
4 몇몇 학생들은 숙제하는 것을 미룬다.
5 좋은 기억력을 갖는 것은 학생들에게 중요하다.
6 후지 산 등반은 그 여행에서 가장 인상적인 부분이었다.

Unit 52 EXERCISES   p. 79

 A

1 playing   **2** Sleeping   **3** baking
4 doing   **5** snowing

> 해석

1 조금만 더 놀자.
2 잠을 잘 자는 것은 너의 건강에 좋다.
3 그가 가장 좋아하는 취미 중 하나는 빵을 굽는 것이다.
4 숙제하는 것을 너무 오랫동안 미루지 마라.
5 결국 어젯밤 열 시에 눈이 그쳤다.

B

1 going   **2** studying   **3** not winning
4 building   **5** moving

> 해석

1 팀은 드라이브 가는 것을 좋아한다.
2 그녀는 외국에서 공부하는 것을 포기했다.

1 We love spending time in nature.
2 It started snowing early last night.
3 My hobby is collecting pictures of movie stars.
4 David and Jessica like playing chess together.
5 My grandfather's dream is publishing his autobiography.

해석

1 우리는 자연에서 시간을 보내는 것을 매우 좋아한다.
2 어젯밤 일찍 눈이 내리기 시작했다.
3 내 취미는 영화배우의 사진을 수집하는 것이다.
4 데이비드와 제시카는 함께 체스 두는 것을 좋아한다.
5 우리 할아버지의 꿈은 자신의 자서전을 출간하는 것이다.

Unit 54 EXERCISES
p. 83

A

1 ⓓ, ⓗ, ⓚ, ⓞ, ⓟ, ⓢ, ⓣ
2 ⓐ, ⓔ, ⓕ, ⓖ, ⓘ, ⓙ, ⓝ, ⓠ
3 ⓑ, ⓒ, ⓛ, ⓜ, ⓡ

B

1 to go   2 talking
3 to accept   4 eating
5 watching, to watch   6 swimming, to swim
7 sharing   8 to buy

해석

1 그녀는 대학에 가기로 결정했다.
2 그는 자신의 가족에 대해 말하는 것을 피한다.
3 그녀는 그의 제안을 받아들이기를 거절했다.
4 에밀리와 브리트니는 육식을 포기했다.
5 나는 로맨틱 코미디 영화 보는 것을 좋아한다.
6 그들은 부산의 바다에서 수영하기를 좋아한다.
7 나는 우리 언니와 침실을 함께 쓰는 것을 꺼리지 않는다.
8 우리 부모님은 나에게 스노보드를 사주고 싶어 하지 않았다.

C

1 to hear   2 to bark[barking]
3 to be   4 checking
5 to speak out[speaking out] 6 playing

해석

1 나는 저 노래를 다시 듣고 싶다.
2 개가 밤에 짖기 시작했다.
3 아이들은 잠이 든 척했다.
4 그 치과 의사는 그녀의 이 검사를 마쳤다.
5 그는 그 문제에 대해 계속해서 거리낌 없이 말했다.
6 앤드류는 아버지와 함께 배드민턴 치는 것을 좋아한다.

REVIEW
p. 84~85

A

1 eating, to eat   2 to listen
3 knitting   4 cooking
5 Finding, To find   6 helping
7 to move   8 shouting

해설/해석

1 like는 동명사와 to부정사를 모두 목적어로 취하는 동사
  레이첼은 혼자서 먹는 것을 좋아하지 않는다.

2 want는 to부정사를 목적어로 취하는 동사
  너는 라디오를 듣기 원하니?

3 give up은 동명사를 목적어로 취하는 동사
  우리 할머니는 지난해에 뜨개질하는 것을 그만두셨다.

4 전치사(in)의 목적어로 동명사가 적절
  너는 일식을 요리하는 것에 관심이 있니?

5 주어 역할을 할 수 있는 것은 to부정사와 동명사
  시내에서 주차할 곳을 찾는 것은 어려울 것이다.

6 전치사 for의 목적어 역할을 하는 동명사
  그는 지역 사회에서 가난한 사람들을 도와주는 것으로 유명하다.

7 decide는 to부정사를 목적어로 취하는 동사
  제임스는 시골로 이사 가기로 결정했다.

8 동명사 shouting이 전치사 on 뒤에 와서 목적어 역할
  그렇게 계속해서 소리 지르지 마라. 네 아버지를 방해할 거야.

B

1 doing   2 to be
3 writing   4 to speak
5 to be   6 seeing
7 to complete   8 practicing

해설/해석

1 delay는 동명사를 목적어로 취하는 동사
  그녀는 숙제하는 것을 미루었다.

2 promise는 to부정사를 목적어로 취하는 동사
  나는 10시까지 귀가하겠다고 약속했다.

3 enjoy는 동명사를 목적어로 취하는 동사
  나는 여행 중에 엽서를 쓰는 것을 좋아한다.

4 refuse는 to부정사를 목적어로 취하는 동사
  우리가 다툰 후에 그는 나와 말하기를 거부했다.

5 pretend는 to부정사를 목적어로 취하는 동사
  그녀는 할인을 받기 위해서 학생인 척했다.

6 suggest는 동명사를 목적어로 취하는 동사
  내 친구는 방과 후에 영화를 보자고 제안했다.

7 want는 to부정사를 목적어로 취하는 동사
  우리 아버지는 마라톤을 완주하기를 원하신다.

8 mind는 동명사를 목적어로 취하는 동사

그 아이들은 밤늦게까지 연습하는 것을 마다하지 않는다.

1 going   2 spending
3 opening   4 to emigrate
5 to study   6 having

해설/해석

1 전치사 before의 목적어로 동명사 going이 적절
   나는 학교에 가기 전에 아침을 거의 먹지 않는다.

2 enjoy는 동명사를 목적어로 취하는 동사
   너는 형과 함께 시간을 보내는 것을 좋아하니?

3 mind는 목적어로 동명사를 취하는 동사
   저를 위해 문을 좀 열어 주실래요?

4 decide는 to부정사를 목적어로 취하는 동사
   지영이네 가족은 결국 캐나다로 이민 가기로 결정했다.

5 need는 to부정사를 목적어로 취하는 동사
   나는 올해 더 열심히 공부할 필요가 있다. 나는 장학금을 타고 싶다.

6 전치사 about의 목적어로 동명사가 적절
   나는 내가 좋아하는 선수를 만나는 기회를 얻게 되어 신난다.

D

1 James quit playing computer games.
2 Minji plans to visit the Grand Canyon next year.
3 My older sister decided to buy a laptop computer.
4 I don't mind waiting for you.
5 We finished climbing the mountain just before dawn.
6 Michelle enjoys meeting her new friends on Saturdays.
7 I love going[to go] to baseball games with my friends in summer.

해설/해석

1 quit은 동명사를 목적어로 취하므로 playing이 적절
   제임스는 컴퓨터 게임 하는 것을 그만두었다.

2 plan은 to부정사를 목적어로 취하므로 to visit가 적절
   민지는 내년에 그랜드 캐니언을 방문할 계획이다.

3 decide는 to부정사를 목적어로 취하므로 to buy가 적절
   우리 언니는 노트북 컴퓨터를 사기로 결정했다.

4 mind는 동명사를 목적어로 취하므로 waiting이 적절
   나는 너를 기다려도 상관없어. 우리는 시간이 많이 있거든.

5 finish는 동명사를 목적어로 취하므로 climbing이 적절
   우리는 동트기 직전에 산을 오르는 것을 마쳤다.

6 enjoy는 동명사를 목적어로 취하므로 meeting이 적절
   미셸은 토요일마다 새로운 친구들을 만나는 것을 좋아한다.

7 love는 동명사와 to부정사를 모두 목적어로 취하므로 going 또는 to go 모두 가능
   나는 여름에 친구들과 함께 야구 경기를 보러 가는 것을 좋아한다.

E

1 love, watching, sci-fi, movies

2 taking, pictures, of, flowers
3 is, delaying, telling, the, truth
4 dreams, about, traveling, into, space
5 give, up, learning, new, things
6 Getting, up, early, in, the, morning, is

해설

1 love는 동명사와 to부정사를 모두 목적어로 취하지만, to가 들어갈 빈칸이 없으므로 watching이 적절

2 문장에서 보어 역할을 하는 동명사

3 delay는 동명사를 목적어로 취하는 동사

4 전치사 about의 목적어로 동명사가 적절

5 give up은 목적어로 동명사를 취하는 동사

6 문장에서 주어 역할을 하는 동명사

REVIEW PLUS
p. 86

1 ④   2 ①   3 ⑤
4 (1) to wake (2) to challenge (3) to be
   (4) to climb[climbing]

해설/해석

1 동명사의 부정은 동명사 앞에 not을 붙이므로 not coming이 적절
   ① 로라는 호주에서 살기를 꿈꾼다.
   ② 그 질문들은 대답하기 쉬웠다.
   ③ 내 친구는 발라드를 잘 부른다.
   ④ 그녀는 제시간에 오지 못한 것에 대해 사과했다.
   ⑤ 우리 아빠는 운전하는 법을 나에게 가르쳐 주는 데 동의하셨다.

2 ② would like to 다음에는 동사원형이 와야 하므로 flying이 아니라 fly가 적절 ③ decide는 to부정사를 목적어로 취하는 동사이므로 renting이 아니라 to rent가 적절 ④ Eat을 문장의 주어 역할을 하는 Eating이 아니라 To eat으로 바꿔야 함 ⑤ finish는 동명사를 목적어로 취하는 동사이므로 to clean이 아니라 cleaning이 적절
   ① 나는 거기에 자전거를 타고 가는 것을 아주 좋아한다.
   ② 그는 언젠가 비행기를 조종하기를 원한다.
   ③ 그들은 주말에 버스를 빌리기로 결정했다.
   ④ 과일과 야채를 먹는 것은 건강에 이롭다.
   ⑤ 마크는 불과 한 시간 만에 자기 방 청소를 마쳤다.

3 ⑤ plan은 to부정사를 목적어로 취하는 동사이므로 finishing이 아니라 to finish가 적절
   ① A: 쉿. 너희 어머니께서 낮잠을 주무시고 계신단다, 얘들아.
      B: 죄송해요. 그럼 밖에 나가서 놀게요.
   ② A: 줄리아가 왜 우리를 도와주는 것을 거부하니?
      B: 모르겠어. 가끔 그녀는 까다로워.
   ③ A: 새로운 장소를 여행하는 것은 재미있어.
      B: 물론이지. 하지만 가끔은 피곤하기도 해.
   ④ A: 선물을 주는 것은 받는 것보다 나은 것 같아.
      B: 나는 동의하지 않아. 나는 선물을 받는 것을 더 좋아해.
   ⑤ A: 네 새 기숙사 방에 페인트칠하는 것을 끝냈니?
      B: 아직 못했어. 나는 그것을 오늘 오후에 끝낼 계획이야.

4 (1) love의 목적어로는 동명사와 to부정사가 모두 가능하지만, 이

문장의 구조를 잘 살펴보면 love가 목적어로 취하고 있는 것이 wake뿐만 아니라 and 뒤에 오는 drive도 있다는 것을 알 수 있고, drive는 to가 생략되어 있다는 것을 추측할 수 있다. 따라서 to wake가 적절 (2) prepare는 to부정사를 목적어로 취하므로 to challenge가 적절 (3) hope는 to부정사를 목적어로 취하므로 to be가 적절 (4) 문장에서 보어 역할을 하는 to부정사나 동명사가 필요하므로 to climb 또는 climbing이 적절

암벽을 등반하러 가는 것은 에이미가 가장 좋아하는 취미이다. 그녀는 아침 일찍 일어나서 오빠들과 등반하는 지역까지 운전해 가는 것을 매우 좋아한다. 그들은 좋은 장소를 향해 가는 다른 등반자들을 제치기 위해서 빠르게 운전한다. 말없이, 에이미는 오늘 또 다시 도전하기 위해서 준비한다. 절벽을 오르며 안간힘을 쓰는 것은 힘들고 모든 집중력을 요할 것이다. 에이미는 언젠가 세계적 수준의 등반자가 되기를 희망한다. 그녀의 꿈은 세계 각 대륙의 가장 높은 절벽들을 오르는 것이다.

PART 14

 Unit 55 EXERCISES p. 90~91

A

1 had, had	2 flew, flown
3 fit(ted), fit(ted)	4 cost, cost
5 let, let	6 hurt, hurt
7 spoke, spoken	8 won, won
9 blew, blown	10 stole, stolen
11 grew, grown	12 wore, worn
13 cut, cut	14 hit, hit
15 shut, shut	16 led, led
17 drank, drunk	18 rode, ridden
19 gave, given	20 left, left

B

1 forgotten	2 hurt
3 shut	4 spoken
5 studied	6 read
7 found	8 enjoyed
9 liked	10 stopped
11 bought	12 blown
13 changed	14 known
15 worn	

해석
1 이것은 금방 잊힐 거야.
2 나는 너의 말에 상처를 받았다.
3 그 문은 그가 닫았다.
4 멕시코에서 스페인어가 사용된다.
5 수학은 학생들에 의해 학습된다.
6 그 잡지는 도처에서 읽힌다.
7 그 고양이는 쓰레기통에서 발견되었다.
8 그의 소설은 많은 사람들이 즐긴다.

9 아이스크림은 특히 아이들이 좋아한다.
10 나는 속도위반으로 경찰에게 붙들렸다.
11 우리 집은 한 노부부로부터 샀다.
12 양초들은 바람에 의해 꺼졌다.
13 그의 전화번호는 지난주에 변경되었다.
14 그의 이름은 우리 학교의 모든 사람들에게 알려져 있다.
15 청바지는 전 세계의 사람들이 입는다.

C

1 cut, 베인	2 known, 알려진
3 bought, 구매된	4 sold, 팔린
5 seen, 보이는	6 found, 발견된
7 heard, 들리는	8 loved, 사랑받는
9 made, 만들어진	10 eaten, 먹히는
11 read, 읽히는	12 broken, 깨진

D

1 stolen	2 loved
3 used	4 written
5 discovered	6 cut
7 grown	8 made

Unit 56 EXERCISES p. 93

A

1 능동	2 수동	3 능동	4 수동

해석
1 김 선생님이 우리에게 화학을 가르치고 있다.
2 반도는 삼면이 바다로 둘러싸여 있다.
3 최 선생님의 설명은 새로 온 학생을 혼란스럽게 했다.
4 그 손님들은 여러 가지 이국적인 음식을 대접받았다.

B

1 painted, was painted	2 visit, is visited
3 invited, were invited	4 speak, are spoken

해석
1 제임스가 지붕을 빨간색으로 칠했다.
  지붕은 제임스에 의해 빨간색으로 칠해졌다.
2 많은 사람들이 이 해변을 방문한다.
  이 해변은 많은 사람들의 방문을 받는다.
3 나의 반 친구가 우리를 그 파티에 초대했다.
  우리는 나의 반 친구에 의해 그 파티에 초대되었다.
4 스위스 사람들은 불어와 독일어를 사용한다.
  불어와 독일어가 스위스 사람들에 의해 사용된다.

C

1 was broken by my younger brother
2 are fascinated by bright colored toys
3 was designed by Frank Lloyd Wright
4 are caused by drunken drivers

5 was cleaned by the maid

6 was embarrassed by my mistake

해석

1 내 남동생이 그 유리창을 깼다.
→ 그 유리창은 내 남동생에 의해 깨졌다.

2 밝은 색의 장난감은 어린 아기들의 마음을 빼앗는다.
→ 어린 아기들은 밝은 색의 장난감에 의해 마음을 빼앗긴다.

3 프랭크 로이드 라이트는 1939년에 그 집을 디자인했다.
→ 그 집은 1939년에 프랭크 로이드 라이트에 의해 디자인되었다.

4 술 취한 운전자들은 많은 끔찍한 사고들을 초래한다.
→ 많은 끔찍한 사고들이 술 취한 운전자들에 의해서 초래된다.

5 그 가정부는 우리가 돌아오기 전에 우리 방을 청소했다.
→ 우리가 돌아오기 전에 우리 방이 그 가정부에 의해서 청소되었다.

6 어제 영어 수업에서의 실수가 나를 부끄럽게 했다.
→ 나는 어제 영어 수업에서의 실수로 인해 부끄러웠다.

REVIEW

p. 94~95

1 driven **2** canceled **3** chosen
4 spoken **5** cleaned

해설/해석

1 주어(We)가 행위의 대상이므로 driven이 적절
우리는 리무진을 타고 공항으로 갔다.

2 주어(My blind date)가 행위의 대상이므로 canceled가 적절
내 소개팅은 마지막 순간에 취소되었다.

3 주어(Anne)가 행위의 대상이므로 chosen이 적절
앤은 올해 최우수 여배우로 선정되었다.

4 주어(Mandarin)가 행위의 대상이므로 spoken이 적절
만다린은 많은 사람에 의해 말해진다.

5 주어(The kitchen floor)가 행위의 대상이므로 cleaned가 적절
부엌 바닥은 어제 우리 어머니에 의해서 청소되었다.

1 is used **2** was arrested
3 are heated **4** was made
5 was given **6** was taken
7 sang **8** ate
9 won **10** spoke

해설/해석

1 주어(Email)가 행위의 대상이므로 수동인 is used가 적절
전자 우편은 여러 목적으로 사용된다.

2 주어(He)가 행위의 대상이므로 수동인 was arrested가 적절
그는 경찰에게 체포되었다.

3 주어(All of our rooms)가 행위의 대상이므로 수동인 are heated가 적절
우리의 모든 방들은 가스에 의해서 따뜻해진다.

4 주어(This song)가 행위의 대상이므로 수동인 was made가 적절

이 노래는 에릭 크립튼에 의해 만들어졌다.

5 주어(A medal)가 행위의 대상이므로 수동인 was given이 적절
교장 선생님에 의해 그들에게 메달이 수여되었다.

6 주어(The empty seat)가 행위의 대상이므로 수동인 was taken이 적절
그 빈자리는 매우 키가 큰 한 여자에 의해 차지되었다.

7 주어(Sarah)가 행위의 주체이므로 능동인 sang이 적절
사라는 결혼식에서 아름다운 노래를 불렀다.

8 주어(The squirrel)가 행위의 주체이므로 능동인 ate이 적절
청설모는 수풀 아래에 있는 나무 열매를 먹었다.

9 주어(The Boston Red Sox)가 행위의 주체이므로 능동인 won이 적절
보스턴 레드삭스는 2004년에 월드 시리즈에서 우승했다.

10 주어(The teacher)가 행위의 주체이므로 능동인 spoke가 적절
선생님은 성적에 대해 학생들에게 말했다.

(1) was built (2) was designed
(3) held (4) was declared

해설/해석

(1) 문장의 주어(It)가 행위의 대상이므로 수동인 was built가 적절

(2) 문장의 주어(it)가 행위의 대상이므로 수동인 was designed가 적절

(3) 문장의 주어(it)가 행위의 주체이므로 능동인 held가 적절

(4) 문장의 주어(the CN Tower)가 행위의 대상이므로 수동인 was declared가 적절

토론토에 있는 CN 타워는 캐나다에서 가장 잘 알려진 건축물 중의 하나이다. 그것은 캐나다 국영 철도 회사에 의해 지어졌다. 그것은 550미터가 넘고 TV와 라디오의 통신 플랫폼으로 디자인되었다. 2007년까지 그것은 지상에 독립적으로 서 있는 가장 높은 건물이었고, 그 기록을 30년이 넘게 유지했다. 1995년에 CN 타워는 미국 토목 학회에 의해서 현대판 7대 불가사의 중 하나로 공표되었다.

1 The book was checked out yesterday.
2 Some cookies were made for my kids.
3 The broken pipe was repaired by my father.
4 Mr. Crosby teaches physics to high school students.
5 That article was written by a *Korean Times* reporter.
6 This apartment complex was built by High Rise in 2014.
7 This Christmas card was sent to my family by my cousin.

해설/해석

1 주어(The book)이 행위의 대상이므로 수동인 was checked가 적절
그 책은 어제 대출되었다.

2 주어(Some cookies)가 행위의 대상이므로 수동인 were made가 적절
약간의 쿠키가 내 아이들을 위해 만들어졌다.

3 주어(The broken pipe)가 행위의 대상이므로 수동인 was

repaired가 적절

터진 파이프는 우리 아버지가 수리했다.

4 주어(Mr. Crosby)가 행위의 주체이므로 능동인 teaches가 적절

크로스비 선생님은 고등학교 학생들에게 물리학을 가르친다.

5 주어(That article)가 행위의 대상이므로 수동인 was written이 적절

저 기사는 코리언타임스지 기자에 의해 작성되었다.

6 주어(This apartment complex)가 행위의 대상이므로 수동인 was built가 적절

이 아파트 단지는 2014년에 하이 라이즈에 의해 지어졌다.

7 주어(This Christmas card)가 행위의 대상인 수동태 문장이다. 수동태 문장에서 행위자는 「by+목적격」으로 나타내므로 by가 적절

이 크리스마스카드는 내 사촌이 우리 가족에게 보낸 것이다.

E

1 I was hit by a baseball yesterday.
2 The difficult riddle was solved by Sandra.
3 My car was stolen (by somebody) last night.
4 The package was mailed to me by my mother.
5 The baseball game was watched by many people.
6 Medicine is kept out of children's reach by them.

해설/해석

1 목적어(me)를 주어(I)로 가져오고, hit을 was hit으로 바꾸고, 주어(a baseball)를 by a baseball로 전환

어제 야구공이 나를 쳤다.

→ 나는 어제 야구공에 맞았다.

2 목적어(the difficult riddle)를 주어로 가져오고, solved를 was solved로 바꾸고, 주어(Sandra)를 by Sandra로 전환

산드라가 그 어려운 수수께끼를 풀었다.

→ 그 어려운 수수께끼는 산드라에 의해 풀렸다.

3 목적어(my car)를 주어로 가져오고, stole을 was stolen으로 바꾸고, 주어(somebody)를 by somebody로 전환, 행위자를 알 수 없는 경우는 생략 가능

누군가가 어젯밤에 내 차를 훔쳤다.

→ 내 차는 어젯밤에 (누군가에 의해) 도난 당했다.

4 목적어(the package)를 주어로 가져오고, mailed를 was mailed로 바꾸고, 주어(my mother)를 by my mother로 전환

우리 어머니가 그 소포를 나에게 보내셨다.

→ 그 소포는 우리 어머니에 의해 나에게 보내졌다.

5 목적어(the baseball game)를 주어로 가져오고, watched를 was watched로 바꾸고, 주어(many people)를 by many people로 전환

많은 사람들이 그 야구 경기를 관람했다.

→ 그 야구 경기는 많은 사람들에게 의해 관람되었다.

6 목적어(medicine)를 주어로 가져오고, keep을 is kept로 바꾸고, 주어(they)를 by them으로 전환

그들은 약을 아이들의 손이 닿지 않는 곳에 보관한다.

→ 약은 그들에 의해 아이들의 손이 닿지 않는 곳에 보관된다.

REVIEW PLUS

p. 96

1 ③   2 ①   3 ③
4 (1) was born (2) was raised (3) accepted
(4) was elected

해설/해석

1 ③ 주어인 수민(Sumin)이가 시를 배우는 주체이므로 was learned가 아니라 learned가 적절

① 기술자는 세탁기를 수리했다.

② 그 시합은 청군이 이겼다.

③ 수민이는 그 시를 배웠다.

④ 구조대원은 고양이 세 마리를 구해냈다.

⑤ 사과 12개가 소풍을 위해서 구입되었다.

2 ② 주어(Text messages)가 행위의 대상이므로 sent가 아니라 were sent 또는 are sent가 적절 ③ 주어(The photo of the hero)가 행위의 대상이므로 took이 아니라 was taken이 적절 ④ 주어(Grandmother)가 행위의 주체이므로 was told가 아니라 told가 적절 ⑤ 주어(Ryan and Hannah)가 행위의 주체이므로 were eaten이 아니라 ate가 적절

① 영어는 흔히 사용되지 않는다.

② 문자 메시지는 전 세계에서 보내졌다.

③ 그 영웅의 사진이 우연히 찍혔다.

④ 할머니는 우리에게 재미있는 이야기를 해주셨다.

⑤ 라이언과 한나는 햄버거 다섯 개를 먹었다.

3 ③ Johannes Gutenberg가 기계를 발명한 사람이므로 was invented가 아니라 invented가 적절

① A: 네 지갑은 언제 도난당했니?

B: 3일 전에요.

② A: 너는 홍수로 재산을 많이 잃었니?

B: 응. 우리의 새 가구가 모두 망가졌어.

③ A: 인쇄술을 누가 발명했니?

B: 요하네스 구텐베르크가 15세기에 발명했어.

④ A: 네 여동생은 그 사고로 많이 다쳤니?

B: 아니, 하지만 검사를 하기 위해 그녀를 병원으로 데려갔어.

⑤ A: 우편물이 벌써 왔나요, 아빠?

B: 우편물은 오늘 아침에 배달되었단다. 미안하지만, 너에게 온 것은 없구나.

4 (1) 주어(Barack Obama)가 행위의 대상이므로 수동인 was born이 적절 (2) 주어(he)가 행위의 대상이므로 수동인 was raised가 적절 (3) 주어(Harvard Law School)가 행위의 주체이므로 능동인 accepted가 적절 (4) 주어(Barack Obama)가 행위의 대상이므로 수동인 was elected가 적절

버락 오바마는 1961년 8월 4일에 하와이 섬에서 태어났다. 그가 다섯 살 때, 그와 그의 가족은 인도네시아로 이사를 했고 그곳에서 열 살까지 살았다. 하지만 그는 하와이로 돌아와서 고등학교를 마칠 때까지 조부모님에 의해서 길러졌다. 1988년에 하버드 법과 대학원은 그를 받아들였다. 2008년 11월 4일, 버락 오바마는 미국의 대통령으로 선출되었다.

PART 15

A

1 has, gone	2 have, received
3 have, met	4 have, finished
5 has, turned	6 has, learned
7 have, left	8 has, moved
9 have, eaten	10 have, been

해석

1 마이크는 뉴욕으로 가버렸다.
2 너는 소포를 하나 받았다.
3 나는 우리 선생님의 남편을 만난 적이 있다.
4 우리는 제 5장을 읽는 것을 끝마쳤다.
5 그녀는 에어컨을 켰다.
6 그는 3년째 영어를 배우고 있다.
7 그들은 이미 공항으로 출발했다.
8 내 미국 친구는 한국으로 이사했다.
9 너는 그 식당에서 몇 번 식사를 한 적이 있다.
10 폴과 윌은 지난여름 이후로 친구로 지내왔다.

B

1 Has, finished	2 Have, washed
3 Have, been	4 have achieved
5 hasn't eaten	6 has worn
7 has practiced	8 haven't met
9 haven't done	10 have seen
11 haven't read	12 Has, complained

해석

1 그는 보고서를 끝냈나요?
2 너는 손을 씻었니?
3 너는 전에 하와이에 가와이에 가본 적 있니?
4 마침내, 우리는 우리의 목표를 달성했다.
5 그녀는 온종일 아무것도 먹지 않았다.
6 그는 수년 동안 똑같은 운동화를 신어 오고 있다.
7 그는 음악회를 위해 피아노를 연습하고 있다.
8 그들은 10년째 만나지 못하고 있다.
9 너는 오늘 아침 이후로 아무것도 안 했다.
10 그들은 우리 오빠의 그림을 몇 번 본 적이 있다.
11 나는 '삼국지'를 읽어본 적이 없다.
12 윌리엄은 매니저에게 서비스에 대해 항의했니?

C

1 (a) I didn't meet them this morning.
  (b) I haven't met them before.
2 (a) She didn't read that book yesterday.
  (b) She hasn't read that book lately.
3 (a) You didn't call me last night.
  (b) You haven't called me once.
4 (a) We didn't see the movie last weekend.
  (b) We haven't seen the movie.
5 (a) Sarah doesn't wash the dishes every day.
  (b) Sarah hasn't washed the dishes.
6 (a) His parents didn't get the letter last week.
  (b) His parents haven't got the letter.
7 (a) I didn't talk to Professor Kim about my grade yesterday.
  (b) I haven't talked to Professor Kim about my grade.

해석

1 (a) 나는 그들을 오늘 아침에 만났다.
  → 나는 그들을 오늘 아침에 만나지 않았다.
  (b) 나는 전에 그들을 만난 적 있다.
  → 나는 전에 그들을 만난 적 없다.
2 (a) 그녀는 어제 저 책을 읽었다.
  → 그녀는 어제 저 책을 읽지 않았다.
  (b) 그녀는 최근에 저 책을 읽었다.
  → 그녀는 최근에 저 책을 읽지 않았다.
3 (a) 너는 어젯밤에 나에게 전화했다.
  → 너는 어젯밤에 나에게 전화하지 않았다.
  (b) 너는 나에게 한 번 전화했다.
  → 너는 나에게 한 번도 전화하지 않았다.
4 (a) 우리는 지난주에 그 영화를 보았다.
  → 우리는 지난주에 그 영화를 보지 않았다.
  (b) 우리는 그 영화를 본 적 있다.
  → 우리는 그 영화를 본 적 없다.
5 (a) 사라는 매일 설거지를 한다.
  → 사라는 매일 설거지를 하지 않는다.
  (b) 사라는 설거지를 했다.
  → 사라는 설거지를 하지 않았다.
6 (a) 그의 부모님은 지난주에 그 편지를 받으셨다.
  → 그의 부모님은 지난주에 그 편지를 받지 않으셨다.
  (b) 그의 부모님은 편지를 받으셨다.
  → 그의 부모님은 편지를 받지 않으셨다.
7 (a) 나는 어제 김 교수님과 내 성적에 대해 이야기했다.
  → 나는 어제 김 교수님과 내 성적에 대해 이야기하지 않았다.
  (b) 나는 김 교수님과 내 성적에 대해 이야기해 본 적 있다.
  → 나는 김 교수님과 내 성적에 대해 이야기해 본 적 없다.

D

1 (a) Did you go to Madrid last summer?
  (b) Have you been to Madrid?
2 (a) Did your sister lock the windows?
  (b) Has your sister locked the windows?
3 (a) Did Lauren study French at school?
  (b) Has Lauren studied French for five years?
4 (a) Did Brandon and Kayla clean the house?
  (b) Have Brandon and Kayla cleaned the house?
5 (a) Does Rachel water the plants twice a week?
  (b) Has Rachel watered the plants?
6 (a) Did you answer all of the questions?

(b) Have you answered all of the questions?
7 (a) Did he live in Hong Kong last year?
  (b) Has he lived in Hong Kong for three years?

1 (a) 너는 지난여름에 마드리드에 갔다.
    → 너는 지난여름에 마드리드에 갔니?
  (b) 너는 마드리드에 간 적이 있다.
    → 너는 마드리드에 간 적이 있니?
2 (a) 네 언니가 창문을 잠갔다.
    → 네 언니가 창문을 잠갔니?
  (b) 네 언니가 창문을 잠갔다.
    → 네 언니가 창문을 잠갔니?
3 (a) 로렌은 학교에서 프랑스어를 배웠다.
    → 로렌은 학교에서 프랑스어를 배웠나요?
  (b) 로렌은 학교에서 5년째 프랑스어를 배우고 있다.
    → 로렌은 5년째 프랑스어를 배우고 있나요?
4 (a) 브랜든과 카일라는 그 집을 청소했다.
    → 브랜든과 카일라는 그 집을 청소했니?
  (b) 브랜든과 카일라는 그 집을 청소했다.
    → 브랜든과 카일라는 그 집을 청소했니?
5 (a) 레이첼은 일주일에 두 번 식물에 물을 준다.
    → 레이첼은 일주일에 두 번 식물에 물을 주니?
  (b) 레이첼은 그 식물에 물을 주었다.
    → 레이첼이 그 식물에 물을 주었니?
6 (a) 너는 모든 질문에 답했다.
    → 너는 모든 질문에 답했니?
  (b) 너는 모든 질문에 답했다.
    → 너는 모든 질문에 답했니?
7 (a) 그는 작년에 홍콩에 살았다.
    → 그는 작년에 홍콩에 살았니?
  (b) 그는 3년째 홍콩에 살고 있다.
    → 그는 3년째 홍콩에 살고 있니?

 Unit 58 EXERCISES   p. 103

 A

| 1 (a) ㉠ (b) ㉡ | 2 (a) ㉡ (b) ㉠ |
| 3 (a) ㉡ (b) ㉠ | 4 (a) ㉠ (b) ㉡ |

1 니콜은 지갑을 잃어버렸다.
2 나는 세차를 했다.
3 존은 머그컵을 깨뜨렸다.
4 그들은 가게에 갔다.

B

1 have lost	2 have been
3 has broken	4 have had
5 has studied	6 has lived
7 has left	8 has taught
9 has gone	

1 나는 지갑을 잃어버렸다. 나는 지금 그것을 가지고 있지 않다.
  → 나는 지갑을 잃어버렸다.
2 나는 지난달에 런던에 있었다. 나는 지금은 런던에 있지 않다.
  → 나는 런던에 가본 적 있다.
3 패트릭은 팔이 부러졌다. 그는 팔에 깁스를 했다.
  → 페트릭은 팔이 부러졌다.
4 오늘 아침에 머리가 아팠다. 나는 아직도 머리가 아프다.
  → 나는 오늘 아침부터 머리가 아프다.
5 어셔는 작년에 음악 공부를 시작했다. 그는 아직도 음악을 공부한다.
  → 어셔는 1년째 음악을 공부하고 있다.
6 에밀리는 2년 전에 한국에 살기 시작했다. 그녀는 아직도 한국에 산다.
  → 에밀리는 2년째 한국에서 살고 있다.
7 그는 오늘 아침에 휴대 전화를 집에 두고 왔다. 그는 아직도 그것을 가지고 있지 않다.
  → 그는 휴대 전화를 집에 두고 왔다.
8 그녀는 2년 전에 고등학교에서 영어를 가르쳤다. 그녀는 아직도 거기에서 영어를 가르친다.
  → 그녀는 2년째 고등학교에서 영어를 가르치고 있다.
9 지훈이는 생물 공학을 공부하러 영국에 갔다. 그는 아직도 거기에 있다.
  → 지훈이는 영국에 가버렸다.

 Unit 59 EXERCISES   p. 105

A

1 was, has been
2 saw, has seen
3 has hurt, hurt
4 has called, called
5 wrote, have written
6 have watched, watched
7 played, have played

1 엘리자베스는 지난주에 대전에 있었다.
  엘리자베스는 대전에 세 번 간 적이 있다.
2 나는 2014년에 '반지의 제왕'을 보았다.
  내 친구는 '반지의 제왕' 을 몇 번 본 적이 있다.
3 그녀는 작년 이후로 두 번 다쳤다.
  우리 영국인 영어 선생님은 지난 주말에 다리를 다쳤다.
4 저스틴은 지난 며칠간 친구 마이클에게 전화를 두 걸었다.
  저스틴은 지난 일요일 오후에 친구 마이클에게 전화했다.
5 나는 어제 또 다른 긴 영어 에세이를 썼다.
  우리는 이번 학기를 시작한 후로 세 편의 에세이를 썼다.
6 나는 TV에서 제니퍼의 라이브 콘서트를 몇 번 본 적이 있다.
  에이미는 이틀 전에 TV에서 제니퍼의 라이브 콘서트를 보았다.
7 그들은 지난 일요일에 아이스하키 시합을 했다.
  그들은 작년 이후 여러 번 아이스하키 시합을 했다.

 B

1 has lived, lived	2 lost, has lost
3 was, has been	4 called, have called
5 have visited, visited	6 saw, have seen

26

1 에드워드는 2014년 이래로 서울에 살고 있다.
  그는 2년 전에 서울에 살았다.
2 캐롤은 어제 집 열쇠를 잃어버렸다.
  그녀는 집 열쇠를 몇 번 잃어버린 적이 있다.
3 수잔은 그저께 아팠다.
  그녀는 이틀 째 아프다.
4 나는 2분 전에 수호에게 전화했다.
  나는 지금 수호에게 한 시간 동안 매 5분마다 전화하고 있다.
5 그와 그의 가족은 호주를 방문했다.
  지난여름에 그들은 호주를 방문했다.
6 우리는 지난달에 만났다.
  우리는 지난달 이래로 딱 한 번 본 적이 있다.

REVIEW

p. 106~107

1 has seen, saw　　2 had, has had
3 has broken, broke　4 took, has taken
5 talked, have talked

1 첫 번째 문장은 '지금까지 두 번 보셨다'라는 경험의 의미이므로 has seen이 적절하고, 두 번째 문장은 '지난주에 아버지가 내 연극을 보셨다'라는 의미이므로 saw가 적절
  우리 아버지는 내 연극을 두 번 보셨다.
  우리 아버지는 지난주에 내 연극을 보셨다.
2 첫 번째 문장은 '아침에 머리가 아팠다'라는 의미이므로 had가 적절하고, 두 번째 문장은 '오늘 아침 이후로 머리가 아프다'라는 계속의 의미로 has had가 적절
  그는 아침에 머리가 아팠다.
  그는 오늘 아침 이후로 머리가 아프다.
3 첫 번째 문장은 '작년 이후로 발목이 두 번 부러졌다'라는 경험의 의미이므로 has broken이 적절하고, 두 번째 문장은 '한 달 전에 발목이 부러졌다'라는 의미이므로 broke가 적절
  사라는 작년 이후로 발목이 두 번 부러졌다.
  사라는 한 달 전에 발목이 부러졌다.
4 첫 번째 문장은 '아침 8시에 지하철을 타고 등교했다'라는 의미이므로 took이 적절하고, 두 번째 문장은 '2년 동안 지하철을 타고 등교하고 있다'라는 계속의 의미이므로 has taken이 적절
  존은 아침 8시에 지하철을 타고 등교했다.
  존은 2년 동안 지하철을 타고 등교하고 있다.
5 첫 번째 문장은 '어제 선생님과 이야기했다'라는 의미로 talked가 적절하고, 두 번째 문장은 '학기 시작 이후로 세 번 이야기했다'라는 경험의 의미이므로 have talked가 적절
  나는 어제 너의 선생님과 이야기를 했다.
  우리는 이번 학기 초 이래로 세 차례 이야기를 했다.

1 has climbed　　2 has been
3 have seen　　　4 has worked
5 have eaten　　　6 have finished

1 '이 산에 두 번 올랐다'라는 경험의 의미로 has climbed가 적절
  그녀는 그 산을 두 번 오른 적이 있다.
2 '이탈리아, 프랑스, 스페인에 가 보았다'라는 경험을 얘기하고 있으므로 has been이 적절
  그는 이탈리아, 프랑스, 스페인에 가본 적이 있다.
3 '드라마 CSI 중 이 에피소드를 여러 번 보았다'라는 경험의 의미로 have seen이 적절
  나는 'CSI'의 이 에피소드를 여러 번 보았다.
4 '은행에서 현재까지 5년 동안 일하고 있다'라는 계속의 의미로 has worked가 적절
  우리 언니는 5년째 은행에서 일하고 있다.
5 '한국 음식을 여러 번 먹어 보았다'라는 경험의 의미로 have eaten이 적절
  우리는 여러 번 한국 음식을 먹어 보았다.
6 '교실 청소를 끝냈다'라는 완료의 의미로 have finished가 적절
  크리스와 나는 교실 청소를 끝냈다.

1 went　　　　　2 made
3 have been　　　4 heard
5 have lived　　　6 has bought

1 '작년 겨울에 홍콩에 갔었다'라는 의미로 단순과거인 went가 적절
  나는 작년 겨울에 홍콩에 갔다.
2 '어제 너를 위해 초콜릿 케이크를 만들었다'라는 의미로 단순과거인 made가 적절
  그는 어제 너를 위해서 초콜릿 케이크를 만들었다.
3 '저 패밀리 레스토랑에 세 번 가보았다'라는 경험의 의미로 have been이 적절
  우리는 지금까지 저 패밀리 레스토랑에 세 번 갔다.
4 '2시간 전에 사고 소식을 들었다'라는 의미로 단순과거인 heard가 적절
  그들은 그의 사고 소식을 2시간 전에 들었다.
5 '10년째 여기에 살고 있다'라는 계속의 의미로 have lived가 적절
  그들은 여기서 10년째 살고 있다. 그들은 이사 가기를 원하지 않는다.
6 '2005년부터 매년 어머니께 생신선물을 사 드린다'라는 계속의 의미로 has bought가 적절
  그녀는 2005년 이래로 매년 어머니께 생신 선물을 사 드리고 있다.

1 I won the lottery yesterday!
2 Have you finished the book?
3 Have you ever baked cookies before?
4 I have learned English since last year.
5 Emily didn't visit me last week.
6 Jiho has lived in the Philippines since 2004.
7 James found your ring in the garden yesterday.
8 Minji has already seen the movie.

해설/해석

1 '어제 복권에 당첨되었다'라는 의미이므로 단순과거인 won이 적절
   내가 어제 복권에 당첨되었어!

2 앞에 Have가 왔으므로 finished가 적절
   너는 그 책을 다 끝냈니?

3 뒤에 baked가 왔으므로 Have가 적절
   너는 쿠키를 구워본 적 있니?

4 '작년부터 영어를 공부하고 있다'는 계속의 의미로 have learned가
   적절
   나는 작년부터 영어를 공부하고 있다.

5 '지난주에 나를 방문하지 않았다'라는 의미로 단순과거 부정인
   didn't visit가 적절
   에밀리는 지난주에 나를 방문하지 않았다.

6 '2004년부터 지금까지 필리핀에서 살고 있다'는 계속의 의미로
   has lived가 적절
   지호는 2004년 이래로 필리핀에서 살고 있다.

7 '어제 반지를 찾았다'는 의미로 단순과거인 found가 적절
   제임스는 어제 정원에서 네 반지를 발견했다.

8 앞에 has가 왔으므로 seen이 적절
   민지는 이미 그 영화를 보았다. 그녀는 그것을 다시 보지 않을 것이다.

E

(1) have eaten   (2) did, eat
(3) tried   (4) invited
(5) was   (6) have been

해설/해석

(1) '지금까지 갈비를 세 번 먹었다'는 경험의 의미로 have eaten이
    적절

(2) '갈비를 처음 먹은 것은 언제인가?'라는 질문이므로 과거의 한 시
    점을 나타내는 단순과거가 와야 하는데 의문문이므로 동사는 did
    와 원형인 eat이 적절

(3) '지난달에 처음 갈비를 먹었다'고 얘기하고 있으므로 단순과거인
    tried가 적절

(4) '지난달에 동료가 한정식 식당에 초대했다'는 의미로 단순과거인
    invited가 적절

(5) '갈비가 너무 맛있었다'는 의미로 단순과거인 was가 적절

(6) '지금까지 그 레스토랑에 적어도 세 번은 가서 먹었다'는 경험의
    의미로 have been이 적절

A: 넌 갈비를 먹어 본 적 있니?
B: 응, 지금까지 적어도 세 번은 먹어 본 적이 있어.
A: 아, 진짜? 처음으로 갈비를 먹은 게 언제였니?
B: 지난달에 처음 갈비를 먹어보았어. 동료가 한정식 식당에 나를 초
   대했어.
A: 마음에 들었니?
B: 물론이지! 사실, 갈비는 너무 맛있었어. 지금까지 최소한 세 번은 그 식
   당에 다시 갔었어. 그리고 나는 다음 달에 내 여자 친구가 나를 만나러
   오면 그곳에 그녀를 데리고 가려고 해.

REVIEW PLUS

p. 108

1 ⑤   2 ②   3 ④
4 (1) was (2) have come (3) promised

해설/해석

1 ⑤ 현재완료의 부정은 「haven't+과거분사」의 형태이므로 didn't
   have가 아니라 haven't가 적절
   ① 너는 벌써 시장에 갔다 왔니?
   ② 나는 저녁 식사를 먹고 난 직후에 속이 좋지 않았다.
   ③ 나는 크리스마스 쇼핑을 모두 마쳤다.
   ④ 에바는 지금 5년째 불교를 공부해 오고 있다.
   ⑤ 나는 오늘 아침 이후로 너의 형과 이야기를 하지 않았다.

2 ① 그녀가 도착한 과거의 특정한 시점을 묻고 있으므로 has를
   did로 바꿔야 함 ③ '3년 전부터 나의 영어 실력이 늘고 있다'라는
   계속의 의미로 improves가 아니라 has improved가 적절 ④ '지
   난 20년 동안 매일 같은 벤치에 앉아 왔다'는 계속의 의미로 has
   sit이 아니라 has sat이 적절 ⑤ '지난 토요일에 처음으로 자기의
   옷을 빨았다'는 의미로 has washed가 아니라 washed가 적절
   ① 그녀가 언제 기차역에 도착했나요?
   ② 에이미는 2005년에 아버지와 함께 유럽에 갔다.
   ③ 내 영어 실력은 3년 전부터 많이 향상되고 있다.
   ④ 톰은 지난 20년 동안 매일 이 벤치에 앉았다.
   ⑤ 그녀는 지난 토요일에 처음으로 자신의 옷을 세탁했다.

3 ① 현재완료로 물었으므로 응답은 didn't가 아니라 haven't가
   적절 ② '제임스 본드 영화를 아직 보지 못했다'라는 의미이므로
   didn't가 아니라 haven't가 적절 ③ '한 달 전에 치과에 갔다'라
   는 의미이므로 've gone이 아니라 went가 적절 ⑤ '데이비드의
   새 작품을 본 적이 있니?'라는 경험을 묻는 질문으로 saw가 아니
   라 seen이 적절
   ① A: 너는 내 친구 조를 벌써 만났니?
      B: 아니, 만나지 않았어. 그는 어떤 사람이니?
   ② A: 너는 새 제임스 본드 영화에 대해 어떻게 생각했니?
      B: 나는 그걸 아직 보지 않았어.
   ③ A: 너는 언제 치과에 갔니?
      B: 나는 약 4달 전에 갔었어.
   ④ A: 그녀의 직업은 무엇이니?
      B: 그녀는 수학 선생님이야. 그녀는 2002년 이래로 수학을 가르치
         고 있어.
   ⑤ A: 너는 데이비드의 새 그림들을 본 적이 있니?
      B: 응, 난 어젯밤에 봤어. 그는 많이 향상되었더라, 그렇지 않니?

4 (1) '1933년에 처음 사람들에게 모습을 보였다'라는 뜻으로
   1933년 과거의 한 시점에 대해서 얘기하고 있으므로 단순과거인
   was가 적절 (2) 처음 사람들이 그것을 본 이후로 지금까지 과학
   자들이 그것을 찾기 위해 Loch Ness에 오고 있다는 계속의 뜻이
   므로 have come이 적절 (3) 몇 년 전에 일어난 일에 대해 얘기
   하고 있으므로 단순과거인 promised가 적절
   매년, 전 세계의 관광객들은 스코틀랜드의 네스 호를 방문한다. 물론,
   그들은 네스 호의 괴물인 네시를 언뜻이라도 보기를 바라면서 온다. 그
   것은 1933년 처음으로 "목격"되었다. 그 이후로, 과학자들은 그것을
   찾기 위해 네스 호에 찾아오고 있다. 몇 년 전에, 잉글랜드에서 온 한
   부유한 사업가가 네시를 잡는 사람에게 50만 파운드를 지불하겠다고
   약속했다. 하지만 그 이후로 그 상금을 받은 사람은 아무도 없다.

PART 16

Unit 60 EXERCISES
p. 111

A

1 on	2 at	3 on	4 on
5 on	6 on	7 on	8 in
9 in	10 at		

B

1 at	2 on	3 on
4 on	5 in	6 at

해석
1 그 경기는 8시에 시작한다.
2 우리는 크리스마스 날에 파티를 했다.
3 나는 비 오는 날에는 보통 실내에 머무른다.
4 너는 월요일 밤에 프로젝트를 시작해야 한다.
5 새로운 하키 시즌이 9월에 시작할 것이다.
6 우리 어머니는 때때로 밤늦게 주무신다.

C

1 at, noon
2 at, 1:00
3 in, January
4 on, my, birthday
5 on, September, 9th, in, 2005
6 at, 2:00, in, the, afternoon

Unit 61 EXERCISES
p. 113

A

1 for	2 for	3 during
4 during	5 for	6 for
7 during	8 during	9 During
10 for		

해석
1 나는 3년 동안 스페인에 살고 있다.
2 나는 2시간 동안 그 책을 읽고 있다.
3 나는 점심시간에 잠시 산책한다.
4 너는 수업 시간에 집중해야 한다.
5 그녀는 1년이 넘도록 어머니를 보지 못했다.
6 그들은 그들의 손자들을 1년 동안 보지 못했다.
7 나는 쉬는 시간에 도서관에 갈 수 있다.
8 겨울 방학 동안 너는 무엇을 할 예정이니?
9 여름에 이 섬에 있는 모든 호텔은 대개 꽉 찬다.
10 메리와 제임스는 2달 동안 서로 말을 하지 않았다.

B

1 until	2 until	3 by	4 by

해석
1 나는 10시까지 여기에 있을 것이다.
2 너는 오늘 오후까지 머무를 수 있니?
3 나는 정오까지 이 책을 반납해야 한다.
4 너는 금요일까지 숙제를 제출해야 한다.

C

1 during, the, night
2 for, a, week
3 until, the, end, of, the, week
4 by, the, end, of, the, month

Unit 62 EXERCISES
p. 116~117

A

1 in	2 at	3 in	4 in
5 on	6 at	7 on	8 in
9 at	10 at	11 on	12 on

해석
1 내 코트는 옷장에 있다.
2 나는 내 가방을 학교에 두고 왔다.
3 그들은 부엌에 있다.
4 존은 네덜란드에서 자랐다.
5 밴드는 무대 위에 있다.
6 쇼핑몰에서 보자.
7 그의 사무실은 3층에 있다.
8 메건은 휴일에 파리에 있을 것이다.
9 나는 네가 오늘 밤 집에 머무르기를 바란다.
10 내가 너를 공항으로 데리러 나갈게.
11 어린이들이 자신들의 그림을 벽에 붙였다.
12 그 의자에 앉아 있는 여자는 우리 할머니이시다.

B

1 by	2 on	3 under	4 in
5 between	6 in	7 over, on	

해석
1 고양이 옆에 개가 있다.
2 테이블 위에 꽃병이 있다.
3 테이블 아래에 쥐가 있다.
4 화병에는 꽃이 세 개 있다.
5 개와 테이블 사이에 고양이가 있다.
6 방에는 쥐, 개, 고양이가 있다.
7 테이블 위 벽에 그림이 있다.

C

1 in front of	2 behind
3 next to	4 under

해석

1 민은 캐시 앞에 있다.
2 레이첼 뒤에 가방이 있다.
3 준은 캐시 옆에 있다.
4 책상 아래에 축구공이 있다.

D

| 1 out of | 2 up | 3 from |
| 4 down | 5 into | 6 through |

해석

1 다 왔어요. 차에서 내립시다.
2 열기구가 하늘을 날아오르고 있다.
3 우리는 런던에서 옥스퍼드로 가는 기차를 탔다.
4 그 소년은 넘어져 발목이 부러졌다.
5 우리 강아지는 비를 피하기 위해 집 안으로 뛰어들어 왔다.
6 너무 어두워! 아무것도 볼 수가 없어! 우리는 지금 터널을 통과하고 있어.

E

| (1) in | (2) in | (3) on |
| (4) next to | (5) to | |

해석

수지에게

그동안 잘 있었니? 부산에서 모든 일이 잘 되어 가길 바라. 난 잘 지내는데 아주 바빴어. 이제 막 쇼핑몰에 있는 작은 애완동물 가게에서 아르바이트를 구했어. 그 가게는 10층에 있어. 그곳은 전망이 아주 좋아. 쇼핑몰은 바로 우리 집 옆에 있어. 그래서 거기까지 가는 데 오래 걸리지 않아. 우리 집에서 쇼핑몰까지 가는 데 10분밖에 안 걸려. 일은 정말 많지만, 나는 동물들이 아주 좋아. 나는 돈을 조금 저축하고 있는데, 가을에 너를 보러 갈 계획이야. 정말 기다려져! 나는 강아지에게 먹이를 주러 곧 일하러 가야 해. 곧 다시 이메일을 보낼게.

모든 일이 다 잘 되길 바라는,

케빈

Unit 63 EXERCISES p. 119

A

| 1 me | 2 them | 3 about |
| 4 for | 5 to | 6 around |

해석

1 빌은 나에게 자신의 교과서를 빌려주었다.
2 나는 그들과 함께 파티에 갈 것이다.
3 나는 당신에 대해 더 많이 알고 싶어요.
4 내가 너를 위해서 차 한 잔을 가져 왔어.
5 지난여름 방학 방학 그들에게 무슨 일이 있었니?
6 나는 운동을 좀 하려고 호수 주위를 걸었다.

B

| 1 to | 2 by | 3 with |

해석

1 그냥 그것을 저에게 주실래요?
역까지 가는 길을 알려주실래요?
2 우리는 비행기로 그 섬을 여행했다.
많은 미국 애니메이션은 한국 예술가들에 의해 만들어진다.
3 너 나와 함께 쇼핑하러 가고 싶니?
사람들은 요즘 스마트폰으로 많은 것들을 한다.

C

1 from, Mexico	2 across, the, street
3 about, UFOs	4 along, the, road
5 like, a, nice, person	6 in, the, blue, shirt

REVIEW p. 120~121

A

| 1 in | 2 at | 3 by | 4 until |
| 5 On | 6 During | 7 for | 8 in |

해설/해석

1 '5년 후에'라는 의미로 in이 적절
너는 5년 후에 어디에 있을 거니?
2 '5시에'라는 의미로 시각이나 시점 앞에 사용하는 at이 적절
내일 5시에 보자.
3 '6시까지 돌아올게요'라는 뜻으로 일회성의 동작이 완료되는 것이므로 by가 적절
나는 6시까지 집에 돌아올게요.
4 '다음 주 금요일까지는 계속 휴가이다'라는 뜻으로 계속적인 상태가 완료되는 것이므로 until이 적절
우리 아버지는 다음 주 금요일까지 휴가이다.
5 특정 요일의 특정한 때를 가리킬 때는 On이 적절
금요일에 나는 제이콥과 약속이 있다.
6 여름이라는 특정한 기간 앞에는 During이 적절
여름 동안 그녀는 구조원으로 일했다.
7 '한 시간이 넘게'와 같은 구체적인 숫자 앞에서는 for를 사용
데이비드는 한 시간 넘게 TV를 보았다.
8 계절 앞에는 in이 적절
지아는 봄에 가족과 함께 시드니로 이사했다.

B

| 1 in | 2 on | 3 through |
| 4 out of | 5 at | 6 from |

해설/해석

1 '서랍 안에'라는 의미로 공간의 내부를 나타내는 in이 적절
양말은 서랍 안에 있다.
2 '잔디 위에'라는 의미로 접촉하고 있는 상태를 나타내는 on이 적절
아이들은 잔디 위에 누워 있다.
3 '숲을 통과해서'라는 의미로 공간을 관통하는 상태를 나타내는 through가 적절

이 강은 숲을 통과해서 흐른다.

4 '집 밖으로'라는 의미로 out of가 적절

그녀는 집 밖으로 고양이를 쫓아냈다.

5 '버스 정류장에서'라는 의미로 비교적 좁고 구체적인 장소를 나타내는 at이 적절

우리 어머니께서 버스 정류장에서 나를 기다리고 있었다.

6 '그리스에서 스위스까지'라는 의미로 '~에서'라는 의미의 전치사 from가 적절

그들은 그리스에서 스위스까지 여행했다.

 C

1 next to   **2** behind   **3** along
4 across   **5** under

[해설]

1 '~옆에'라는 의미의 전치사는 next to

2 '~뒤에'라는 의미의 전치사는 behind

3 '~을 따라서'라는 의미의 전치사는 along

4 '~을 가로질러, 맞은편에'라는 의미의 전치사는 across

5 '~ 밑에'라는 의미의 전치사는 under

 D

1 leave, at, noon
2 meet, on, Thursday
3 live, with, my, grandparents
4 hot, in, the, summer
5 be, over, at, 10:00
6 is, standing, by, the, ladder
7 to, my, friend, in, Hong Kong

[해설]

1 시각이나 시점 앞에 사용하는 전치사는 at

2 요일이나 날자 앞에 사용하는 전치사는 on

3 '~와 함께'라는 뜻의 전치사는 with

4 계절 앞에 사용하는 전치사는 in

5 시각이나 시점 앞에 사용하는 전치사는 at

6 '~ 옆에'라는 의미의 전치사는 by

7 '~에게'라는 의미의 전치사는 to, '~에'라는 비교적 넓은 장소 앞에 사용하는 전치사 in

E

1 I baked a cake for you.
2 He put the stamp on the letter.
3 This car is driven by electricity.
4 A wolf appeared behind a tree.
5 He is reading a book about insects.
6 I'm going to camp for three weeks.
7 You must kick the ball between the poles.

REVIEW PLUS   p. 122

 A

④

[해설/해석]

④ 교통수단이나 방법은 by를 사용하므로 with가 아니라 by가 적절
① 해가 구름 뒤로 사라졌다.
② 네 재킷은 내 재킷과 정말로 똑같아 보여.
③ 녹색 스웨터를 입은 소녀는 정말 매력 있어.
④ 우리는 KTX를 타고 갈 거니까 거기에 곧 도착할 거야.
⑤ 정오까지 네 방을 청소할 수 있겠니?

 B

1 behind   **2** next to   **3** in front of   **4** between

[해설/해석]

1 개가 차 뒤에 있으므로 behind가 적절
Q: 개가 어디에 있나요?
A: 그것은 차 뒤에 있어요.

2 경찰서는 은행 옆에 있으므로 next to가 적절
Q: 경찰서가 어디에 있나요?
A: 그것은 은행 옆에 있어요.

3 차가 우체국 앞에 있으므로 in front of가 적절
Q: 차가 어디에 있나요?
A: 그것은 우체국 앞에 있어요.

4 학교는 도서관과 서점 사이에 있으므로 between이 적절
Q: 학교가 어디에 있나요?
A: 그것은 도서관과 서점 사이에 있어요.

 C

(1) to   (2) On   (3) at   (4) in   (5) under

[해설/해석]

(1) '공항으로'라는 의미가 되어야 하므로 to가 적절 (2) '평일 아침 (weekday mornings)에'와 같은 특정한 날의 아침 앞에는 On이 적절 (3) '(특정 장소)에 도착하다'라는 표현에서 '~에'에 해당하는 전치사로 at이 적절 (4) '짐칸 안에'라는 의미가 되어야 하므로 in이 적절 (5) '버스 밑에 짐칸'이라는 의미가 되어야 하므로 under가 적절
만약 당신이 급히 공항에 가기를 원한다면, 고속버스를 타세요. 첫째, 온라인에 접속해서 시간표를 확인하세요. 주중의 오전에는 교통량 때문에 버스가 연착될지도 모릅니다. 그러므로 공항에 시간에 맞춰 도착하도록 충분한 시간을 확보하세요. 버스가 도착하면, 당신의 짐을 버스 아래의 짐칸에 넣어 달라고 운전기사에게 부탁하세요. 마지막으로, 당신이 어느 비행기를 타고 갈 것인지 운전기사에게 말씀하세요. 그러면 그는 당신을 어디에 내려줘야 할지 알 것입니다.

PART 17

A

1 and	2 and	3 or	4 but
5 but	6 but	7 and	8 or

해석

1 존과 나는 형제가 아니다.
2 나는 영어와 역사 과목에서 A를 받았다.
3 너는 빨간색 또는 파란색 중 어떤 색깔을 원하니?
4 저는 가고 싶지만 시간이 없어요.
5 우리는 병원으로 서둘러 갔지만 너무 늦었다.
6 이 컴퓨터가 좋아 보이긴 하지만 아주 비싸다.
7 우리 언니와 나는 식탁을 치우고 설거지를 할 것이다.
8 너는 선택을 할 수 있어. 너는 지금 떠나거나 아니면 나중까지 기다려도 된다.

B

1 (e) I went to bed early
2 (f) her brother didn't
3 (d) your sister
4 (a) Hong Kong
5 (b) playing the violin
6 (c) his dog waited patiently outside

해석

1 나는 피곤하지 않았지만 일찍 잠자리에 들었다.
2 그녀는 여행을 즐겼지만, 그녀의 오빠는 그렇지 않았다.
3 너나 네 언니 중 한 명이 오늘 오후에 나를 도와주어야 한다.
4 서울과 홍콩은 아시아에서 내가 가장 좋아하는 도시이다.
5 나는 외국어를 배우는 것과 바이올린 연주하는 것을 좋아한다.
6 그는 가게 안으로 들어갔고, 그의 개는 밖에서 참을성 있게 기다렸다.

C

1 or	2 or	3 and
4 or	5 and	6 and

해석

1 멈춰, 그렇지 않으면 너는 나를 다치게 할 거야.
2 속도를 늦춰라, 그렇지 않으면 미끄러져 넘어질 거야.
3 여기로 오시면 제가 한턱 낼게요.
4 일어나, 그렇지 않으면 너는 또 학교에 늦을 거야.
5 이 숙제를 도와줘, 그러면 내가 점심 살게.
6 1달러만 빌려 줘, 그러면 내일 내가 갚을게.

A

1 but	2 and	3 nor	4 and
5 or	6 either	7 nor	8 not

해석

1 데이비드는 한국인이 아니라 미국인이다.
2 우리 언니와 오빠는 둘 다 서울에 산다.
3 그의 아들과 딸 둘 다 집에 있지 않았다.
4 이 나무들은 칠레와 멕시코 두 곳에서 자란다.
5 오늘 밤 영화는 '월-이' 아니면 '아이스 에이지 2'이다.
6 당신은 현금이나 신용 카드로 지불할 수 있다.
7 앤드루의 아버지와 어머니 두 분 다 독일어를 못하신다.
8 그는 고등학생이 아니라 중학생이다.

B

1 I want to have both a red dress and a white dress.
2 Not only my father but also my mother is a teacher.
3 You can have either coffee or tea for dessert.
4 Neither Jane nor Tim likes Chinese food.

해석

1 나는 빨간색과 하얀색 드레스 둘 다 가지고 싶다.
2 우리 아버지뿐만 아니라 우리 어머니도 선생님이시다.
3 너는 후식으로 커피나 차 둘 중 하나를 먹을 수 있다.
4 제인과 팀 둘 다 중국 음식을 좋아하지 않는다.

C

1 not only English but also Spanish, Spanish as well as English
2 not only chemistry but also math, math as well as chemistry

해석

1 제이슨은 영어를 하고, 또한 스페인어도 한다.
2 나는 화학을 공부하고, 또한 수학도 공부한다.

A

1 after	2 Before	3 After	4 Before

해석

1 눈이 그치고 나서 우리는 삽으로 눈을 퍼낼 것이다.
　→ 우리는 눈이 그친 후에 삽으로 눈을 퍼낼 것이다.
2 신발을 벗고 나서 실내로 들어오세요.
　→ 실내에 들어오기 전에, 신발을 벗으세요.
3 사라는 블라우스를 다림질하고 나서 춤추러 외출할 것이다.
　→ 사라는 블라우스를 다림질한 후에 춤추러 외출할 것이다.
4 재정이는 언어 강의를 수강한 후에 외국에 갔다.
　→ 재정이는 외국에 가기 전에, 언어 강의를 수강했다.

B

1 When I went out, I locked the door.
2 When she gets home, she will call you.
3 When we were in London, we watched several plays.
4 When he got his pocket money, he treated me to dinner.

해석

1 나는 외출할 때, 문을 잠갔다.
2 그녀가 집에 도착하면, 너에게 전화를 할 것이다.
3 우리는 런던에 있을 때, 연극 몇 편을 관람했다.
4 그는 용돈을 받았을 때, 내게 저녁을 사 주었다.

C

1 Because Mark is my best friend, I will help him.
2 Because there isn't anything to eat, he'll have to skip a meal.
3 If you don't wear boots, you might slip on the rocks.
4 If we work together, we can finish the work quickly.

해석

1 마크는 나의 가장 친한 친구이기 때문에, 나는 그를 도와줄 것이다.
2 먹을 것이 아무것도 없기 때문에, 그는 식사를 걸러야 할 것이다.
3 부츠를 신지 않는다면, 바위에서 미끄러질지도 모른다.
4 우리가 함께 일한다면, 그 일을 빨리 끝낼 수 있다.

REVIEW

A

1 or	2 but	3 but	4 but
5 or	6 or	7 and	8 and

해설/해석

1 '오른손잡이인지 왼손잡이인지'를 묻는 질문이므로 '또는'이라는 의미의 or가 적절
  너는 오른손잡이니, 아니면 왼손잡이니?
2 '좋아하지만 쓰다듬지 못한다'는 의미이므로 '하지만'이라는 의미의 but이 적절
  사라는 개는 좋아하지만, 쓰다듬지는 못한다.
3 '함께 하고 싶지만 시간이 충분히 없다'는 의미이므로 '하지만'이라는 의미의 but이 적절
  나는 당신과 함께하고 싶지만, 충분한 시간이 없다.
4 '지쳤지만 나를 도와주었다'라는 의미이므로 '하지만'이라는 의미의 but이 적절
  우리 형은 지쳤지만, 어쨌든 나를 도와주었다.
5 '정오나 오후 다섯 시 이후에 만날 수 있다'라는 의미이므로 '또는'이라는 의미의 or가 적절
  나는 오늘 정오나 오후 다섯 시 이후에는 너를 만날 수 있다.
6 '이메일 주소나 전화번호'라는 의미이므로 '또는'이라는 의미의 or가 적절
  너는 톰의 이메일 주소나 전화번호를 가지고 있니?

7 '베이글과 약간의 과일 그리고 우유와 시리얼을 먹었다'라는 의미이므로 '~와/그리고'라는 의미의 and가 적절
  나는 베이글, 약간의 과일, 그리고 우유와 함께 시리얼을 아침 식사로 먹었다.
8 '친구와 함께 극장에 가서 영화를 관람했다'라는 의미이므로 '~와/그리고'라는 의미의 and가 적절
  나는 친구와 함께 극장에 가서 그 영화를 관람했다.

B

1 live	2 wants	3 put
4 have	5 has to	

해설/해석

1 'A뿐만 아니라 B도'라는 의미의 상관접속사 「B as well as A」는 동사를 B(My grandparents)에 맞춰서 쓰기 때문에 live가 적절
  우리 이모뿐만 아니라 조부모님은 내가 사는 곳 근처에 사신다.
2 'A와 B 둘 다 아닌'이라는 의미의 상관접속사 「neither A nor B」는 동사를 B(Mary)에 맞춰서 쓰기 때문에 wants가 적절
  그녀의 친구들과 메리는 그 영화를 보는 것을 원하지 않는다.
3 'A와 B 둘 다'라는 의미의 상관접속사 「both A and B」는 동사를 복수형으로 쓰기 때문에 put이 적절
  우리 아빠와 엄마 둘 다 커피에 설탕을 넣으신다.
4 'A뿐만 아니라 B도'라는 의미의 상관접속사 「Not only A but also B」는 동사를 B(my brothers)에 맞춰서 쓰기 때문에 have가 적절
  우리 형들뿐만 아니라 나도 해야 할 숙제가 많다.
5 'A나 B 둘 중 하나'라는 의미의 상관접속사 「either A or B」는 동사를 B(your brother)에 맞춰서 쓰기 때문에 has to가 적절
  너 또는 너의 남동생이 너희 어머니가 돌아오실 때까지 집에 있어야 한다.

C

1 but	2 or	3 and
4 or	5 because	6 after

해설/해석

1 '전문가는 아니지만 노력하겠다'는 의미이므로 but이 적절
  A: 내가 수학 문제 푸는 것을 도와줄 수 있겠니?
  B: 글쎄, 전문가는 아니지만, 해볼게.
2 차와 커피 둘 중에서 선택하는 것이므로 or가 적절
  A: 차를 드시겠어요, 아니면 커피를 드시겠어요?
  B: 차가 좋겠어요.
3 '불어와 스페인어 둘 다 할 수 있다'는 의미이므로 and가 적절
  A: 너는 얼마나 많은 언어를 구사할 수 있니?
  B: 나는 프랑스어와 스페인어를 말할 수 있어.
4 「명령문 or」는 '~하라, 그렇지 않으면 …일 것이다'의 의미이므로 or가 적절
  A: 부모님께 전화 드려. 그렇지 않으면 너를 걱정하실 거야.
  B: 네 전화를 좀 써도 될까? 내 전화기 배터리가 다 됐어.
5 '장화처럼 생겼기 때문에'라는 의미이므로 because가 적절
  A: 누구나 지도에서 이탈리아를 찾을 수 있어.
  B: 정말이네. 장화처럼 생겨서 찾기가 쉬워.

6 '시험이 끝난 후에 축구를 하러 나갈 것이다'는 의미이므로 after 가 적절

A: 우리는 시험을 본 후에 축구하러 밖으로 나갈 거야.
B: 재미있겠는데! 내가 끼어도 되니?

D

1 If it rains, I will stay home.
2 Take a rest or you will be tired.
3 Neither my mom nor my dad cooks well.
4 Both Jenny and her brother enjoy playing tennis.
5 Don't give up and you will make your dreams come true.

해설/해석

1 조건 부사절에서는 현재가 미래를 대신하기 때문에 rains가 적절
만약 비가 오면 나는 집에 있을 거야.

2 「명령문 or」는 '~하라, 그렇지 않으면 …일 것이다'의 의미이므로 or가 적절
좀 쉬어, 그렇지 않으면 너는 피곤할 거야.

3 'A와 B 둘 다 아닌'이라는 의미의 상관접속사 「neither A nor B」 는 동사를 B(my dad)에 맞춰서 쓰기 때문에 cooks가 적절
우리 엄마와 아빠 둘 다 요리를 잘 못하신다.

4 'A와 B 둘 다'라는 의미의 상관접속사 「both A and B」는 동사를 복수형으로 쓰기 때문에 enjoy가 적절
제니와 그녀의 오빠 둘 다 테니스 치는 것을 즐긴다.

5 「명령문 and ~」는 '~하라, 그러면 …일 것이다'의 의미이므로 and가 적절
포기하지 마, 그러면 너는 너의 꿈을 이룰 수 있을 거야.

E

1 you exercise regularly, you will get healthy
2 I went to see the movie, it had good reviews
3 the fireworks finished, everybody went home
4 We arrived at the mall, the stores were open

해석

1 너는 규칙적으로 운동한다. 너는 건강해 질 것이다.
→ 규칙적으로 운동하면 너는 건강해 질 것이다.

2 나는 영화를 보러 갔다. 그것은 평(評)이 좋았다.
→ 그 영화는 평(評)이 좋아서 나는 그 영화를 보러 갔다.

3 불꽃놀이가 끝났다. 그러고 나서 모두들 집으로 갔다.
→ 불꽃놀이가 끝난 후에, 모두들 집으로 갔다.

4 우리는 쇼핑몰에 도착했다. 그러고 나서 그 가게들은 문을 열었다.
→ 그 가게들이 문을 열기 전에 우리는 쇼핑몰에 도착했다.

F

1 neither, slim, nor, fat
2 either, yes, or, no
3 both, milk, and, sugar
4 Not, only, students, but, also, their, parents

해설

1 「neither A nor B」 A와 B 둘 다 아니다

2 「either A or B」 A나 B 둘 중 하나

3 「both A and B」 A와 B 둘 다

4 「not only A but also B」 A뿐만 아니라 B도

REVIEW PLUS
p. 132

1 ②   2 ④   3 ②
4 (1) learn (2) because (3) before

해설/해석

1 첫 번째 문장은 neither가 들어가 '나의 강아지는 귀엽지도 영리 하지도 않다'라는 뜻을 가지게 되므로 nor가 적절, 두 번째 문장은 B as well as A의 구문을 활용한 것으로 '그의 형(his brother)과 마찬가지로 그의 누나(his sister)도 캐나다에 산다'라는 의미인데 이때 동사는 A에 맞추게 되어 있으므로 lives가 적절, 세 번째 문 장은 and가 들어가 '나는 저녁으로 연어 스테이크와 샐러드 둘 다 먹었다'라는 의미가 되는 것이 자연스러우므로 both가 적절
 •우리 강아지는 귀엽지도 똑똑하지도 않다.
 •그의 형과 마찬가지로 그의 누나도 캐나다에 산다.
 •나는 저녁 식사로 연어 스테이크와 샐러드 둘 다 먹었다.

2 ④ 시간을 나타내는 부사절에서는 현재 시제가 미래 시제를 대신 하므로 will start가 아니라 starts가 적절
 ① 나는 좋은 직장을 원하기 때문에 영어를 공부한다.
 ② 나는 국수뿐만 아니라 만두도 좋아한다.
 ③ 그는 복권에 당첨된 후에 가난한 사람들을 도왔다.
 ④ 비가 오기 시작하면 그들은 안으로 들어올 것이다.
 ⑤ 나는 영어 수업을 수강하기 전에는 '안녕'이라는 말조차도 못했다.

3 ② 네가 전화를 한 것인지 그녀가 전화를 한 것인지 묻는 것이 므로 and가 아니라 or가 적절
 ① A: 캐나다 국기가 무슨 색이니?
    B: 빨간색과 흰색이요.
 ② A: 네가 그녀에게 전화를 했니 아니면 그녀가 너에게 전화를 했니?
    B: 그녀가 나에게 전화를 했어.
 ③ A: 비가 오기 전에 창문을 모두 닫아 주세요.
    B: 물론이죠. 제가 지금 할게요.
 ④ A: 너는 이번 여름휴가에 어디에 가려고 계획 중이니?
    B: 나는 헝가리와 오스트리아를 방문하려고 해.
 ⑤ A: 나는 지성이와 아람이를 저녁 식사에 초대했는데, 그들은 올 수 없었어.
    B: 그것 참 안됐구나. 다음번엔 올 수 있을 거야.

4 (1) 조건을 나타내는 부사절에서는 현재 시제가 미래 시제를 대신 하므로 learn이 적절 (2) 이유를 나타내는 절이 와야 하므로 접속 사 because가 적절 (3) '~하기 전에'라는 의미를 나타내는 절이 와야 하므로 접속사 before가 적절
다른 언어를 배우는 것은 도전이 될 뿐만 아니라 보상이 있다. 예를 들 어, 만약 당신이 중국어 말하기를 배운다면, 10억이 넘는 다른 사람들 과 의사소통을 할 수 있게 될 것이다. 그리고 만약 당신이 프랑스어를 배운다면, 유럽과 아프리카의 많은 지역을 여행하는 것이 쉬울 것이다. 영어를 배우는 것 또한 유용한데 인터넷상의 거의 80% 가량의 웹 문 서가 영어로 쓰여 있기 때문이다. 그러므로 다른 언어를 배우는 것을 포기하려고 결심하기 전에 이 모든 이점을 생각해 봐라.

PART 18

Unit 67 EXERCISES
p. 136~137

A

1 that, who
2 that, which
3 that, who
4 that, which
5 that, who

해석

1 나는 우리 아버지처럼 생긴 남자와 결혼하고 싶다.
2 야자나무는 열대 기후에서 자라는 나무이다.
3 영어를 배우기 원하는 사람이 많이 있다.
4 너 인도에서 찍은 이 사진들을 본 적 있니?
5 학생들 대부분은 친절하고 관대한 선생님을 좋아한다.

B

1 are
2 are
3 is
4 is
5 owns

해석

1 나는 재미있고 외향적인 사람들과 이야기하는 것을 좋아한다.
2 정말 더러운 그 운동화는 내 남동생 꺼야.
3 해변에서 멀지 않은 곳에 있는 호텔에 머무르자.
4 창문 가까이에 서 있는 여성은 의사이다.
5 그 카페를 소유한 사람은 우리 형의 가장 친한 친구이다.

C

1 My husband is the man who has a beard.
2 My sister is the person who always helps me.
3 Go and talk to the girl who is sitting on the sofa.
4 The economist who predicted the recession won the Nobel Prize.
5 The people who own the restaurant have a lot of skills and experience.

해석

1 나의 남편은 턱수염이 있는 남자이다.
2 우리 언니는 나를 항상 도와주는 사람이다.
3 소파에 앉아 있는 그 소녀에게 가서 말하렴.
4 불경기를 예언한 그 경제학자는 노벨상을 탔다.
5 식당을 소유한 그 사람들은 기술과 경험이 많다.

D

1 The door which is open leads to the restroom.
2 Can you see the store which sells sports clothing?
3 Did you take the chair which was in my room?
4 The stream which flows through Seoul is now clean.
5 Would you give me the book which is on your desk?
6 The picture which is hanging on the wall was painted by my sister.

해석

1 열려 있는 그 문은 화장실로 통한다.
2 운동복을 판매하는 그 가게가 보이니?
3 네가 내 방에 있던 의자를 가져갔니?
4 서울을 통과해서 흐르는 그 시내는 이제 깨끗하다.
5 네 책상 위에 있는 책을 나에게 줄래?
6 벽에 걸려 있는 그림은 내 여동생이 그렸어.

E

1 The lady that has a black cat is very friendly.
2 I watched a movie that was about time travel.
3 The guide that gave me directions was very kind.
4 A jackal is a dangerous predator that lives in Africa.
5 The man that just drove past was my English teacher.
6 Do you know the people that live in the next apartment?

해석

1 검은 고양이를 가진 저 여인은 매우 다정하다.
2 나는 시간 여행에 대한 영화를 한 편 봤다.
3 나에게 길을 알려준 가이드는 매우 친절했다.
4 자칼은 아프리카에 사는 위험한 포식자이다.
5 방금 차를 타고 지나간 남자는 우리 영어 선생님이었다.
6 너는 옆 아파트에 사는 그 사람들을 아니?

Unit 68 EXERCISES
p. 140~141

A

1 주격
2 주격
3 목적격
4 목적격
5 주격
6 목적격

해석

1 옆집에 사는 그 여자는 상냥하다.
2 인사동으로 가는 버스를 어디서 타나요?
3 이것이 내가 너에게 말했던 TV 광고이다.
4 내가 너에게 빌린 노트가 나에게 큰 도움이 되었어.
5 너는 나와 함께 춤을 추었던 그 소녀의 이름을 아니?
6 나는 내가 유럽 여행에서 만난 사람에게 이메일을 보냈다.

B

1 that
2 that
3 that, which
4 that, who, whom
5 that, which
6 that, who, whom
7 that, which
8 that, which

해석

1 달력은 날짜를 알려 주는 것이다.
2 우표는 편지에 붙이는 것이다.
3 밤새 짖던 개는 내 이웃의 개였다.
4 네가 우리 집에서 본 그 남자는 우리 사촌이다.
5 내가 어제 착용했던 빨간 넥타이는 우리 형의 것이었다.
6 네가 이야기하고 있는 소녀는 우리 반 친구이다.

7 나는 그들이 어젯밤에 연주한 노래를 흥얼거리는 것을 멈출 수가 없다.
8 우리가 지난달에 간 태국 음식점은 현재 폐점했다.

C

1	are	2	eats	3	live
4	are	5	were	6	are

해석

1 나는 저쪽에 앉아 있는 아이들을 안다.
2 파리지옥 풀은 곤충을 먹는 식물이다.
3 나는 그 낡은 집에 사는 사람들을 안다.
4 그가 신고 있는 신발은 꽤 비싸다.
5 우리가 어제 만난 사람들은 매우 상냥했다.
6 선생님과 이야기하고 있는 학생은 영국 출신이다.

D

1	×	2	×	3	○	4	○	5	×	6	○

해석

1 나는 너를 때린 그 소년을 안다.
2 내 옆에 앉은 소년에게서 좋은 냄새가 난다.
3 내가 산 책들은 비쌌다.
4 내가 점심으로 먹은 수프는 조금 짰다.
5 나는 영어로 읽고 쓰기를 매우 잘할 수 있는 어린 소년을 안다.
6 계산기는 네가 계산을 하는 데 사용할 수 있는 것이다.

E

1	which[that]	2	who[that]
3	who[that]	4	which[that]
5	who(m)[that]	6	who(m)[that]

해석

1 네가 우편으로 보낸 소포가 나에게 안전하게 도착했다.
2 전화를 받은 그 사람은 영어로 말했다.
3 수업에 늦게 온 학생들은 재미있는 것을 놓쳤다.
4 제시카는 나에게 내가 대답할 수 없는 질문을 했다.
5 제인 오스틴은 내가 가장 좋아하는 위대한 작가이다.
6 저 사람이 내가 어제 지하철에서 만난 소녀이다.

F

1 My mother is the person who(m)[that] I admire most.
2 We all like the musical which[that] we saw last week.
3 The fruit which[that] we bought yesterday is going bad.
4 The man who(m)[that] I met last night was my friend.
5 I don't know the people who(m)[that] you invited to the party.
6 I found the pocket knife which[that] I lost in the park last week.
7 The boy who(m)[that] my brother introduced to me last month is very nice.

해석

1 우리 어머니는 내가 가장 존경하는 사람이다.

2 우리 모두 지난주에 본 뮤지컬을 좋아했다.
3 우리가 어제 산 과일이 상하고 있다.
4 내가 어젯밤에 만난 남자는 내 친구였다.
5 나는 네가 파티에 초대했던 사람들을 모른다.
6 나는 지난주에 공원에서 잃어버린 주머니칼을 찾았다.
7 우리 형이 지난달에 나에게 소개해 준 그 소년은 매우 상냥했다.

Unit 69 EXERCISES
p. 143

A

1	(a) whose	(b) that, who
2	(a) that, who, whom	(b) whose
3	(a) whose	(b) that, which
4	(a) that, which	(b) whose

해석

1 (a) 저 사람이 내가 이름을 기억하지 못하는 소녀이다.
   (b) 앤은 내 영어를 도와주는 친구이다.
2 (a) 우리 언니는 누구나 좋아하는 사람이다.
   (b) 나는 모국어가 영어인 친구가 한 명 있다.
3 (a) 내 친구는 고양이를 무서워하는 개를 가진 남자를 안다.
   (b) 그는 자신의 팔에 기어오르고 있는 곤충을 보았다.
4 (a) 우리가 어제 들은 음악은 환상적이었다.
   (b) 내가 발로 차서 넘어뜨린 자전거의 주인이 되는 소년이 나에게 화를 냈다.

B

1 whose, voice, is, beautiful
2 the, tree, whose, height
3 whose, name, is, Taylor
4 whose, mother, is, a, teacher

C

1 I bought a new camera whose design is simple.
2 She likes to walk with her dog whose name is Charlie.
3 The man whose picture appeared in the newspaper is famous now.
4 We went to the library to finish our team project whose due date is Saturday.

해석

1 나는 디자인이 단순한 새 카메라를 샀다.
2 그녀는 찰리라는 이름을 가진 자신의 개와 함께 산책하는 것을 좋아한다.
3 자신의 사진이 신문에 난 그 남자는 지금 유명하다.
4 우리는 마감일이 토요일인 팀 프로젝트를 끝내려고 도서관에 갔다.

REVIEW
p. 144~145

A

1	whose	2	that, who
3	whose	4	that, which

5 that, who   6 that, which

1 '~의 집'이라는 뜻으로 관계대명사절에서 소유격 역할을 하는 소유격 관계대명사 whose가 적절
   이 사람이 자신의 집이 침입당한 남자이다.

2 관계대명사절에서 주어 역할을 하며, 선행사가 the girl로 사람이므로 주격 관계대명사 that 또는 who가 적절
   이 사람이 우리와 함께 머무르고 있는 한국에서 온 소녀다.

3 관계대명사절에서 소유격 역할을 하는 소유격 관계대명사 whose가 적절
   나는 언니가 유명한 연예인인 반 친구가 있다.

4 관계대명사절에서 목적어 역할을 하며, 선행사(the book)가 사물이므로 목적격 관계대명사 that 또는 which가 적절
   나는 내 룸메이트에게 빌린 책을 잃어버렸다.

5 관계대명사절에서 주어 역할을 하며, 선행사(a man)가 사람이므로 주격 관계대명사 that 또는 who가 적절
   나는 버스에서 내 옆자리에 앉아 있던 남자와 논쟁했다.

6 관계대명사절에서 주어 역할을 하며, 선행사(a city)가 사물이므로 주격 관계대명사 that 또는 which가 적절
   시드니는 매년 많은 외국 여행객들을 끌어들이는 도시이다.

1 whose   2 which[that]
3 whose   4 which[that]
5 who(m)[that]   6 who[that]
7 which[that]   8 who(m)[that]

1 관계대명사절에서 대명사의 소유격 역할을 하는 소유격 관계대명사 whose가 적절
   이 사람이 자전거를 잃어버린 소년이다.

2 관계대명사절에서 주어 역할을 하며, 사물을 선행사(the eraser)로 받는 주격 관계대명사 which 또는 that이 적절
   내 책상 위에 있던 지우개가 어디에 있니?

3 관계대명사절에서 대명사의 소유격 역할을 하는 소유격 관계대명사 whose가 적절
   딸이 유명한 골프 선수인 그 남자를 아니?

4 관계대명사절에서 목적어 역할을 하며, 사물을 선행사(the ring)로 받는 목적격 관계대명사 which 또는 that이 적절
   너의 남편이 너에게 준 반지 찾았니?

5 관계대명사절에서 목적어 역할을 하며, 사람을 선행사(the woman)로 받는 목적격 관계대명사 who(m) 또는 that이 적절
   이 분이 내가 요전 날 이야기했던 그 여성이야.

6 관계대명사절에서 주어 역할을 하며, 사람을 선행사(someone)로 받는 주격 관계대명사 who 또는 that이 적절
   우편배달부는 편지와 소포를 배달하는 사람이다.

7 관계대명사절에서 주어 역할을 하며, 동물을 선행사(the cat)로 받는 주격 관계대명사 which 또는 that이 적절
   너는 저 모퉁이에 앉아 있는 고양이를 보았니?

8 관계대명사절에서 목적어 역할을 하며, 사람을 선행사(the old

man)로 받는 목적격 관계대명사 who(m) 또는 that이 적절
   너는 우리가 박물관에서 만났던 노인을 기억하니?

1 This is the man who(m)[that] I visited in England.
2 Will you pass me the book whose cover is black?
3 Do you know the woman who[that] is talking to Megan?
4 My father owns a company which[that] sells building supplies.
5 The bus which[that] will takes you downtown should be here any minute.

1 관계대명사절에서 목적어 역할을 하며, 선행사가 사람(the man)이므로 목적격 관계대명사 who(m) 또는 that이 적절
   이 사람이 내가 영국에서 방문한 남자이다.

2 관계대명사절에서 소유격 역할을 하는 소유격 관계대명사 whose가 적절
   책 표지가 검은 책을 나에게 건네줄래?

3 관계대명사절에서 주어 역할을 하며, 선행사가 사람(the woman)이므로 주격 관계대명사 who 또는 that이 적절
   메건과 이야기하고 있는 여자가 누구인지 아니?

4 관계대명사절에서 주어 역할을 하며, 선행사가 사물(a company)이므로 주격 관계대명사 which 또는 that이 적절
   우리 아버지는 건축 자재를 파는 회사를 소유하고 계신다.

5 관계대명사절에서 주어 역할을 하며, 선행사가 사물(The bus)이므로 주격 관계대명사 which 또는 that이 적절
   시내로 너를 태워다 줄 버스가 곧 올 것이다.

1 which[that], he, wanted
2 fruit, which[that], is, long, and, yellow
3 a, man, whose, house
4 the, man, who(m)[that], I, have, worked
5 an, apartment, which[that], has, a, nice, view
6 The, woman, who[that], delivers, our, mail, rides
7 the, picture, which[that], we, took

1 관계대명사절에서 목적어 역할을 하며, 사물을 선행사(the watch)로 받는 목적격 관계대명사 which 또는 that이 적절

2 관계대명사절에서 주어 역할을 하며, 사물을 선행사(fruit)로 받는 주격 관계대명사 which 또는 that이 적절

3 관계대명사절에서 소유격 역할을 하는 소유격 관계대명사 whose가 적절

4 관계대명사절에서 목적어 역할을 하며, 선행사(the man)가 사람이므로 목적격 관계대명사 who(m) 또는 that이 적절

5 관계대명사절에서 주어 역할을 하며, 사물을 선행사(an apartment)로 받는 주격 관계대명사 which 또는 that이 적절

6 관계대명사절에서 주어 역할을 하며, 사람을 선행사(The woman)로 받는 주격 관계대명사 who 또는 that이 적절

7 관계대명사절에서 목적어 역할을 하며, 사물을 선행사(the pictures)로 받는 목적격 관계대명사 which 또는 that이 적절

 E

1 I've found the keys which[that] went missing.
2 A doctor is a person who[that] helps sick people.
3 The apples which[that] are lying under the tree are bad.
4 She has a sister who[that] has short curly black hair.
5 Korea has many cities which[that] are modern and clean.

해설/해석

1 선행사가 the keys로 사물이고, 관계대명사가 주어의 역할을 하므로 which went 또는 that went가 적절
나는 잃어버린 열쇠를 찾았다.

2 선행사가 a person으로 사람이고, 관계대명사가 주어의 역할을 하므로 who helps 또는 that helps가 적절
의사는 아픈 사람들을 도와주는 사람이다.

3 선행사가 The apples로 사물이고, 복수이며, 관계대명사가 주어의 역할을 하므로 which are 또는 that are가 적절
나무 아래 놓여 있는 사과들은 상했다.

4 선행사가 a sister로 단수이고, 관계대명사가 주어의 역할을 하므로 who has 또는 that has가 적절
그녀는 짧고 곱슬곱슬한 까만 머리카락을 가진 여동생이 있다.

5 선행사가 cities로 복수이고, 관계대명사가 주어의 역할을 하므로 which are 또는 that are가 적절
한국에는 현대적이고 깨끗한 도시가 많이 있다.

REVIEW PLUS
p. 146

1 ④   2 ③   3 ③
4 (1) who (2) which (3) that (4) whose

해설/해석

1 ① 선행사가 The kid로 단수이므로 live가 아니라 lives가 적절 ② 선행사 the hotel은 사람이 아니므로 who가 아니라 which나 that이 적절 ③ who는 주격 관계대명사이므로 who she가 아니라 who[that]이 적절 ⑤ 선행사가 the girl로 사람이므로 which가 아니라 who나 that이 적절
① 옆집에 사는 아이는 무척 재미있다.
② 나는 네가 추천한 호텔을 예약할 것이다.
③ 그 점원과 이야기한 여성은 상당히 기분이 상했다.
④ 기내에서 내 옆에 앉은 남자는 나에게 자신의 인생 이야기를 들려주었다.
⑤ 그녀가 어제 내 숙제를 도와준 소녀이다.

2 ③ which는 a blog를 선행사로 받는 목적격 관계대명사이므로 생략 가능 ① 주격 ② 소유격 ④ 주격 ⑤ 소유격은 생략 불가
① 방금 내 이름을 부른 남자는 우리 아버지이다.
② 나는 개를 잃어버린 그 여성을 안다.
③ 한나는 내가 종종 즐겨 읽는 블로그에 글을 쓴다.
④ 우리 언니는 더 많은 급여를 주는 일자리를 찾고 있다.
⑤ 저 아이가 자신의 어머니가 꽃집에서 일하는 소년이다.

3 ③ who는 주격관계대명사이므로 who he가 아니라 who[that]이 적절
① A: 내가 너에게 말했던 그 책이야.
   B: 고마워. 내가 그 책을 좋아할 거라고 확신해.
② A: 너는 생일에 무엇을 받았니?
   B: 내가 원하던 새 비디오 게임을 받았어!
③ A: 너는 옆집에 사는 소년을 알고 있니?
   B: 아니, 몰라. 왜 묻는데?
④ A: 내가 방금 너에게 보여 준 사진은 작년에 찍은 거야.
   B: 정말? 너 귀여워 보인다.
⑤ A: 네가 전에 머리를 잡아당긴 소녀가 선생님과 이야기하고 있어.
   B: 안 돼! 이제 난 큰일 났다.

4 (1) 선행사가 a kind boy로 사람이고, 관계대명사절에서 주어의 역할을 하므로 주격 관계대명사 who가 적절 (2) 선행사가 a town으로 사물이고, 관계대명사절에서 주어의 역할을 하므로 주격 관계대명사 which가 적절 (3) 선행사가 animals로 동물이고, 관계대명사절에서 주어의 역할을 하므로 주격 관계대명사 that이 적절 (4) 선행사가 a small dog로 동물이고, 관계대명사절에서 소유격의 역할을 하므로 소유격 관계대명사 whose가 적절
마이클은 동물을 매우 좋아하는 착한 소년이다. 운 좋게도, 그는 자신의 도움이 필요한 도시에 산다. 그는 방과 후에 지역 동물 보호소에서 자원봉사를 한다. 그는 버려지거나 학대받은 동물들을 돌본다. 그가 가장 좋아하는 개는 주인이 매우 거칠게 다뤘던 작은 개이다. 마이클은 자신이 사는 도시를 동물들에게 더 나은 곳으로 만들어 주고 있다.

Workbook

PART 9

UNIT 33

A
1 sad 2 wrong 3 difficult 4 nice 5 pretty
6 healthy 7 happy 8 interesting

B
1 The young 2 The rich
3 The strong, the weak

C
1 Amanda is a lovely girl.
2 She has long brown hair.
3 Look at this beautiful house.
4 I'm looking for a big wooden table.

D
1 an exciting sport
2 feel safe
3 have something important
4 brought the injured
5 made me angry
6 bought two wool sweaters
7 raises two big fat cats

E
1 A good medicine tastes bitter.
2 I found the book easy.
3 Is there anything interesting
4 that cute little puppy
5 doesn't watch scary movies
6 is wearing a long red dress
7 The young should respect the old.

UNIT 34

A
1 fast 2 well 3 heavily 4 very sweet
5 easily 6 early 7 high 8 Luckily

B
1 late 2 hard 3 lately 4 hardly 5 near
6 highly 7 high 8 Nearly

C
1 lived happily 2 quickly learns
3 a highly intelligent child 4 practicing hard
5 kindly showed 6 walked quietly and slowly
7 nearly an hour

D
1 You don't look well
2 I am pretty good at cooking.
3 The kite rose high in the air
4 Honestly, I don't believe you.
5 A cold is not a very serious illness.
6 I woke up really early this morning.
7 The students listened carefully to their teacher.

UNIT 35

A
1 first 2 second 3 third 4 fourth 5 fifth
6 eleventh 7 twelfth 8 twentieth 9 thirteenth
10 nineteenth 11 twenty-first 12 thirtieth
13 thirty-second 14 fortieth 15 forty-third
16 fiftieth 17 sixtieth 18 seventieth
19 ninetieth 20 one hundredth
21 two hundred-first 22 one thousandth
23 one million-second 24 one billon-third

B
1 one third 2 two thirty [half past two]
3 twelve fifteen [a quarter past twelve]
4 four fifths 5 zero point zero one
6 two thousand sixteen
7 forty seven thousand, eight hundred, (and) seventy-five
8 two billion, four hundred million, three hundred thousand
9 seven point eight eight
10 September the second [the second of September]

C
1 nine, ninth 2 five, fifth 3 one, first
4 two, second 5 ten, tenth

D
1 three hundred and sixty-five days
2 a quarter to[before] twelve
3 in the third grade
4 waited for him until five after four
5 decreased by zero point one percent
6 have five classes, finished the first

UNIT 36

A
1 a little 2 a few 3 few 4 little 5 Many
6 much

B
1 some 2 some 3 some 4 any 5 any
6 any

C
1 much, a little 2 little 3 many
4 a few, much 5 many, little 6 Few

D
1 bring me some water
2 have any homework
3 is little hope
4 a few questions
5 saw a lot of singers

6 Many boys

7 packed some snacks

E **1** They traveled to plenty of countries.

2 He has little free time.

3 He doesn't have much money with him.

4 Do you need any help with your bag?

5 This book has a lot of useful information.

6 There were few people in the movie theater.

7 The girl took out some coins

PART 10

UNIT 37

A **1** heavier, heaviest   **2** thinner, thinnest

3 newer, newest   **4** sadder, saddest

5 louder, loudest   **6** cleverer, cleverest

7 more exciting, most exciting

8 less, least   **9** longer, longest   **10** better, best

11 prettier, prettiest   **12** wiser, wisest

13 more famous, most famous

14 fewer, fewest   **15** taller, tallest

16 more, most   **17** cheaper, cheapest

18 more useful, most useful

19 lower, lowest   **20** worse, worst

21 luckier, luckiest   **22** more, most

23 more difficult, most difficult

24 more comfortable, most comfortable

B **1** faster   **2** bigger   **3** more   **4** smarter

5 older   **6** youngest   **7** best   **8** most popular

9 most interesting   **10** highest

C **1** warmer   **2** more   **3** busier   **4** better

5 more expensive   **6** slowest   **7** easiest

8 most important   **9** best   **10** smallest

D **1** later than   **2** fatter than   **3** more diligent than

4 looks nicer than   **5** gets up the earliest

6 the funniest comedian

7 the most dangerous sea animal

UNIT 38

A **1** as big as   **2** as hard as   **3** not as[so] cute as

4 not as[so] young as   **5** as well as

6 not as[so] comfortable as

B **1** as[so] old as   **2** as new as

3 as[so] popular as   **4** as[so] early as

5 as well as   **6** as beautiful as

C **1** is not as[so] heavy as

2 doesn't have as[so] much money as

3 is as tall as   **4** runs as fast as

5 doesn't read as[so] many books as

D **1** will be as hot as

2 am as strong as

3 don't sing as[so] well as

4 walks as slow as

5 isn't as[so] kind as

6 wasn't as[so] interesting as

7 is as exciting as

E **1** The cupcake was as sweet as honey.

2 The beach was not as nice as

3 She cannot dance as well as he can.

4 English is as easy as my native language

5 The Mississippi is not as long as the Nile.

6 I love him as much as he loves me.

7 This cell phone is as expensive as a computer.

UNIT 39

A **1** wetter than   **2** better than   **3** heavier than

4 later than

B **1** ate more cookies than

2 is more expensive than

3 is thicker than

4 travels faster than

C **1** is larger than   **2** is smarter than

3 more milk than   **4** is not as[so] lucky as

5 is not as[so] dirty as

6 don't fly as[so] high as

D **1** is thinner than   **2** costs less than

3 looks weaker than   **4** is more difficult than

5 like comedy movies more than

6 practice the piano harder than

7 five minutes earlier than

E **1** Estella was braver than I was.

2 Jennifer has shorter hair than I do.

3 women are more careful than men

4 You should sleep more than you do

5 Korean food is spicier than American food.

6 happiness is more important than money

7 Some people gain weight more easily than others.

UNIT 40

A 1 the cutest 2 the richest 3 the finest
4 The darkest 5 the worst
6 the most interesting 7 the best
8 the most comfortable

B 1 got the best grade
2 work the earliest
3 is the cheapest
4 is the oldest, is the youngest

C 1 is harder than any other stone in the world
(other) stone in the world is harder than
diamond

(other) stone in the world is as hard as
diamond
2 is more handsome than any other boy in the
school
(other) boy in the school is more handsome
than Alex
(other) boy in the school is as handsome as
Alex

D 1 is the calmest part
2 is the saddest day
3 is the hardest subject
4 are the most beautiful flowers
5 sang the most happily
6 is the quickest, cheapest
7 flew the farthest

E 1 He has the largest house
2 I had the most enjoyable holiday
3 They sell the freshest vegetables
4 Sarah speaks the most quietly
5 is the smallest planet in the solar system
6 This puzzle is the easiest part in the book
7 He studies the hardest of all the students.

PART 11

UNIT 41

A 1 Be 2 Exercise 3 Don't bother 4 Don't be
5 Close 6 Be 7 Do 8 Don't be

B 1 Don't cross 2 Go 3 Don't swim 4 leave
5 Wish 6 Don't play

C 1 Never tell a lie.

2 Don't make noise.
3 No parking in the driveway.
4 Turn down the volume.

D 1 No entering 2 Watch out 3 Don't run
4 Be nice 5 Don't be shy 6 Pay attention to
7 Never walk around

E 1 Try your best.
2 No smoking here.
3 Don't touch the paintings.
4 Don't be afraid of failing.
5 Help yourself to the food.
6 Eat everything on your plate.
7 Never do such a thing again.

UNIT 42

A 1 How 2 How 3 How 4 What 5 What
6 How 7 What 8 What 9 What 10 How

B 1 high she jumps
2 a tall man he is
3 surprising the news is
4 big the world is
5 a nice song it is
6 tasty this muffin is
7 good books you have
8 noisy children they are
9 fast the cheetah runs
10 a beautiful garden she has

C 1 How hot 2 How lovely 3 How useful
4 How cheap 5 What a long letter
6 What an interesting movie
7 What a wonderful time

D 1 How deep the lake is!
2 How charming Rachel is!
3 How exciting the game was!
4 What a big mistake you made!
5 How heavy these boxes are!
6 What a nice house you have!
7 What a great man Gandhi was!

UNIT 43

A 1 Let's get 2 Let's not hurry 3 Let's go
4 Let's not miss 5 Let's make 6 Let's open

B 1 Let's swim 2 Let's eat 3 Let's not waste
4 Let's ask 5 Let's not worry 6 Let's not play

C 1 Shall we go to the movies

2 Why don't we order a pizza for dinner

3 What about buying books on the Internet

4 How about having a surprising party for Lisa

D **1** Let's meet **2** Let's not wash
3 Let's water **4** How about doing
5 Why don't we take **6** Why don't we go
7 Let's not make

E **1** Let's not eat here.
2 Let's buy some snacks.
3 What about taking a taxi?
4 Shall we go over today's lesson?
5 Let's look for a bus stop together.
6 Let's not talk about the problem.
7 Why don't we get together this weekend?

UNIT 44

A **1** Whose **2** How **3** What **4** Where **5** Who
6 When **7** Why **8** Which

B **1** Who **2** Whose **3** How is she **4** What is
5 Where are you going **6** When did you hear
7 Why did you **8** Which do you like

C **1** Where did you go **2** Why did she leave
3 How is the weather **4** Whose umbrella is
5 Which is your coat
6 What color do you want
7 When can I receive

D **1** Why are you crying?
2 When will she be back?
3 Where is the post office?
4 Who is watching TV?
5 Whose painting won first prize?
6 How did you fix my radio?
7 What do you think of our new teacher?

UNIT 45

A **1** can't she **2** aren't they **3** was he
4 isn't it **5** do you **6** didn't they **7** will you

B **1** Aren't we **2** Didn't you send **3** Isn't she
4 Doesn't he like **5** Won't you apologize
6 Don't they look **7** Weren't they
8 Can't you stay

C **1** Don't you know **2** Weren't you busy
3 is he **4** Doesn't the library open
5 can't she **6** will you **7** doesn't he

D **1** Can't you hear me?

2 Isn't this your wallet?
3 Let's eat out tonight, shall we?
4 Didn't you finish your homework?
5 They didn't buy the house, did they?
6 These shoes are on sale, aren't they?
7 You will help me with my report, won't you?

UNIT 46

A **1** There is **2** There are **3** There is
4 There are **5** There is **6** There are
7 There is **8** There are **9** There is
10 There are

B **1** There is one tiger in the zoo.
2 There are 31 days in May.
3 There are 48 countries in Asia.
4 There is little juice in the bottle.
5 There are three children in the car.
6 There are five eggs in the refrigerator.
7 There is a lot of sugar in the container.

C **1** Are there any letters
2 How much salt is there
3 There are lots of people
4 Is there a post office
5 How many fish are there
6 There is some furniture
7 There aren't any chocolates

D **1** Is there anyone in the bathroom?
2 There aren't any coffee shops at the mall.
3 Are there any difficult questions on the quiz?
4 How many students are there in your class?
5 There is a wonderful beach near the hotel.
6 How much jewellery is there in the box?
7 There are many beautiful flowers in her garden.

PART 12

UNIT 47

A **1** to say **2** to do **3** to learn **4** To swim
5 not to miss **6** to be **7** to buy
8 not to fall off

B **1** 부 **2** 부, 전 **3** 부 **4** 전, 부 **5** 전 **6** 전 **7** 부
8 전, 부

C **1** to take **2** not to be **3** to eat **4** to move
5 to be **6** not to fail

D **1** to see **2** to wear **3** to build **4** To exercise
5 to borrow **6** not to make **7** not to catch
8 not to forget **9** not to go out
10 not to bother

E **1** I am happy to be with you.
2 Try not to think about it.
3 To learn about space is interesting.
4 My goal is not to gain any more weight.
5 He has lots of homework to finish
6 My daughter loves to make paper dolls.
7 She went to the market to buy some apples.

UNIT 48

A **1** 주어 **2** 목적어 **3** 목적어 **4** 주어 **5** 보어 **6** 보어

B **1** to take **2** to learn **3** to see **4** to be
5 to find

C **1** It is not easy to raise a pet.
2 It is important to keep healthy.
3 It is dangerous to play with fire.
4 It is impossible to live without water.
5 It is exciting to watch a baseball game.

D **1** decided to become a chef
2 wants to study abroad
3 hope to visit you
4 It, to get up early
5 to drink a lot of water
6 to please their parents
7 to win the championship

E **1** I wish to be her friend.
2 His job is to fix cars.
3 My hobby is to grow plants.
4 She likes to read comic books.
5 It is relaxing to take a walk.
6 Her dream is to become a ballerina.
7 It was hard to pronounce Chinese.

UNIT 49

A **1** time to get up **2** some books to read
3 some snacks to eat **4** someone to help
5 many people to invite

B **1** something to drink **2** time to rest
3 ways to learn **4** a pen to write with
5 a problem to discuss **6** boxes to carry

C **1** I have a lot of homework to do.
2 She has enough money to buy the shoes.

3 New York is an interesting city to visit.

D **1** time to leave **2** a dress to wear
3 a house to live in **4** many places to visit
5 some pictures to show
6 someone to take care of

E **1** There is no reason to worry.
2 There are a lot of movies to watch.
3 Here are some cookies to eat.
4 We need warm clothes to wear.
5 He brought me a chair to sit on.
6 I have no time to play with my friends.
7 She is looking for someone to work with.

UNIT 50

A **1** 도와주시다니 **2** 이해하기 **3** 운동하러 **4** 듣게 되어
5 되었다

B **1** to believe **2** to take **3** to hear **4** to buy
5 to win

C **1** I was angry to see his rude behavior.
2 They are pleased to receive your gift.
3 He got up early to catch the bus.
4 She is saving some money to buy a new car.

D **1** difficult to solve
2 to lose weight
3 to be a baseball player
4 to draw out some money
5 to watch the game
6 to stay up late
7 happy to have a new doll

E **1** The table was heavy to move.
2 He came here to say hello to me.
3 She was sad to lose her bag.
4 My grandfather lived to be 100 years old.
5 I called you to cancel our appointment.
6 Susan must be smart to speak five
languages.
7 My father will be disappointed to see my
report card.

UNIT 51

A **1** too hot to eat
2 too tired to go out
3 strong enough to beat
4 brave enough to go
5 enough money to buy

B 1 to see 2 to have 3 to sit on 4 to study
5 to wear 6 to catch 7 to see 8 to have

C 1 so kind that she can drive
2 so hard that I could pass
3 so lazy that he couldn't clean
4 is so busy that he can't spend time

D 1 in order to succeed
2 too cold to go outside
3 easy enough to answer
4 enough pens to lend
5 lucky enough to win
6 too happy to say anything
7 in order to feel relaxed

E 1 It is too good to be true.
2 I study hard in order to get a scholarship.
3 There is not enough space to park my car.
4 You need to make mistakes in order to grow.
5 My neighbors are nice enough to help me.
6 My dog is smart enough to understand my words.
7 The book was too interesting to put down.

PART 13

UNIT 52

A 1 reading 2 cooking 3 talking about
4 making 5 Eating

B 1 solving 2 Meeting 3 teaching 4 winning
5 not replying 6 not keeping 7 Not using
8 not wasting

C 1 동, 현 2 동, 현 3 현, 동

D 1 being a pilot 2 not doing anything
3 Making cookies 4 talking about
5 coming to my birthday party
6 traveling around
7 writing the report

E 1 Singing is my favorite activity.
2 She is not good at playing the piano.
3 Going to bed early is a good habit.
4 My mother's job is selling cosmetics.
5 The kids started yelling at the clown.
6 I was depressed about not passing the test.
7 The girl likes chatting with her friends.

UNIT 53

A 1 보어 2 목적어 3 주어 4 주어 5 보어 6 목적어

B 1 swimming in the sea
2 saying goodbye to me
3 Answering the question
4 taking pictures

C 1 dancing 2 telling 3 Speaking
4 making 5 Living 6 writing

D 1 finish reading the novel
2 enjoy sleeping in
3 Eating fast food is
4 without asking me
5 thinking about moving to another city
6 traveling all around the world
7 meeting her favorite singer

E 1 I'm sorry for being late.
2 My job is building houses.
3 Thank you for helping me.
4 stop bothering your little brother
5 Swimming in deep water is dangerous.
6 We love working for the poor.
7 His worst habit is biting his fingernails.

UNIT 54

A 1 to buy 2 to leave 3 working 4 to visit
5 doing 6 opening 7 to join 8 solving

B 1 to win 2 cleaning 3 to be 4 to see
5 watching 6 asking

C 1 My family likes going camping.
2 We love taking a walk after dinner.
3 The children started jumping with joy.
4 Alex continued talking about his ideas.

D 1 wish to have 2 mind waiting
3 expect to see 4 continued ignoring
5 denied breaking 6 refused to accept
7 quit reading, started reading

E 1 it started raining heavily
2 She is avoiding meeting him.
3 The boy pretended to know the answer.
4 She promised to come to my party.
5 We like listening to our mother's stories.
6 I should finish writing my science report.
7 She gave up making a cake for her parents.

PART 14

UNIT 55

Ⓐ **1** cast, cast **2** broke, broken **3** drove, driven
4 chose, chosen **5** rang, rung **6** hit, hit
7 brought, brought **8** kept, kept **9** drew,
drawn **10** wrote, written **11** saw, seen
12 threw, thrown **13** fed, fed **14** sang, sung
15 caught, caught **16** woke, woken
17 fought, fought **18** swam, swum **19** slept,
slept **20** set, set **21** became, become
22 came, come **23** ran, run **24** built, built
25 found, found **26** cut, cut **27** felt, felt
28 dropped, dropped **29** stopped, stopped
30 tried, tried **31** held, held **32** planned,
planned **33** lent, lent **34** read, read
35 forgot, forgotten **36** fell, fallen **37** cost,
cost **38** hurt, hurt **39** met, met **40** paid,
paid **41** put, put **42** spent, spent **43** was/
were, been **44** began, begun **45** did, done
46 knew, known **47** went, gone **48** bought,
bought **49** sat, sat **50** sent, sent

Ⓑ **1** made **2** played **3** cut **4** grown **5** planned
6 dried **7** put **8** sent **9** done **10** held

Ⓒ **1** was stolen **2** was caught **3** was built
4 was installed **5** is preferred **6** was spread
7 is spent

UNIT 56

Ⓐ **1** stung **2** built **3** sent **4** painted **5** made
6 used

Ⓑ **1** broke, was broken **2** taught, was taught
3 grew, were grown **4** took, were taken
5 invited, were invited

Ⓒ **1** My wallet was stolen yesterday.
2 Your broken computer was repaired by Ted.
3 This place is visited by a lot of people.
4 The classroom is cleaned by the students
every day.

Ⓓ **1** was bitten by **2** was written by
3 was solved by **4** is washed
5 were prepared for **6** will be held
7 was created by

Ⓔ **1** The newspaper is delivered

2 Two slices of pizza were saved for Tom.
3 Christmas is celebrated worldwide.
4 Your appointment is scheduled on Monday.
5 This letter was written by Paul.
6 English is spoken in many countries.
7 The house was designed by a famous
architect.

PART 15

UNIT 57

Ⓐ **1** eaten **2** finished **3** forgotten **4** studied
5 been **6** known

Ⓑ **1** has stopped **2** have joined **3** has arrived
4 has worn **5** have seen **6** has driven

Ⓒ **1** Have they met before?
2 Have you been to New York?
3 I haven't[have not] heard of the book before.
4 We haven't[have not] finished the work.

Ⓓ **1** has come **2** Has he returned
3 haven't seen her **4** Have you had problems
5 has lost his backpack **6** have raised cats
7 haven't received any messages

Ⓔ **1** Have you ever made a kite?
2 They have gone to Canada.
3 We haven't paid the bill
4 I have already bought the concert ticket.
5 Ryan has been my best friend
6 Has Emma decided to buy the house?
7 I haven't used a smartphone before.

UNIT 58

Ⓐ **1** Have been **2** has left **3** haven't seen
4 has watched **5** haven't eaten **6** have lived

Ⓑ **1** 부러졌다 **2** 그쳤니 **3** 끝마쳤다 **4** 본 적이 없다
5 결정했다 **6** 잊어버렸다

Ⓒ **1** We have lost our car.
2 Ted has gone to Japan.
3 Dave has played the guitar
4 I have worked for the bank

Ⓓ **1** has been sick
2 Have you, visited
3 Has he washed his car
4 has, read the book

5 have, bought a new car

6 have lost some weight

7 has, done her homework

E **1** has gone out shopping

2 They have been friends

3 We have known each other

4 I haven't made up my mind

5 I have never heard the song

6 Have you been to the new restaurant?

7 She hasn't finished doing the dishes

UNIT 59

A **1** had **2** have been **3** ate **4** have seen

5 arrived **6** has played

B **1** met, have met

2 has grown, grew

3 has learned, learned

4 cut, has cut

5 went, has gone

C **1** lost **2** went **3** hasn't spoken **4** Have

5 had **6** left

D **1** were in Paris

2 have, been in Seoul

3 has taught math

4 have had a headache

5 watched the baseball game

6 has studied Japanese

7 ate toast, drank milk

E **1** He has lived alone

2 I saw Warren last weekend.

3 They moved here five years ago.

4 She has waited for his call

5 I have used the electronic dictionary

6 We haven't heard from him

7 She finished her homework an hour ago.

PART 16

UNIT 60

A **1** in **2** at **3** on **4** at **5** on **6** in **7** on **8** in

9 at **10** in **11** at **12** in **13** on **14** in **15** on

16 at

B **1** at **2** in **3** in **4** on **5** at, on **6** in, at

C **1** at **2** at **3** in **4** in **5** on **6** at **7** in **8** on

D **1** on Sundays **2** at that time

3 at six o'clock **4** on September 1st

5 in fall **6** in January **7** on snowy days

E **1** He was born in 2003.

2 Don't go out at night.

3 watches TV in the evening

4 I take a nap at lunchtime.

5 eat turkey at Thanksgiving

6 want to be a scientist in the future

7 skips breakfast on Monday mornings

UNIT 61

A **1** for **2** for **3** during **4** during **5** during

6 for

B **1** by **2** until **3** until **4** until **5** by **6** by

C **1** during **2** by **3** for **4** during **5** until

6 during **7** by **8** for

D **1** until May **2** for an hour **3** by Friday

4 during the meeting **5** by 7 p.m.

6 by two o'clock **7** during the meal

E **1** I worked until 9 p.m.

2 she slept for ten hours

3 Owls sleep during the day.

4 I haven't seen Alex for a year.

5 The power went off during the storm.

6 We should get to the station by 11.

7 They stayed at the beach until sunset.

UNIT 62

A **1** on **2** over **3** in **4** at

B **1** in front of, between **2** over, under

3 behind, next to

C **1** in front of the museum **2** next to me

3 under the tree **4** behind your back

5 on the table **6** from head to toe

7 between two tall buildings

D **1** They are lying on the grass.

2 He is climbing up a ladder.

3 I set a chair beside the table.

4 He slipped out of the classroom.

5 The river runs through the village.

6 She threw the ball into the basket.

7 Dave will pick me up at the airport.

UNIT 63

Ⓐ **1** across **2** for **3** with **4** like **5** from **6** in
7 by **8** to **9** along **10** around

Ⓑ **1** by **2** with **3** about **4** to **5** for

Ⓒ **1** for you **2** by car **3** with you
4 along the street **5** from China
6 around him **7** with my parents

Ⓓ **1** Janet looks like her father.
2 Don't worry about small things.
3 He borrowed a notebook from Ann.
4 I booked a flight for Paris.
5 tell me the way to the post office
6 Kids love to draw pictures with crayons.
7 The woman in a red dress looks familiar

PART 17

UNIT 64

Ⓐ **1** but **2** and **3** or **4** and **5** or **6** but **7** or
8 but **9** and

Ⓑ **1** Call me and I will help you.
2 Be careful or you will get hurt.
3 Turn right and you can find the building.
4 Take this medicine and you will feel better.
5 Get up now or you will miss your school bus.
6 Finish your homework or you can't play
outside.

Ⓒ **1** tea or coffee
2 cold and cloudy but
3 nice but too expensive
4 go out or stay home
5 and you will be healthier
6 Chicago and New York
7 but the tickets sold out

Ⓓ **1** Is she a writer or a photographer?
2 Hurry up or you will be late.
3 She is young but brave.
4 Korean food is delicious and healthy.
5 but he doesn't like singing
6 Study hard and you will pass the exam.
7 I called her many times, but she didn't
answer.

UNIT 65

Ⓐ **1** neither, nor **2** not, but **3** Either, or
4 not only, but also **5** Both, and **6** as well as

Ⓑ **1** take **2** needs **3** have **4** feel

Ⓒ **1** both happy and confused
2 neither interesting nor boring
3 Not only children but also adults,
Adults as well as children

Ⓓ **1** both German and French
2 experience as well as knowledge
3 neither breakfast nor lunch
4 Both my brother and I
5 Either Saturday or Sunday
6 not only tall but also handsome
7 not Italian but Spanish

Ⓔ **1** answer either yes or no
2 She writes novels as well as poems.
3 he neither borrows nor lends money
4 She takes after both her mom and dad.
5 He could neither eat nor sleep
6 The most important thing is not money but
health.
7 not only a red dress but also a white one

UNIT 66

Ⓐ **1** after **2** before **3** because **4** If

Ⓑ **1** when **2** Before **3** If **4** because

Ⓒ **1** If you need my help
2 after you finish your homework
3 When the boy saw his mother
4 because it was hot
5 before she blew out the candles

Ⓓ **1** when I arrive at the airport
2 before you speak
3 after everyone arrived
4 if you meet Isabel
5 because he is kind

Ⓔ **1** When she jogs
2 After he met you
3 If you are still hungry
4 before you decide
5 Because I didn't have enough money

Ⓕ **1** after he had lunch
2 if I am invited

3 when she heard the news
4 before it gets dark
5 because I'm allergic to it

PART 18

UNIT 67

A **1** who **2** who **3** who **4** which **5** which
6 which

B **1** live **2** likes **3** makes **4** is **5** keeps
6 serves

C **1** who[that] has long brown hair
2 who[that] is a math teacher
3 who[that] won first prize
4 which[that] is near the beach
5 which[that] was about robots
6 which[that] is nearby

D **1** who[that] is driving
2 who[that] want peace
3 which[that] are good
4 which[that] won many awards
5 which[that] was made
6 which[that] is the finest
7 who[that] teased me

E **1** a car which is twenty years old
2 the man who caused the accident
3 a cat that has odd eyes
4 the girl who is playing the piano
5 a jacket which has big pockets
6 a boy who speaks three languages
7 the only friend that understands me

UNIT 68

A **1** who(m)[that] **2** which[that] **3** which[that]
4 who(m)[that] **5** which[that] **6** who(m)[that]

B **1** ○ **2** × **3** × **4** × **5** ○ **6** ○

C **1** which[that] she has read five times
2 which[that] Angela bought last month
3 which[that] the girl drew
4 who(m)[that] he has known for ten years
5 who(m)[that] I want to introduce to you
6 who(m)[that] many teenagers want to meet

D **1** who(m)[that] I trust
2 who(m)[that] you are talking

3 which[that] you are singing
4 which[that] she made
5 which[that] I put
6 which[that] I sent
7 who(m)[that] we saw

E **1** The girl that I like
2 the tomatoes which Mom grew
3 the movie that I recommended
4 the food which my sister makes
5 the wallet that she lost last week
6 The people who he met in London
7 the professor whom I respect the most

UNIT 69

A **1** whose **2** who **3** that **4** whom **5** which
6 whose

B **1** whose **2** who(m)[that] **3** which[that]
4 which[that] **5** whose

C **1** whose cover is blue
2 whose job is a police officer
3 whose dream is to become a pilot
4 whose voice was so gentle
5 whose father is a millionaire

D **1** whose nose is long
2 whose tail is short
3 whose brother is
4 whose son studies
5 the chair whose leg
6 a kettle whose handle
7 The girls whose mother

E **1** the house whose roof is red
2 a bike whose price is high
3 some flowers whose smell was sweet
4 a friend whose mother is a judge
5 a bag whose design was unique
6 a lady whose smile was warm and friendly
7 the boy whose sister goes to the same
school

이것이 진화하는 New This Is Grammar다!

· 판에 박힌 형식적인 표현보다 원어민이 실제 일상 생활에서 바로 쓰는 생활 영문법
· 문어체뿐만 아니라 구어체 문법을 강조한 회화, 독해, 영작을 위한 실용 영문법
· 현지에서 더는 사용하지 않는 낡은 영문법 대신 시대의 흐름에 맞춘 현대 영문법

이 책의 특징

★ 실생활에서 쓰는 문장과 대화, 지문으로 구성된 예문 수록

★ 핵심 문법 포인트를 보기 쉽게 도식화 · 도표화하여 구성

★ 다양하고 유용한 연습문제 및 리뷰, 리뷰 플러스 문제 수록

★ 중 · 고등 내신에 꼭 등장하는 어법 포인트의 철저한 분석 및 총정리

★ 회화 · 독해 · 영작 실력 향상의 토대인 문법 지식의 체계적 설명

This Is Grammar (최신개정판) 시리즈

초급 1, 2

기초 문법 강화 + 내신 대비

예비 중학생과 초급자를 위해 영어의 기본적 구조인 형태, 의미, 용법 등을 소개하고, 다양한 연습문제를 제공하고 있다. Key Point에 문법의 핵심 사항을 한눈에 보기 쉽게 도식화 · 도표화하여 정리하였다.

중급 1, 2

문법 요(Key Point) + 체계적 설명

중·고등 내신에 꼭 등장하는 문법 포인트를 철저히 분석하여 이해 및 암기가 쉽도록 예문과 함께 문법을 요약해 놓았다. 중급자들이 체계적으로 영문법을 학습할 수 있도록 충분한 콘텐츠를 제공하고 있다.

고급 1, 2

핵심 문법 설명 + 각종 수험 대비

중·고급 영어 학습자들을 대상으로 내신, 토익, 토플, 텝스 등 각종 시험을 완벽 대비할 수 있도록 중요 문법 포인트를 분석, 정리하였다. 다양하고 진정성 있는 지문들을 통해 풍부한 배경지식을 함께 쌓을 수 있다.

www.nexusEDU.kr | **www.nexusbook.com**
넥서스 초 · 중 · 고등 사이트 | 넥서스 홈페이지

책에 대해 궁금한 사항은 넥서스에듀 홈페이지 1:1 고객상담 게시판을 이용하세요.

	초1	초2	초3	초4	초5	초6	중1	중2	중3	고1	고2	고3

Writing

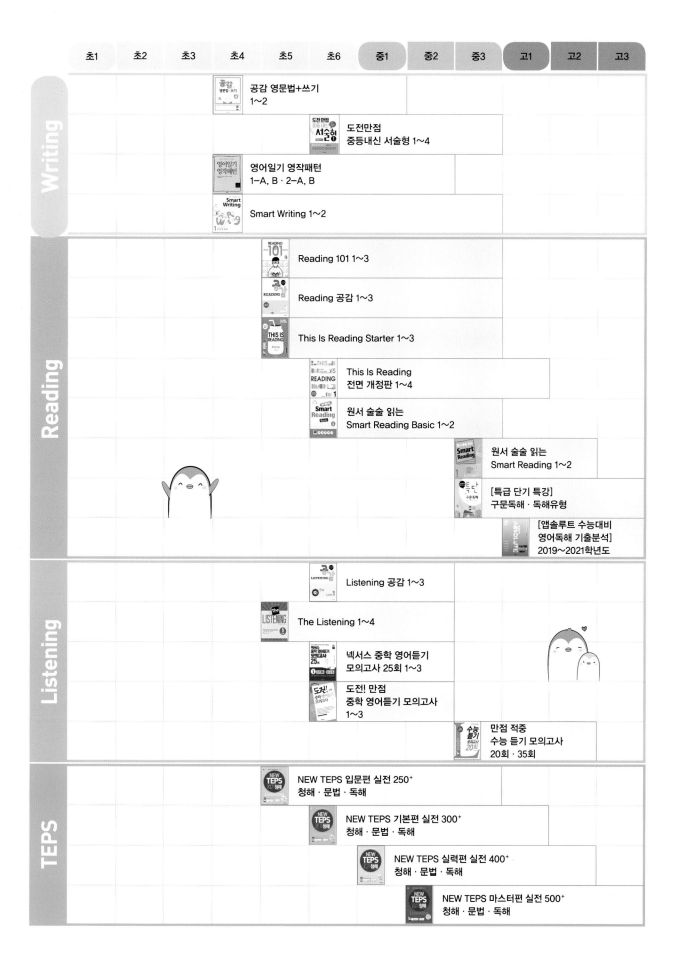

공감 영문법+쓰기
1~2

도전만점
중등내신 서술형 1~4

영어일기 영작패턴
1-A, B · 2-A, B

Smart Writing 1~2

Reading

Reading 101 1~3

Reading 공감 1~3

This Is Reading Starter 1~3

This Is Reading
전면 개정판 1~4

원서 술술 읽는
Smart Reading Basic 1~2

원서 술술 읽는
Smart Reading 1~2

[특급 단기 특강]
구문독해 · 독해유형

[앱솔루트 수능대비
영어독해 기출분석]
2019~2021학년도

Listening

Listening 공감 1~3

The Listening 1~4

넥서스 중학 영어듣기
모의고사 25회 1~3

도전! 만점
중학 영어듣기 모의고사
1~3

만점 적중
수능 듣기 모의고사
20회 · 35회

TEPS

NEW TEPS 입문편 실전 250⁺
청해 · 문법 · 독해

NEW TEPS 기본편 실전 300⁺
청해 · 문법 · 독해

NEW TEPS 실력편 실전 400⁺
청해 · 문법 · 독해

NEW TEPS 마스터편 실전 500⁺
청해 · 문법 · 독해